◉诉讼法学文库 2011（6）
总主编　樊崇义

刑事人身检查制度研究

Study on the System of Criminal Physical Examination

王志刚　著

中国人民公安大学出版社
·北　京·

图书在版编目（CIP）数据

刑事人身检查制度研究/王志刚著．—北京：中国人民公安大学出版社，2011.7

（诉讼法学文库/樊崇义主编）

ISBN 978－7－5653－0516－0

Ⅰ.①刑…　Ⅱ.①王…　Ⅲ.①刑事诉讼—司法制度—研究—中国
Ⅳ.①D925.210.4

中国版本图书馆 CIP 数据核字（2011）第144452号

诉讼法学文库

刑事人身检查制度研究

王志刚　著

出版发行：中国人民公安大学出版社
地　　址：北京市西城区木樨地南里
邮政编码：100038
经　　销：新华书店
印　　刷：北京泰锐印刷有限责任公司

版　　次：2011年7月第1版
印　　次：2011年7月第1次
印　　张：15.25
开　　本：787毫米×1092毫米　1/16
字　　数：273千字

书　　号：ISBN 978－7－5653－0516－0
定　　价：42.00元

网　　址：www.cppsup.com.cn　www.porclub.com.cn
电子邮箱：zbs@cppsup.com　zbs@cppsu.edu.cn

营销中心电话：010－83903254
读者服务部电话（门市）：010－83903257
警官读者俱乐部电话（网购、邮购）：010－83903253
法律图书分社电话：010－83905637

“诉讼法学文库”总序

诉讼法制是现代法治的重要内容和标志之一，也是依法治国的重要保障。我国法制建设的历程已经证明，诉讼制度是否健全与完善，直接决定着实体法律的实际效力：没有相应的诉讼制度作为依托，实体权利只能是“镜中花、水中月”；没有完善的诉讼制度予以保障，实体法律将无法如其所愿地实现其追求的立法目的。更为重要的是，诉讼法制的完善程度如何，还直接反映和体现着一个国家、一个民族进步、文明、民主和法治的程度，是区分进步与落后、民主与专制、法治与人治、文明与野蛮的标志。在现代法治国家，诉讼制度作为法治的一个重要环节，受到了前所未有的重视。美国联邦最高法院法官威廉·道格拉斯曾谈道，“权利法案的大多数规定都是程序性条款，这一事实绝不是无意义的。正是程序决定了法治与恣意的人治之间的基本区别”。①

我国1999年宪法修正案正式确立了“依法治国，建设社会主义法治国家”的治国方略，为推进我国社会主义民主、法制建设，完善我国司法体制，提出了新的纲领和目标。而社会主义市场经济的初步发展则培育了公众的权利观念，并由此对司法公正提出了更高的要求。在此大背景下，通过增设新的诉讼制度以充实公民实体权利的实现途径，通过完善现行诉讼制度以保障实体法律的公正实施，从而推进依法治国，加快社会主义民主与法制建设的步伐，已经成为我国法治建设的关键所在。

诉讼制度的构建，与人们对诉讼原理的认识和把握有着密切的关系。诉讼原理是人类在长期的诉讼实践中，在大量经验教训的基础上总结出来的、对有关诉讼活动的规律性认识。诉讼原理在诉讼制度的构建及运作中发挥着高屋建瓴的作用。只有正确认识和准确把握诉讼原理，才能构建较为完善的诉讼制度，才能推动诉讼活动向良性运作的状态发展。我国在改革与完善诉讼法律制度时，对于人类经过长期理论与实践探索获得的原理性认识，不能不予以重视，也不能不认真加以借鉴、吸收。

我国诉讼的立法和实践曾十分严重地受到“左”倾思潮和法律虚无主义的影响，诉讼规律和诉讼原理长期被忽视、被冷落。由此造成的后果之一：司法

---

① 转引自季卫东：《法律程序的意义》，载《比较法研究》总第25期。

机关和诉讼制度的功能被狭隘化。例如，刑事司法机关和刑事诉讼法律仅仅被视为镇压敌人、惩罚犯罪并通过镇压敌人、惩罚犯罪来维护社会秩序的功能单一的工具，忽视了司法机关和诉讼法制所具有的制约国家权力使之不被滥用和保护包括犯罪嫌疑人、被告人在内的公民基本人权的作用，忽视了刑事诉讼所具有的独立品格和价值。对诉讼原理、诉讼规律认识的片面和浅陋，已经严重地制约了我国诉讼法制发展的步伐，而且直接对公正、文明地进行诉讼活动产生了非常消极的影响。要扭转这一局面，必须在宏观法律观念上作一个大的转变，同时大力借鉴、吸收法治发达国家丰富的研究成果和宝贵的实践经验，加强对诉讼原理、诉讼规律的研究。

对诉讼原理的正确认识是诉讼立法科学化的前提条件。正确把握诉讼原理，可以帮助我们全面地认识司法机关的功能，并对各种不同的诉讼模式及规则进行正确的取舍，从而在一定的诉讼原理的指导下构建更为科学和更适合“本土资源”的诉讼模式及规则。由此制定的法律，将具有更强的民主性、文明性和科学性。反之，如果不能正确把握诉讼原理，对于存在着内在价值冲突的各种可供选择的立法方案就可能难以作出正确的选择，立法活动就可能要多走许多弯路，甚至要付出沉重的代价。

对诉讼原理的正确认识对于司法活动同样具有重要的积极价值。对诉讼原理的正确把握可以在一定程度上弥补立法的不足。法律永远是抽象的。要将抽象的法律适用于具体的案件，就必须有科学的观念作为指导。对基本诉讼原理的正确认识，将有利于指导人们对司法活动中必然存在的种种法律适用问题作出科学的解释，从而使法律文本本身存在的不足得到补救。在现代社会，由于法律的稳定性与现实生活千变万化之间的落差只能通过赋予司法人员自由裁量权的途径予以调和，所以对基本诉讼原理的认识，还直接决定着司法人员在行使法律赋予的自由裁量权时，能否作出符合公正标准的决定或者裁判。

要贯彻“依法治国，建设社会主义法治国家”的治国方略，保障诉讼活动的公正进行，也必须认真研究诉讼原理，把握诉讼规律。当前，我国已有不少学者开始探索一些诉讼原理性的问题，如诉讼法律观、诉讼法哲学、诉讼目的、诉讼职能、诉讼价值、诉讼法律关系等，并已取得了一定的研究成果，这有力地推动了人们法律观念的变化，并对立法和司法活动发挥着积极的影响作用。但总的来看，我国诉讼法学界对诉讼原理问题的研究距离立法、司法实践的需求还有很大差距，还需要继续深入。尤其是现有的研究成果一般只是就诉讼的某一方面进行探讨，缺乏对一般性诉讼原理的全面和系统的探讨。因此，随着我国法治进程的推进，探讨一般性诉讼原理已经成为我国诉讼法学界必须研究的课题。

为吸引更多的诉讼法学者致力于诉讼原理的研究，同时也为了能够促使诉讼原理研究及时对立法、司法、学理研究等多个领域产生积极的影响，并对司法实践工作有所帮助，中国政法大学诉讼法学研究中心特意组织力量进行此项题为"诉讼法学文库"的大型丛书的编辑出版工作。"诉讼法学文库"是中心的一项长期出版项目，面向国内外专家、学者开放，凡以诉讼原理、诉讼规律为内容且有新意、有深度、有分量的专著、译著，以及对公安、司法工作有指导意义，对立法工作有参考价值的其他诉讼法学著作均可入选。

"诉讼法学文库"自2001年面世以来，得到了诉讼法学界专家、学者、实务工作者的热情支持，现已出版发行专著60多部，这些成果深受广大读者的青睐，已有多部著作获省部级以上的奖励，在这里特向广大读者和作者致以诚挚的谢意！由于编辑工作的需要，该文库从2006年起，每年以入选先后另行排序。特此说明。

中国政法大学诉讼法学研究中心名誉主任

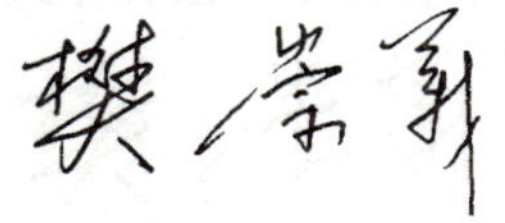

2007年元月于北京

目　　录

序

我国刑事诉讼法学界目前尚无专著对刑事人身检查制度进行专门研究，表明学界、实务界对此问题重视不足。事实上，刑事诉讼中的人身检查制度是一个具有重要理论意义和应用价值的研究课题，尤其是随着现代医学技术在刑事诉讼中的广泛运用，刑事人身检查制度的研究意义日益显著。王志刚同志的专著《刑事人身检查制度研究》以人身检查制度的法律完善为主线，围绕人身检查制度的法理基础、制度设置和实践状况三个核心问题展开，具有开拓性和创新性，且能以小见大，具有很强的理论意义和实践价值。

本书的创新之处主要体现在以下四个方面：

一、选题新

从域外立法情况来看，当前世界上许多国家和地区的刑事诉讼法都将人身检查作为重要内容之一加以规定，并形成了各具特色的人身检查制度。我国现行刑事诉讼法尽管有人身检查的相关规定，但这些规定简单粗疏，使得这一措施在实践运行之中出现了一系列问题，既不利于权利保护，也不利于犯罪控制。在理论研究领域，这一问题也长期被置于边缘地位，关注者较少。因此，从程序法的角度研究这一侦查措施的法律规制，不仅具有重要的理论价值，也是实践中的迫切需要。从这个意义上讲，本书的选题具有实用价值，对于立法完善和指导司法实践具有积极意义。将小题目作大、写好并不容易，作者的选题值得肯定。

二、资料新

本书资料丰富、翔实，作者在文献整理方面下了很大的工夫，很多资料都是第一手资料，作者翻译、分析了许多国外关于这个问题研究的最新成果，同时也通过实践调研掌握了我国司法实践中的许多实际情况，这些资料能为我国理论界深入研究这一问题提供大量信息，就此点而言，作者扎实的文献整理工作具有拓荒价值。

三、观点较新

本书深入分析了刑事人身检查的性质，并将人身检查与（人身）搜查、勘验、鉴定这三种在性质或功能上有交叉的刑事诉讼措施进行了辨析，全面揭示了人身检查在刑事诉讼中的地位和作用，在此基础上对人身检查进行了分类研究，说明了对不同类型的人身检查措施设置不同程序要求的原因所在。本书的理论价值还体现在最后一章中，该部分对我国人身检查制度的立法完善进行了详尽地分析和阐述，提出了渐进式的立法进路、区分远期目标与近期目标并分别作出规划，可行性较强，对于刑事诉讼法再修改具有较大的借鉴意义。此外，本书也对人身检查所获证据资料的表现形态和证据属性问题提出了独到见解，上述研究成果有助于推动我国理论界对这一问题研究的深化。

四、方法新

本书新颖的研究方法也令人印象深刻，通过对多个典型案例的分析并结合实证调查，在实践层面进行认真审视，在此基础上，进而从立法层面的应然要求，结合国情，系统地论述了人身检查的主要方法和适用案件类型、人身检查程序的启动、人身检查的对象、人身检查的执行、人身检查权的制约机制以及非法人身检查的救济等问题，提出了很多新颖见解。这种考察和论证方法具有开拓性。

志刚学习兴趣广泛，知识面较宽，且有较多学术积累。在攻读硕士、博士学位期间，他学习踏实刻苦、成绩优异，发表了多篇专业学术论文。本书是他攻读博士学位期间学习的结晶，从选题到收集资料、撰写论文、最后定稿，前后历时近三年。在论文以优秀成绩通过答辩之后，他又用了半年时间反复修改，反映出严谨的治学态度和踏实的工作作风。作为志刚的导师，我对本书的面世感到由衷的高兴，希望志刚继续努力，在学术上取得更高成就。

是为序。

徐静村

2010 年 10 月 26 日

引　　言

一、研究背景

十一届三中全会后，我国百废待兴，尤其需要加强法制来保障经济改革的顺利进行和人民群众的基本权利，从而最大限度地解放生产力，我国由此而进入前所未有的快速立法时代。但受经济社会发展现状和立法水平的限制，当时立法的基本目标和重要任务是先解决“有法可依”的问题，即先从“无”到“有”，“有”的程度和质量却难以顾及，1979 年的刑事诉讼法就是在这种历史背景之下出台的。而“如果将法律理解为社会生活的形式，那么作为‘形式的法律’的程序法，则是这种形式的形式，它如同桅杆顶尖，对船身最轻微的运动也会作出强烈的摆动”。[①] 随着改革开放的进一步推进，我国政治、经济、文化环境都发生了重大的变化，民主、法治观念逐步深入人心，1979 年所制定之刑事诉讼法的历史局限性日益明显，因而我国在 1996 年对刑事诉讼法进行了重大修改。修改后的刑事诉讼法“力图体现惩罚犯罪与保障人权相结合的理性要求”，[②] 但由于这次法律修改是以审判方式改革为切入口，因此受多方面因素影响和制约，侦查制度整体变化不大，侦查实践中所暴露出的问题也未得到实质解决。

应当说，我国立法工作目前基本上已完成了“有法可依”的历史使命，今后的主要任务则是使法律体系更加科学合理和健全完善、法律内部与法律之间更加衔接合理和协调一致，也即从“立法时代”进入了“修法时代”，[③] 因此完善现行刑事诉讼法、有针对性地解决其在运行过程中所暴露出的一些问题，使其更具科学性和合理性也就随之成为一项非常重要的现实任务。在

---

① ［德］拉德布鲁赫著：《法学导论》，米健译，中国大百科全书出版社 1997 年版，第 120 页。

② 徐静村：《论我国刑事诉讼法的再修正》，载《现代法学》2003 年第 6 期，第 3 页。

③ 鲁生：《从立法时代跨入“修法时代”的第一步》，载《检察日报》2009 年 8 月 31 日，第 6 版。

这种时代背景下，我国理论界和实务界一直积极为刑事诉讼法再修改进行准备工作，连续数届诉讼法（刑事诉讼法）年会都是围绕“刑事诉讼法再修改”相关问题展开，而在这些问题之中，侦查程序的完善又是讨论最为热烈的核心内容之一。以我国已出版的三部具有代表性的“学者建议稿”为例，①尽管其各有特色，但共同之处是都强调了侦查程序的完善是推动我国刑事诉讼法再修改的最关键环节所在。而要想完善我国侦查程序，实现“在侦查需要与人权保障之间寻求一种动态的平衡”② 的立法目标，必然又需要各种具体侦查措施的法治化。人身检查作为一种对公民权利影响较大的侦查措施，对其进行完善无疑是我国侦查程序改革的关键一环。

由于人身检查是直接针对人的身体所实施，因此它对公民隐私权、身体权等权利造成的潜在威胁又比其他侦查行为更为明显，正如有学者所指出，随着刑讯逼供以及身体刑在立法上的明确禁止，人身检查成为目前刑事司法领域中会直接造成身体痛楚与损害的少数合法干预手段之一，其因此而成为“测试刑事诉讼法作为应用宪法的最佳试金石”。③ 基于此，当前世界上许多国家和地区的刑事诉讼法都将人身检查作为其重要内容之一加以规定，并随着时代发展而不断调整和完善，从而形成了各具特色的人身检查制度，而其共同特点则是都强调了对侦查机关人身检查权行使的法律控制以及对被检查人合法权利的保障。④ 在某种意义上可以说，正是由于对人身检查这类刑事诉讼中“细微”制度的重视，这些国家或地区的刑事程序法治化程度才得以不断提高。

反观我国，无论是立法规定，还是理论研究，都未对人身检查制度给予应有的关注和重视。从立法层面来看，我国关于人身检查制度的立法非常单薄，不仅条文偏少，且内容也过于抽象、概括，许多与人身检查紧密相关的问题规定粗疏甚至没有涉及，有关被检查人权利的保障性规定更是明显缺乏。

---

① 这三部建议稿为：陈光中主编：《中华人民共和国刑事诉讼法再修改专家建议稿与论证》，中国法制出版社 2006 年版；徐静村主编：《中国刑事诉讼法（第二修正案）学者拟制稿及立法理由》，法律出版社 2005 年版；陈卫东主编：《模范刑事诉讼法典》，中国人民大学出版社 2005 年版。

② 孙长永主编：《侦查程序与人权保障：中国侦查程序的改革和完善》，中国法制出版社 2009 年版，第 2～5 页。

③ 林钰雄著：《干预处分与刑事证据》，台湾元照出版公司 2008 年版，第 5～6 页。

④ 从一些主要法治国家或地区刑事诉讼法对于人身检查制度的规定情况来看，这些国家和地区普遍对人身检查的分类、对象、启动、实施、违法人身检查的法律后果等问题进行了严格的法律规制，不仅从静态方面限定其实施条件，而且在动态方面要求必须接受中立的司法机关的审查，同时又不因此而完全否定侦查机关的必要裁量权，笔者在下文将对此进行详述。

而立法供给的不足又必然导致权力运行的失范。从实践情况来看，我国侦查机关人身检查权的行使几乎不受制约，采用何种人身检查手段、对谁采用人身检查，完全由侦查机关的具体办案人员自我授权、自主决定，既无须事前取得合法性审查，也无须在事后向有权单位或部门汇报，“任意化”现象较为突出。

而从理论研究层面看，人身检查在我国也一直处于“边缘化”地位，理论界对其关注甚少。由于论文写作的需要，笔者进行了较长时间的资料收集工作，截至本书定稿时尚未发现我国在人身检查制度研究方面的专著或博士论文。现有研究成果中不乏精辟之作，① 但由于我国理论界对此问题的研究尚属初始阶段，因此整体研究状况仍显薄弱。从研究情况来看，现有成果或是对国外人身检查制度的简单介绍，或侧重于对人身制度中某个方面问题（如强制采样）的探讨和分析，但均缺乏对于人身检查领域所进行的全面、系统的专门研究，其不足之处主要表现在以下几个方面：一是对有关人身检查的一些基本理论问题尚未揭示清楚，如人身检查的范围包括哪些、它具有哪些基本特征、人身检查行为的性质、人身检查资料的性质与特征等问题，都未得到明确阐释；二是在介绍国外的立法、实务和学说方面，对其形成背景的考察不足，尤其对反映其刑事司法走向的最新动态缺乏研究；三是对国内人身检查的实证研究比较薄弱，未能真正揭示我国人身检查实践中的问题与困惑，从而使研究结论在一定程度上缺乏针对性。

---

① 我国大陆地区近年来有关人身检查、强制采样方面的著作和学位论文主要有：孙长永主编：《侦查程序与人权保障：中国侦查程序的改革与完善》（第五章“强制采样”），中国法制出版社2009年版，第253～285页；陈学权著：《科技证据论——以刑事诉讼为视角》（第五章“科学证据之收集与宪法权利之保障”），中国政法大学出版社2007年版，第190～212页；唐亮：《论刑事人身检查制度》，中国政法大学2007年硕士学位论文；倪润：《正当程序法律视野下的刑事强制采样》，中国政法大学2009年硕士学位论文。公开发表的期刊论文有：瓮怡洁：《国外的身体检查制度》，载《西南政法大学学报》2004年第3期，第112～115页；司钦山、沈柳兰：《人身检查权的法理分析》，载《江苏警官学院学报》2004年第4期，第68～72页；袁志：《人身检查程序的法律完善》，载《法学》2004年第11期，第123～128页；瓮怡洁：《刑事身体检查制度之探讨》，载《人民检察》2004年第6期，第8～12页；杨雄：《刑事身体检查制度的法理分析》，载《中国刑事法杂志》2005年第2期，第77～87页；陈光中、陈学权：《强制采样与人权保障之冲突与平衡》，载《现代法学》2005年第5期，第45～54页；宋远升：《强制身体检查之思索与权衡》，载《中国刑事法杂志》2006年第6期；宋志军：《我国刑事人身检查制度探析》，载《政法学刊》2007年第2期，第78～82页；李皓、高峰：《比较法视野中的人身检查措施》，载《广西政法管理干部学院》2007年第2期，第41～45页；郭云忠：《人体强制采样的法律规制》，载《石家庄学院学报》2007年第4期，第64～69页；吴纪奎：《侵入身体检查研究》，载《四川警察学院学报》2008年第6期，第69～76页；王彬：《两大法系国家人身检查制度研究》，载《兰州学刊》2009年第6期，第128～130页。

有鉴于此，本书以人身检查制度的法律完善为主线，围绕人身检查制度的法理基础、制度设置和实践状况三大核心问题展开研究，力图实现以下目标：一是力求比较深入地探讨人身检查制度的有关基本理论问题，以期更加准确、全面地把握这一侦查措施的本质，为完善我国人身检查制度奠定理论基础；二是力求全面阐释主要法治国家和地区有关人身检查制度立法的基本经验，揭示其共通理念和发展趋势，以期能为我国人身检查制度的完善提供有益参照和借鉴；三是力求对我国人身检查实践现状进行一定深度的实证研究，分析我国人身检查制度完善的可行性及障碍因素，在此基础上对我国人身检查制度的完善提出自己的见解。

二、研究方法与结构

如上所述，本书的研究是以人身检查制度的法理基础、制度设置和实践状况三个方面为核心展开，因此需要多种研究方法的共同使用。

从理论基础部分的研究来看，首先需要明确的问题是人身检查的范围和分类、人身检查的权力来源、人身检查与公民权利保障之间的关系以及人身检查制度的产生基础和发展趋势等问题，对这些理论问题的不同解读，将直接关系到人身检查制度的具体设计和构造。而对这些问题的探究，必然要借助历史学和法理学的分析方法。从制度设置部分的研究来看，只有对当前世界上主要法治国家和地区的人身检查制度进行系统考察之后，才能了解和把握这一制度的存在基础和发展规律，而这又必然要借助比较研究的方法。尽管在长期的法律交流、法律移植过程中，当前各国法律制度有不同程度的融合，在理念和价值取向上也逐渐趋向一致，也正如达玛斯卡教授所指出，英美与大陆都是同中有异，异中有同，“应当避免通过简单地罗列这些类型概念来区分欧陆诉讼模式和英美诉讼模式的简单化倾向”,① 但整体而言，法律在相当程度上仍然是一种“地方性知识”，是建立在各国“本土资源”的基础上的。② 因此，笔者在对域外其他国家或地区的人身检查制度进行考察时，尽量在行文中保证叙述材料的真实及评述标准的客观，以免因材料失真或标

① ［美］达玛斯卡著：《司法和国家权力的多种面孔》，郑戈译，中国政法大学出版社 2004 年版，第 8 页。

② 阐释人类学的代表人物——美国学者吉尔兹在关于地方性知识的理论中指出，“法学和民族志，一如航行术、园艺、政治和诗歌，都是具有地方性意义的技艺，因为它们的运作凭靠的乃是地方性知识”。参见［美］克利福德·吉尔兹：《地方性知识：事实与法律的比较透视》，邓正来译，载梁治平编：《法律的文化解释》，三联书店出版社 1998 年版，第 73 页。

准主观而错误解读域外人身检查制度的内在生长机理及外在运行机制。在建构我国未来人身检制度时，笔者也尽量注意到法律制度之“地方性知识”的特点，正视法律文化背景的差异，避免直接移植或嫁接后的水土不服。

建构我国未来人身检查制度是本书的最终落脚点所在，而这又需要对现行人身检查制度运行之中所存在的问题进行全面解析，而后针对所发现的问题提出相应解决方案。但正如维特根斯坦所说，“洞见或透视隐藏于深处的棘手问题是艰难的，因为如果只是把握这一棘手问题的表层，它就会维持现状，仍然得不到解决。因此，必须把它‘连根拔起’，使它彻底地暴露出来；这就要求我们开始以一种新的方式来思考”，[①] 而为了实现这种“连根拔起”的目标，首先就需要对我国人身检查制度的立法和实践的真实状况准确进行把握。因此，笔者首先需要借助注释法学的方法对我国现行人身检查制度的立法状况进行考察和评析，以藉此而发现我国现行立法的主要缺陷所在，然后方能对这一制度的实践运行状况进行全面考察。而从实践现状方面的研究方法看，[②] 为了尽可能“少一点‘我认为’，多一点‘我发现’”、[③] 真实了解我国人身检查制度的运行状况，笔者采用了案例分析和小范围内的社会调查两种方法相结合来进行考察：案例主要来源于我国官方媒体所报道的相关典型案例；调查的对象则主要为一线侦查人员，所在范围既有省（直辖市）市级公安机关，[④] 又包括南方发达城市的主城区以及西部农业县的基层公安机关，在一定程度上能够保证调查结果的代表性。

本书在结构上由四部分组成。第一部分为人身检查制度之概述，该部分系统阐释了人身检查这一侦查行为的基本属性、目的以及它的范围，并通过探究人身检查权的权力来源和人身检查所涉及的公民权利，阐述了人身检查所代表的国家权力与公民个人权利之间的关系。以此为前提，本部分又对人

---

① ［英］维特根斯坦著：《札记》，转引自［法］皮埃尔·布迪厄、［美］华康德著：《实践与反思——反思社会学导引》，李猛、李康译，中央编译出版社 1998 年版，第 1 页。

② 我国学者通常是通过两种方式对实践状况进行研究：一种是典型案例的分析，从中发现问题；另一种则是深入司法工作实践，从业务部门工作一线中了解情况。但由于我国侦查工作总是被蒙上一层神秘的面纱，办案人员“保密意识”较强，外人很难深入其中了解具体的操作情况，因而往往无法掌握准确的实践情况，所以后者之难度也远大于前者，这也是研究侦查程序存在问题的主要瓶颈所在，而这一瓶颈的存在客观上又使得关于侦查程序的理论研究难以深入。

③ 白建军：《法律实证研究方法》，北京大学出版社 2008 年版，导论。

④ 由于我国公安机关承担了大多数刑事案件的侦查工作，人身检查措施主要也是由公安机关进行，检察机关基本上是文书复检，几乎不会直接进行人身检查。基于此，笔者将调查范围主要限定在公安机关。

身检查制度的产生基础和发展规律进行了探析。第二部分为人身检查制度的比较法考察，该部分从人身检查的启动理由、审批程序、实施要求以及违法人身检查的救济等方面对有关国家和地区的人身检查制度进行了全面的考察和分析，总结出主要法治国家和地区在人身检查制度上的共同规定和做法，对我国人身检查制度的完善具有借鉴和参考意义。第三部分为我国人身检查制度的立法和实践现状研究，该部分首先以主要法治国家和地区的人身检查立法为参照，指出了我国人身检查制度在权力配置、实施对象、实施程序、救济机制等方面存在的缺陷与不足。而后通过案例分析和实证调研的方法系统考察了我国人身检查实践运行状况，并对我国人身制度进行了客观的评价。第四部分为我国人身检查制度的完善思路，该部分首先对完善我国人身检查制度的必要性和可行性进行了分析，在此基础上提出了我国人身检查制度完善的基本思路和具体建议。其内容包括人身检查制度立法模式的选择、人身检查权的配置、启动人身检查的理由和条件、实施对象、审批程序、实施要求及配套制度等方面。

上述方法选择及结构安排无论妥当与否，都是一次艰辛的尝试，笔者希望通过上述努力，能够为我国人身检查制度的改革和完善提供有益的参考和建议。但是，笔者亦深知，仅凭一己之陋才，即便竭尽全力亦难取得理想结果，因此唯有希望它能够发挥抛砖引玉之效，引起我国理论界对人身检查这一“边缘性”问题的重视和关注。

第一章　人身检查制度概述

任何制度的产生和发展都必然建立在一定的理论基础之上，人身检查制度亦不例外，它的产生、发展都是以一系列理论为支撑。在研究人身检查制度时，有必要首先对人身检查的内涵和人身检查制度中的诸多基础理论问题进行全面梳理和阐释，才能发现其对我国现行人身检查制度的解释价值和推进价值，而这也是研究人身检查制度时的起点所在。

第一节　人身检查的基本内涵

一、人身检查的范围

人身检查又称为身体检查、活体检查，它是在刑事诉讼过程中，“侦查人员为了确定被害人、犯罪嫌疑人的相貌、肤色、特殊痕迹、伤害部位和程度、智力发展和生理机能等情况，依法对其人身进行检查的一种活动”。[①] 我国现行《刑事诉讼法》在第2编第2章“侦查”的第三节“勘验、检查”中对侦查机关人身检查权的行使作出了规定，但是人身检查中的“人身”究竟指的是身体表面还是身体内外？对“人身”的检查仅仅是表征查看抑或包括对身体样本的采集？这一措施的范围如何把握？由于现行立法过于简单，上述问题在立法中并未得到明确，而现有的司法解释或学理解释也对其缺乏进一步厘定，范围界定的模糊也在客观上造成了我国目前司法实践中对于各种

① 陈光中、徐静村主编：《刑事诉讼法学》（修订二版），中国政法大学出版社2002年版，第308页。

人身检查手段不加区别地类推使用。① 随着科学技术的发展，人身检查措施的实施方式将更加多样化,② 因此有其必要对人身检查的范围进行分析和界定，这样不仅有助于从学理上对其进行认识，也有利于从立法上对其进行合理设置。

从当前世界主要法治国家和地区的情况来看，人身检查范围的界定与该国或地区立法对于人身检查这一措施的规定模式具有直接关系，概括来看，目前主要有这几种界定方式：

"搜查模式"，即将人身检查作为搜查的一种特殊形态进行界定，这种界定方式以美国为代表。在美国，搜查的范围包括人身、住宅、文件和财产，③ 自美国联邦最高法院1966年在 Schmerber v. California ④案的判决中确定"抽血检测行为"构成美国联邦宪法第四修正案所规定的"对身体的搜查"之后，美国联邦最高法院又通过一系列判决，明确了提取指纹、毛发、体液、呼吸样本等身体样本以及通过手术获取体内物证行为的搜查性质。⑤ 至此，美国刑事诉讼中的人身检查（physical examination）成为了一个范围非常广泛的概念，作为一种特殊类型的搜查行为，它既包括体表检查（strip body search）、身体腔穴检查（body cavity search）、进入身体内部进行的检查（bodily intrusion examination），又包括提取身体样本的检查（bodily sample search）⑥ 等。

"勘验、鉴定二分模式"，即将人身检查分别作为勘验和鉴定措施进行界定，这种界定方式以日本和我国台湾地区为代表。在日本，勘验、鉴定都属于验证核实证据的方法，由于勘验和检查程序中都分别涉及对于人身体的检

---

① 在目前司法实践中，从体表查验到X光机照射、从提取指纹到抽取体液，我国侦查机关的权力来源都是现行法律关于人身检查规定中的概括授权，尽管各种人身检查的强度不一、对被检查人基本权利的侵害程度也不同，但在启动门槛、审批程序等方面，我国现行法律并未作出区别性规定。

② 除了目前比较常见的体表检查、提取指纹、抽血、采尿之外，国外实务上已经出现了很多引发争议的人身检查手段。例如，开刀取出子弹、穿刺脊髓抽取体液、脑室充气术、测量男性生殖器反映的检测术、施以催吐剂取出胃容物或取出胃液等，参见林钰雄著：《刑事诉讼法》（上），中国人民大学出版社2005年版，第331页，脚注82 。

③ Wayne R. Lafave, Search and Seizure: *A Treatise on the Fourth Amendment*, *4th ed*, West Group Publishing, 2004, p. 2.

④ Schmerber v. California, 384 U. S. 757 (1966).

⑤ See Michael G. Rogers, "Bodily Intrusion in Search Of Evidence: A Study in Fourth Amendment Decision Making", 62 *Ind. L. J.* 1181, 1199 (1987).

⑥ William J. Simonitsch, "Visual Body Cavity Searches Incident to Arrest: Validity Under The Fourth Amendment", 54 *U. Miami L. Rev.* 665, 669 (2000).

查，由于检查方式存在差异，这种模式下的人身检查被分为“勘验中的人身检查”和“鉴定中的人身检查”进行界定。“勘验中的人身检查”是指用五官对人身的状态进行认识，[①] 即对身体表征和伤害状况的检查；“鉴定中的人身检查”则是指采集血液、胃液等体液，皮肤片、指甲等身体组织器官的一部分进行的检查。[②] 和日本立法体例相似，我国台湾地区的旧“刑事诉讼法”以及2003年颁布修订的新“刑事诉讼法”也将人身检查分别规定于勘验和鉴定的章节中。学者林钰雄指出，我国台湾地区“刑事诉讼法”所规定的人身检查是个外延非常广泛的概念，但其基本实质为，“以人的身体本身（含其组织、成分）之物理性质、状态或特征作为证据目的之处分，也就是透过对人的裸身进行观察、采集或检验，以便判别、推论构成要件该当性、责任能力等相关事实的干预措施……已经进入体内的异物由于已经附着于身体内部，因此也是属于身体检查处分”。[③]

“独立形态模式”，即将人身检查作为一种独立措施在刑事诉讼法中进行规定，这种界定方式以德国为代表。德国《刑事诉讼法》将人身检查与拘提、逮捕、羁押、搜查、扣押等传统形态的侦查行为进行了并列规定，并且以被检查者为对象划分了对被追诉人的人身检查和对第三人（被害人、证人及其他人员）的人身检查。人身检查被界定为“包括探知被告身体本身的状态或特征、提取血液、胃物、尿液等组织成分、取出体内的异物以及检查被告精神状况等在内的身体检查处分”。[④]

上述三种模式尽管对人身检查概念进行界定的侧重点不同，但是归纳起来不难看出，人身检查概念之内涵是刑事诉讼中以人身为对象进行检查的一项侦查行为，而其外延则较为广泛：既包括对人体表征的查看，又包括对人体内外身体样本的采集以及利用；既包括对犯罪嫌疑人、被告人的人身检查，又包括对受害人以及证人的人身检查。

笔者认为，我国现行刑事诉讼法对于人身检查的规定方式大体可划归第三种模式，即“独立形态模式”，这种将人身检查作为一种独立的侦查行为

---

① ［日］松尾浩也著：《日本刑事诉讼法》（上卷），张凌译，中国人民大学出版社2005年版，第82～83页。

② ［日］松尾浩也著：《日本刑事诉讼法》（上卷），张凌译，中国人民大学出版社2005年版，第84页。

③ 林钰雄著：《刑事诉讼法》（上），中国人民大学出版社2005年版，第331页。

④ ［德］克劳思·罗科信著：《刑事诉讼法》（第24版），吴丽琪译，法律出版社2003年版，第317页。

进行界定的方式比较清晰，便于对人身检查措施集中规定，避免了将人身检查界定为搜查或分散规定于勘验、鉴定中所带来的授权基础不明、实体要件不一、判断界限模糊这种“空泛而破碎”① 之弊端。但是如上所述，我国立法所规定的人身检查之范围如何界定？对此并未有明确答案，我国理论界也存在不同理解。概括来看，主要有两种观点：第一种观点认为，人身检查仅仅是对被检查人身体外表特征的检查，并不包括内部检查以及对身体样本的采集，身体采样与人身检查存在区别，② 因而主张对人身检查与强制采样分别进行立法规定；第二种观点认为，人身检查既包括对被检查人身体外表特征的检查与身体内部的检查，也包括对被检查人身体样本的采集，即人身检查与身体采样之间是一个种属关系，我国理论界持这种观点的学者占多数。③ 笔者同意后一种界定方式，理由在于：

第一，从立法的目的看，身体采样是人身检查的应有之义。

我国现行《刑事诉讼法》第105条第1款对人身检查的目的作出了明确规定，即人身检查是“为了确定被害人、犯罪嫌疑人的某些特征、伤害情况或者生理状态……”。尽管刑事诉讼法并未对上述内容进一步界定，但是从相关规定可知：“特征”是指被害人、犯罪嫌疑人的体表特征，如相貌、皮肤颜色、特殊痕迹、机体有无缺损等；“伤害情况”是指伤害的位置、程度、伤势形态等；“生理状态”是指有无生理缺陷以及各种生理机能等。④ 由上述立法目的不难得知，人身检查之目的在于通过对被检查人身体状态、性质、机能等调查，达到查明案件性质、情节及身份同一性认定的目的。而欲实现上述目的，显然不是对身体表面查看就能实现得了的，它需要一系列检查手段的综合应用才能完成。无论是体表特征查看、身体采样或者内部探查，都是人身检查的不同手段，其目的具有同一性。而从我国目前司法实践情况来看，侦查机关在案件侦查中运用提取指纹、脚印，采集血液、尿液等措施时，授权依据都是来自于现行刑事诉讼法关于人身检查的授权规定。因此，没有

---

① 林钰雄著：《干预处分与刑事证据》，台湾元照出版公司2008年版，第59页。

② 参见陈学权著：《科技证据论：以刑事诉讼为视角》，中国政法大学出版社2007年版，第220页；陈国峰：《强制采样的法制化探索》，载《贵州警官职业学院学报》2006年第4期，第22页。

③ 参见瓮怡洁：《刑事身体检查制度之探讨》，载《人民检察》2004年第6期，第8页；袁志：《人身检查程序的法律完善》，载《法学》2004年第11期，第126页；杨雄：《刑事身体检查制度的法理分析》，载《中国刑事法杂志》2005年第2期，第78页；宋远升：《强制身体检查之思索与权衡》，载《中国刑事法杂志》2006年第6期，第78页；杜国明、邓保国：《关于完善人身检查程序的思考》，载《法律与医学杂志》2006年第1期，第67页。

④ 参见《人民检察院法医工作细则》（1988年1月28日起施行）第13条。

必要刻意缩小人身检查的范围，将人身检查与身体采样进行分开理解。

第二，从域外立法来看，身体采样也大都归属于人身检查范畴。

从其他国家和地区的立法情况来看，除了英国在《警察与刑事证据法》(1984) 中将侦查勘验与将采样检查分别进行规定之外，其他规定有人身检查或类似措施的国家或地区都将对身体外部、内部检查以及对身体的采样涵盖于人身检查措施范围之内。如上所述，美国将人身检查视为搜查的一种，其范围既包括体表检查（strip body search）、身体腔穴检查（body cavity search）、进入身体内部进行的检查（bodily intrusion examination），又包括提取身体样本（bodily sample search）。[①] 德国的人身检查既包括体表查看、毛发采集等"非侵入式检查"，又包括抽血、抽取脊髓液、手术取证等"侵入式检查"，[②] 而"用抽血实验所取得的基因分析结果，如果是用来确认行为人的身份，亦属身体检查的范畴"。[③] 日本尽管将人身检查分为鉴定性人身检查和勘验性人身检查两种，但并不影响我们对其人身检查范围的理解：勘验性人身检查是指用五官对人身的状态进行认识，[④] 即对身体表征和伤害状况的检查；鉴定性人身检查则是指对血液、胃液等体液以及皮肤片、指甲等身体组织的采集和检验，[⑤] 可见其人身检查的范围也相当宽泛。我国台湾地区的旧"刑事诉讼法"以及 2003 年修订的新"刑事诉讼法"中除了对身体表面的勘视性检查进行明确之外，也都对于人身检查的范围作了比较明确的列举性规定，即人身检查包括"采取分泌物、排泄物、血液、毛发或其他出自或附着身体之物，并得采取指纹、脚印、声调、笔迹、照相或其他相类之行为"。[⑥] 而从理论解释层面来看，我国台湾地区的学者也普遍认为人身检查的范围比较广泛，如陈朴生指出，"藉以发现指纹、足型、身长、体重、容貌、体格、伤痕或其他身体上之特征……并不限于外部的检查，即内部的检查，

---

① William J. Simonitsch, "Visual Body Cavity Searches Incident to Arrest: Validity under the Fourth Amendment", 54 *U. Miami L. Rev.* 665, 669 (2000).

② 参见［德］克劳思·罗科信著：《刑事诉讼法》（第 24 版），吴丽琪译，法律出版社 2003 年版，第 317 ~ 323 页。

③ 参见张丽卿著：《验证刑事诉讼的脉动》，台湾五南图书出版公司 2004 年版，第 153 页。

④ ［日］松尾浩也著：《日本刑事诉讼法》（上卷），张凌译，中国人民大学出版社 2005 年版，第 82 ~ 83 页。

⑤ ［日］松尾浩也著：《日本刑事诉讼法》（上卷），张凌译，中国人民大学出版社 2005 年版，第 84 页。

⑥ 参见我国台湾地区"刑事诉讼法"第 205 条。

如血液之检查，亦包括在内”。① 黄东熊亦认为，人身检查“除检查身体外表之外，并包含要求被告或证人提供毛发、血液、胃液、精液、指甲垢、尿液、指纹、掌纹、脚印等，出自身体或附着于身体之物”。② 林钰雄则提出，人身检查的范围除了上述内容之外，还包括“灌肠或以呕吐剂取出证物”以及“开刀取出子弹证物”。③ 由此可见，人身检查的范围界定非常广泛，身体采样只是人身检查的一种方式而已。

第三，从立法技术角度来讲，新设置一种侦查行为不利于实践操作。

客观而言，我国现行人身检查立法尽管存在一些问题（下文将有详述），但其主要缺陷则在于程序规范的缺失以及对人身检查技术发展（如 DNA 检测）反应的迟滞，而并非其立法目的的明确性，实践部门在案件侦查中已经习惯于将提取指纹、脚印，采集血液、尿液等行为理解为人身检查，若增设一种新型的侦查行为——“强制采样”，反而会增加一线侦查人员的认识难度，影响这一措施的实际操作效果。因此，笔者主张将人身检查的范围做一个广泛的界定，即将与人的身体有关的检查行为归为人身检查的范畴之内，然后在前提之下，规范实施程序，以便于实践操作。

综上，笔者认为，将人身检查狭义理解为仅对身体表征进行检查的观点不能概括人身检查的本质属性，也难以全面反映人身检查的目的，因此宜对人身检查的范围作广义理解，即人身检查既包括对被检查人身体外表特征与身体内部的检查，也包括对被检查人身体样本的采集，身体采样问题应当放入人身检查制度框架之内进行研究和分析。

二、人身检查的性质

人身检查到底是一种强制性侦查行为还是任意性侦查行为？抑或双重属性的行为？人身检查与搜查、勘验、鉴定等相关刑事诉讼措施有何关系？我国理论界对此缺乏专门研究。而人身检查性质的明确，不仅对人身检查手段的使用和限制起着至关重要的作用，同时也是研究人身检查制度的基本前提，因此笔者将从以下两个方面对人身检查的性质进行厘定。

（一）人身检查的基本属性

从基本属性上看，侦查行为可以分为强制侦查行为和任意侦查行为两种

---

① 陈朴生著：《刑事诉讼法实务》，台湾海天印刷有限公司 1999 年版，第 253 页。

② 黄东熊著：《刑事诉讼法论》，台湾三民书局 1999 年版，第 258 页。

③ 林钰雄著：《刑事诉讼法》（上），中国人民大学出版社 2005 年版，第 332 页。

类型，对其区分之意义在于法律对二者在适用原则、适用条件、程序、批准权限上皆有不同。界定一项侦查行为究竟是任意侦查还是强制侦查之原因在于不仅是该行为本身的性质需要明确，而更重要的是不同的归类则享受不同的“司法待遇”：如果属于强制侦查措施，其适用要受到严格规制（如大多数国家就普遍要求强制侦查手段的使用必须符合比例原则、法定原则和司法审查原则，把强制侦查的力度和范围控制在必要的最低限度以内），[①] 这种限制无疑在一定程度上会削弱侦查机关的侦查权力，但公民的基本权益可以得到有效的保障；如果属于任意侦查行为，则侦查机关无需特别授权就可自我实施，便利犯罪侦查，但公民基本权利的保障力度就要削弱。因此，对人身检查基础属性的分析、厘定不仅是理论上的需要，更是关涉到司法实践中打击犯罪和保障公民基本权利二者之间的平衡和取舍问题，因此其具有理论和实践的双重意义。

1．强制侦查与任意侦查的区分标准

判断人身检查的基础属性的前提在于对强制侦查与任意侦查的区分标准进行明确。由于强制侦查与任意侦查的区分标准发源于日本，因此日本理论界对其讨论较多，就二者之区别而言，在日本主要有以下三个判断标准：第一，“直接有形力标准”，即以实施措施一方的手段为标准来进行判断，如果行使了直接强制的有形力，就是强制措施，反之则是任意措施。第二，“压制意志标准”，即以是否压制个人意志为标准，只有压制个人意志并限制身体、住所、财产的行为才是强制措施，否则就是任意措施。[②] 第三，“侵犯权益标准”，即以受处分措施一方受到侵犯的标准来判断是否是强制措施，而不考虑是否采用了强制力。这一标准又被分为两个方面：其一是“不限定侵犯法益的受处分人标准”，即只要侦查相对方包括隐私权在内的法益受到侵犯，就属于强制侦查行为，反之则属于任意侦查行为；其二是“限定侵犯法益的受处分人标准”，此标准认为只有受处分一方的重要利益受到侵犯才是强制侦查行为，否则即是任意侦查行为。[③] 上述标准都从不同角度体现了强制侦查与任意侦查的区别，但是各有缺陷。我国有学者即指出，“直接有形力标准”只以直接行使强制的物理有形力来划分强制侦查和任意侦查，回避了强制手段的多样性。例如，对当事人施以精神上的强制就没被纳入其中，

---

① 参见孙长永：《强制侦查的法律控制与司法审查》，载《现代法学》2005 年第 5 期，第 72 页。

② ［日］田口守一著：《刑事诉讼法》，刘迪等译，法律出版社 2000 年版，第 76 页。

③ ［日］田口守一著：《刑事诉讼法》，刘迪等译，法律出版社 2000 年版，第 30 页。

并且它也无视一些侦查行为虽然没有直接实施物理有形力的强制，但是可能对公民的基本权益造成重大伤害的因素，因此此标准并不合理；“压制意志标准”以是否压制个人意志为标准，忽略了对公民权益的侵犯这一基本要素的考量，侦查行为中的秘密侦查行为都不压制个人意志，但并不能因此而否定其强制侦查的属性；“侵犯权益标准”注意到了对相对人权益的侵害，但忽视了个人对自身利益的自治性，也即没有考虑个人主观自愿性的因素。①

那么究竟应该在任意侦查与强制侦查之间设置何种标准才能全面对二者的本质区别进行概括呢？孙长永教授提出了“强制性侵权”与“个人自愿性”双重要素的认定标准。他指出，“强制侦查与任意侦查是根据侦查行为是否由相对人自愿配合为前提而对侦查行为所作的分类。任意侦查指不采用强制手段，不对相对人的生活权益强制性地造成损害，而由相对人自愿配合的侦查……强制侦查指为了收集或保全犯罪证据、查获犯罪嫌疑人而通过强制方法对相对人进行侦查……”② 这种界定方式是从强制力使用以及相对人意愿两个方面来进行定性，既突出了个人的意思自治，也关注了对公民基本权益的侵害，笔者对此比较认同。对强制措施实行法定主义和令状主义的根本原因就在于强制侦查行为之本质在于强制性地侵犯公民基本权利，如果这种侦查措施不得不实行之时，就需要对其进行严格约束，以防止侦查机关滥用。而任意侦查措施之所以允许机关宽松使用，③ 原因在于其基本不侵犯或者只是轻微侵犯公民的权利。此外，基于个人意思自治原则，公民个人拥有对自身利益的处理权，因此个人的自愿性毫无疑问也是必须要考虑的一个标准。因此，笔者认为，判断一个侦查行为究竟是强制侦查行为还是任意侦查行为可以结合“强制性侵权”与“个人自愿性”综合进行判断。

2. 人身检查行为的双重属性

按照上述划分标准，人身检查在表面上带有鲜明的强制侦查行为特征。首先，在人身检查实施过程中，被检查者的身体状况、生活习惯均暴露无遗，如呼气、指纹、血液、DNA、尿液、基因、声纹、容貌等资料，无一不属于个人隐私权的保护领域，而任何一项人身检查措施都会构成对个人隐私领域的侵犯；其次，人身检查一般须留置被检查人，某种程度上也就限制了被检

---

① 参见李明著：《监听制度研究——在犯罪控制与人权保障之间》，法律出版社2008年版，第26~27页。

② 孙长永著：《侦查程序与人权：比较法考察》，中国方正出版社2000年版，第24页。

③ 任意侦查也不是完全随意的、自由的侦查，也要受必要性、紧急性和相当性的限制，但它一般由侦查机关自我决定、自主进行，因此侦查机关对其运用相比强制侦查之运用更为自由。

查人的人身自由；最后，采集唾液、血液、毛发、分泌物、排泄物、尿液以及其他出自或者附着于身体之物等的人身检查还会伤及被检查人的人格尊严，开刀、抽取脊髓等手术往往还会牵扯到被处分人的身体完整权和健康权，而这些可能涉及的权利均属基本人权范畴。[①] 因此，从表面特征来看，人身检查毫无疑问具有鲜明的强制侦查的特征。正如有学者所提出，“身体检查事实上会造成对‘人’的基本权利的限制，尤其是被滥用时，因此其属于干预基本人权的强制措施”。[②]

但是笔者认为，若将人身检查笼统的归入强制侦查行为也失之片面，因为就对人权的侵害程度而言，一些普通检查，如经过被检查人同意而实施的采集毛发、提取指纹、测量身高、检查体表伤痕等，实际上对被检查人权利影响极小，将其一概视为强制性侦查行为，设置严格的程序限制，不仅不利于刑事案件的侦查，也对公民权利保障产生不了多大实质作用。因此，从“强制性侵权”角度来看，人身检查实际上兼具强制与任意的双重性质：当提取指纹、毛发、唾液等“非侵入式检查”时，由于对被检查人基本权利侵害程度较低，应当认定为任意侦查行为，即无需采取设置较为严格的法律程序及遵循令状原则的要求；当采用抽血、体内采尿、抽取脊髓等对公民基本权利侵害较大的措施时，由于对公民基本权利的侵害程度较大，则应当认定为强制性侦查行为，对其实施提出更高要求。

当然，判断人身检查的行为属性也需要结合“个人意愿标准”来进行综合判定。笔者认为，对于侵权程度较轻的人身检查行为，被检查人同意与否并不会改变它任意侦查的属性，按照任意侦查的相关规定实施即可。而在实施被检查人身体损害较大的强制侦查情形下，被检查人的同意是否会免除侦查机关的程序要求？德国学者在此问题上认为，“身体检查处分，原则上得经由同意而免除干预的授权，亦即被告若自愿性同意进行身体检查者，除非所涉及的是特别危险的检查或违反公序良俗，否则，原则上国家机关可以不用依照法定的干预程序来进行身体检查处分”。[③] 这种观点指出了个人自愿放弃权利对侦查机关程序义务的卸除，但这种同意是否就会改变此种人身检查的强制侦查属性？笔者认为，被告人的同意在一般情况下是可以改变其强制侦查行为的属性，但是对于被检查人侵害较大的人身检查措施。例如，通过

① 杨雄：《刑事身体检查制度的法理分析》，载《中国刑事法杂志》2005年第2期，第78页。
② 林钰雄著：《干预处分与刑事证据》，台湾元照出版公司2008年版，第59页。
③ 转引自林钰雄著：《干预处分与刑事证据》，台湾元照出版公司2008年版，第89页。

外科手术方式进行的人身检查，并不会因为被检查人的同意而改变其属性，即使被告人同意进行此种方式的人身检查，侦查机关仍需承担法律对强制侦查所要求的程序义务。例如，德国在立法中即体现了这种精神，对于一般的人身检查措施，被检查人的同意可以免除侦查机关实施该行为需要接受司法审查的程序要求，但是对公民权利侵害较大的人身检查措施（如抽取脑、脊髓液）的使用则采用“绝对法官保留原则”，即不因被检查人同意而免除对侦查机关的司法审查。[①]

总之，将人身检查的性质界定为兼具强制侦查与任意侦查双重属性的意义，在于为人身检查程序设置的双重性提供理论解释：对于公民权利影响较小或者被检查人同意的一般人身检查行为，一般无须设置过多程序限制，由侦查机关根据侦查便利原则，自行启动即可；对于公民权利影响较大或者违背被检查人意愿实施的人身检查行为，则需要在程序上进行严格限制，在其启动、审批、实施等各个环节都应在法律上作出明确规定，以防止其被滥用。

（二）人身检查与相关刑事诉讼措施的关系

由于人身检查和搜查、勘验以及鉴定在实施方式、目的上存在一定竞合关系，因此若将人身检查界定为一种独立的侦查行为，那么就有必要对它和相关措施之关系进行分析，以便清晰把握其边界。

1. 人身检查与人身搜查

所谓搜查，是指“侦查机关为发现犯罪证据、查获犯罪人，对嫌疑人以及可能隐藏犯罪证据或嫌疑人的其他人的身体、物品和其他有关场所进行搜索、查看的一种侦查行为”。[②] 根据搜查对象的不同，搜查可以分为对人搜查和对物搜查，人身搜查是指为了从个体的身上或随身所着衣物的口袋、夹缝内获取有关证据或物件而实施的搜查措施。我国刑事诉讼法将人身检查与搜查明确规定为两种彼此独立的侦查行为，但是由于人身搜查的指向对象为人身，与其联系在一起的是个体的人身自由权、人格权、隐私权、健康权等与人的身体有着密切关系的权利，而这又与人身检查存在许多相似之处，因此使得人身检查与人身搜查易于混淆，有必要在理论上对两者之关系进行探讨。

从域外立法情况来看，对于人身检查和人身搜查的关系在不同的国家和地区存在不同的理解。如上所述，在美国，人身搜查与人身检查是一个种属概念，人身检查是人身搜查的一种特殊形态，但从现有收集资料情况来看，

---

① 转引自林钰雄著：《干预处分与刑事证据》，台湾元照出版公司2008年版，第69页。

② 孙长永著：《侦查程序与人权：比较法考察》，中国方正出版社2000年版，第93页。

除美国外，其他大多数国家和地区的立法都对人身检查与人身搜查进行了区别。例如，英国、德国、日本以及我国台湾地区，在立法中都对人身检查与人身搜查分别进行了规定。但是由于人身检查与人身搜查常存在竞合之处，因此常常难以对两者加以区别。域内外理论界在论及人身检查与人身搜查之区别时，所采取的区分依据及侧重点不同，但概括来看，大都是依据“目的”以及“实施方式”两种方式进行区别。

以“目的”为标准的区分方式强调对人身进行搜查的目的在于寻找藏匿在身体表面、随身衣物（含外衣、内衣）或身体自然开口（含口腔、耳穴、肛门在内）的证物，通常该证物属于身体之外的“异物”，并不属于身体自然状态的一部分，而且实施上述搜查不需要动用医疗辅助器材；而人身检查则是以身体本身的物理性质、状态作为证据目的的刑事诉讼措施，也就是通过对人的裸身进行观察、采集或检验，以便判别、推论要件该当性、责任能力等相关事实的刑事措施。我国台湾学者林钰雄在指出人身检查与人身搜查的区别时即是以这种标准进行界定的。他指出，人身搜查是指为找寻身体表面（含口腔、耳穴在内之身体自然腔穴）或随身所藏匿（含身着衣物之里外）的证据而实施的措施；人身检查则是指以身体本身之物理性质、状态作为证据目的的采集、检验处分，如检测体内酒精浓度所进行的抽血措施。① 而以“实施方式”为标准进行的区别方式则认为以身体为对象的搜查只能限于人的身体表面，所有进入人身“体内”的措施，尤其是必须以医疗器材辅助才能进行的措施，如抽血、开刀、插入内窥镜等，都属于人身检查而非搜查，德国理论界通说即采用这种观点。例如，德国学者克劳思·罗科信指出，人身搜查是指对身体的表面或在身体的自然状态下的凹窝及开口进行检查；人身检查除上层含义外，还包含着对身体之特定程度下之侵害。例如，为确认血液中酒精含量、腰部穿刺术等所做的抽血。② 但这种观点主要考虑了人身检查与搜查所侵犯公民基本权的种类、方式以及范围的不同，对于实施目的并未考虑。

上述两种区别方式都体现了人身搜查与人身检查的特有属性，但是都有其局限性。前一种区别方式依据取证目的是否在于探求身体本身的状态、特征来进行区分，但是，对藏匿于“体内的”外来异物（如体内藏毒）则难以

---

① 林钰雄著：《干预处分与刑事证据》，台湾元照出版公司2008年版，第21页。

② ［德］克劳思·罗科信著：《刑事诉讼法》（第24版），吴丽琪译，法律出版社2003年版，第317页。

提供合理的解释。如果以这种观点，包括开刀取子弹、灌肠或以催吐剂取出证物、鸭嘴钳取出体内毒品的行为，都有可能划归为搜查的范畴。但是，这些侵犯身体健康权和完整权的手段并不是典型的搜查行为，也不是立法者设定搜查要件时所考虑的要素；保护公民免受不合医学规则的对身体健康的侵犯，正是人身检查措施的特殊性及其实施要件所考虑的重点所在。第二种区分标准也存在不足之处。例如，寻找犯罪嫌疑人藏匿于头发内的毒品予以扣押与采集犯罪嫌疑人头发以供鉴定比对，两者虽然都是在身体“表面”进行，并且都会附随某些暂时性的限制自由，但是二者却存在较大区别：第一，两者的取证目的存在较大差异，前者是为了查获赃物，后者则是为了辨别身份；第二，两者所侵犯公民的基本权利也存在不同，前者侵犯的是公民的财产权，而后者却是身体权以及隐私权。因此，上述两种区别方式似乎都难以全面概括人身检查与人身搜查的区别。那么，应当采用哪种方法来对二者进行区别呢？笔者认为，可以采用一种“目的”与“方式”相结合的判断标准，也即“目的”为主要判断标准，所有以身体本身的物理性质、状态作为证据目的而进行的查看、采集及检测的措施，都属于人身检查。此外，除“目的”外，尚需考虑实施的手段，如需采用抽血、插入医疗器材（如内窥镜）等穿刺性手段在内的所有对人身体内进行的措施，则应该属于人身检查措施。

2．人身检查与勘验①

人身检查与勘验有许多相似之处，如果将勘验定义为侦查人员通过五官的作用，感知场所、物品或人身的存在、形状、性质的侦查行为，那么对人身状态的查看无疑就属于勘验的种类，这也是在根据实施方式为标准对人身检查进行定性的国家和地区（如日本和我国台湾地区）将人身检查作为勘验行为的原因所在。但是，如果将人身检查规定为一种独立的侦查行为，那么对二者进行区分就非常有必要。

在我国，勘验和人身检查的法律地位和性质是相同的，但适用对象却有所区别。我国大多数学者认为，勘验的对象是与犯罪有关的场所、物品、尸体等在性质上属于“死”的事物，检查的对象是与案件有关的“活人”的身

---

① 需要特别说明的是：由于我国现行刑事诉讼法将人身检查作为与勘验、鉴定相并列的一种独立侦查行为，因此在此前提下讨论人身检查与勘验和鉴定界限与区别具有现实意义。但若置于将人身检查分散规定于勘验、鉴定之中的国家和地区（如日本和我国台湾地区）讨论，由于其对于人身检查性质的理解与我国大陆地区有所差异，因而本书在此所得出之结论对其可能未必适用。

体，正是在这个意义上，检查具有“人身检查”之特定含义。① 但也有学者提出，勘验的对象只包括与案件有关的场所，而检查的对象则包括物品、人身、尸体。② 笔者赞同大多数学者对于勘验和检查内涵的界定方式，理由在于：与犯罪有关的场所、物品、尸体，在性质上都属于“死”的事物，本身不能作为具体权利义务的主体，一般只能作为权利义务的客体存在。在勘验过程中，主要是对与犯罪有关的场所、物品、尸体有权利义务的相对人合法权利的保护，三类对象在这点上具有相同的性质。人身则不同，既是权利义务的主体，也是权利义务的客体，只要实施人身检查，必然就会侵犯到相对人的人身权及由此衍生出的其他合法权利，因此在程序设置和实施方法上，人身检查的使用必须更为谨慎，将其单独规定更有利于对被检查人权利的保护。

此外，从国外规定情况来看，只要在法律中将勘验、检查并列规定的国家，均将检查的对象特指于与案件有关的人的身体，并提出了与勘验不同的程序要求。例如，意大利《刑事诉讼法》第 245 条和第 246 条分别规定了“人身检查”和“对地点或物品的勘验”，在俄罗斯《刑事诉讼法》第 24 章有关勘验、检查的规定中，勘验的对象包括地点、住房、其他房舍、物品、文件以及尸体，而检查的对象是与案件有关的人的身体。因此，人身检查与勘验应为不同侦查种类，彼此具有独立性。

3. 人身检查与鉴定

人身检查与鉴定也有许多相似之处，其与鉴定的竞合之处在于人身检查之中的采样检查。由于身体样本采集之后往往需要经过鉴定程序，以鉴定结论作为证据方式，因此易模糊人身检查与鉴定之间的界限。与上相同，若将人身检查规定为独立的侦查行为，将它与鉴定进行区别就具有理论探讨的意义。

笔者认为，人身检查和鉴定是彼此独立的两种侦查行为，二者存在明显区别：其一，二者实施目的不同。人身检查的目的在于确定被害人、犯罪嫌疑人的相貌、肤色、特殊痕迹、伤害部位和程度、智力发展和生理机能，为鉴定等诉讼工作提供可比对性材料等为目的；鉴定则是对已经收集到的证据进行检验核实，鉴定人只需要作出客观准确的鉴定结果，无需对案件作推理判断。其二，二者实施主体不同。因为鉴定程序所强调的是鉴定人的中立地

---

① 参见樊崇义主编：《证据法学》，法律出版社 2001 年版，第 164 页。

② 参见卞建林主编：《证据法学》，中国政法大学出版社 2002 年版，第 163 ~ 166 页。

位，它不仅适用于侦查阶段还适用于审判阶段，其实施主体具有中立性，并非是侦查人员；人身检查尽管在大多数情况下是由医生执行，但对于是否实施人身检查措施，仍然是以侦查人员是否建立了合理的怀疑或可能事由为根据来进行判断，强制力也来自于侦查人员，医务人员也只能在侦查人员的指示下进行，不能脱离侦查人员的主持监督而独立实施，且参与检查工作的医务人员也不能成为独立的诉讼参与人。此外，根据回避原则，侦查人员和作为诉讼参与人的鉴定人员又是不能兼容的两种角色。由此可见，鉴定和人身检查是不同的彼此独立的刑事诉讼措施，采用人身检查获取身体样本进行鉴定时，二者是一种目的与手段的关系，也即鉴定是目的，人身检查是为了获取鉴定材料、达到鉴定目的的手段。人身检查措施所包含的私权与公权的价值冲突主要体现在强制检查的正当性根据以及实施方式的适当性、必要性上，而非鉴定的具体模式和规则。因此，笔者认为，人身检查与鉴定存在明显区别。

综上可知，人身检查是一种兼具强制侦查与任意侦查之双重属性的特殊侦查行为，其既有别于搜查，也有别于勘验和鉴定，具有明显的独立性特征。

（三）刑事人身检查与“行政人身检查”之关系

与其他国家和地区的立法体系不同，我国并没有“重罪、轻罪”或“重罪、轻罪、违警罪”之划分，诸如吸毒等国外视为“犯罪”的行为在我国是作为行政违法案件进行处理的，而这类案件的调查往往也需要采用“人体取证”措施，如验尿以判断是否吸毒等。尽管我国也通过相关法律对于这类以行政违法案件之调查为目的进行的人身检查进行了规范（如2008年6月1日实施的《中华人民共和国禁毒法》），但由于这类“行政人身检查”与刑事人身检查在实施方式、实施主体（基本都是由公安机关实施）上具有很大的相似性，因此二者之界限易于模糊。

从其他国家和地区的立法情况来看，尽管其未对二者进行明确区分，但是从其对上述在我国视为“行政违法”而被视为“犯罪”行为的人身检查情况来看，在这类案件调查中实施的人身检查具有以下几个特点：第一，实施措施多为对人身权利影响相对较为轻微的人身检查措施，如验尿以检测毒品残留等，而若需要提取DNA检测样本或采用其他可能对人身体健康造成较大影响的人身检查措施时，则需要符合“罪重性条件”的约束。例如，对于DNA样本的采集，英国、奥地利、斯洛文尼亚规定只能采集任何可能触犯“列为登录之犯罪案件”的犯罪嫌疑人及被逮捕者；德国、芬兰、丹麦、瑞士、匈牙利、法国则仅规定为犯严重罪行或性犯罪的犯罪嫌疑人及被逮捕者

（一般而言，基本上都必须科处 1 年以上之有期徒刑）；我国台湾地区“DNA 采样条例”第 5 条则规定只能对性侵害加害人、性犯罪、重大暴力犯罪案件之被告或犯罪嫌疑人进行人身检查。① 第二，检查目的具有单一性和明确性，对于这类案件调查所获取的人身检查资料只能用于该案之调查，案件调查结束后，该案所获取之人身检查资料应当予以销毁，一般不能将通过这类人身检查所获取之人身检查资料用于其他类型案件的调查。第三，除了紧急情形之外，警察在此类案件中采用的人身检查措施仍需获取司法令状，即接受司法审查原则的（实行行政模式的除外），防止警方滥用这项权力。因此可知，人身检查制度立法相对完善的国家和地区对于这类“行政人身检查”的使用也是非常谨慎的。限于本书研究范围，笔者无意对我国的“行政人身检查”之制度规定进行过多的分析和评价，也难以对“刑事人身检查”与“行政人身检查”两者之区别进行清晰界定，但是需要指出的是，域外之立法经验值得我国借鉴，对于执法机关此类“行政人身检查”权的使用，我国同样应当通过立法加以严格限制。在完善未来之人身检查制度时，我国一方面要在刑事诉讼法中完善和规范侦查机关刑事人身检查权的使用，另一方面也需要对行政人身检查制度进一步明确和细化，防止执法机关刻意模糊二者之界限，滥用人身检查权。

三、人身检查的种类

由于人身检查涉及范围较广，不同的人身检查措施在法律授权、实施对象、实施方法上又存在不同，因此有必要对其进行类型化分析。依据不同标准，人身检查主要分为以下种类：

（一）对被追诉者的检查与对第三人的检查

这是以实施人身检查的对象为标准进行的划分。被追诉者也即刑事诉讼之追诉对象，包括犯罪嫌疑人和被告人；第三人的范围则比较宽泛，按照林钰雄博士的解释，只要是被追诉者以外的人，无论性别、年龄乃至于国籍，都会成为潜在的第三人。② 无论是被追诉人和第三人，在刑事案件侦查中都有可能成为人身检查的对象，但是由于二者身份不同，大多数国家和地区都在法律中明确规定了对二者实施人身检查的不同程序要求。在立法中对其进

---

① 唐淑美：《刑事 DNA 资料库之扩增与隐私权之探讨》，载《东海大学法学研究》2005 年第 12 期，第 106～107 页。

② 林钰雄著：《干预处分与刑事证据》，台湾元照出版公司 2008 年版，第 105 页。

行区分之法理根据在于：被追诉者是国家刑罚权行使的对象，对刑事诉讼措施的使用具有忍受义务，国家可以依法对其强制进行；但就被追诉者之外的第三人而言，因其不是追诉的对象，对其进行人身检查时的实施条件、证据标准自然有所不同。我国现行刑事诉讼法对此也有体现，但仅仅涉及"犯罪嫌疑人"和"被害人"的意愿表示，规定不得对被害人强制进行人身检查，而其他方面却都未涉及。从域外情况来看，德国刑事诉讼法中关于被追诉人与第三人之人身检查提出了较为全面的规定，关于这方面的理论探讨在其国内也比较多，笔者在此对其进行专门介绍。

德国《刑事诉讼法》第 81 条 a 第 1、2、3 项对被告（包括犯罪嫌疑人）的人身检查作出了比较详细的规定，而在第 81 条 c 第 1、2、3 项又对第三人的人身检查作出了规定，二者在授权基础、实施条件方面存在较多不同。而德国《刑事诉讼法》第 81 条 c 第 1 项又规定："非被告而可为证人者，仅于真实发现之必要而必须确定其身体上之一定痕迹，或犯罪行为所生之结果时，无须获得其同意而予以检查"；第 2 项规定："其他被告以外之人，于确定其家世及验血，若对其健康并无不利，且对于真实之发现有其必要时，无须获得其同意而予以检查。检查与采血仅限医师始得为之。"从上述规定可知，对于被追诉人实施人身检查的启动未作出过多限制，且在被追诉人拒绝的情形下，可以实施强制检查；对于第三人虽然可以实施强制检查的，但是如果要对第三人实施人身检查，必须有一定的证据支撑"发现真实之必要"，且符合"证人原则"和"痕迹原则"的要求才能进行。①

"证人原则"是指第三人必须是可预期为证人的人，即对于被追诉者以外的人，只有当其有可能作为证人时，才可以违反其意思，对其进行检查，并且只要其有接受讯问的能力，即可以作为证人。但是这一原则本身存在一定的局限性，如果仅仅依照这个原则，纵使在婴儿、小孩、严重精神错乱者、无能力陈述的被害人身上发现犯罪痕迹，也难以对其进行检查，因为上述人员在法律上是不具有作证能力的。对证人的人身检查之所以不需要其同意就可以实施，这种忍受义务是源于德国《基本法》第 2 条第 2 项，"个人的自由不可侵犯，除非有法律的规定"。我国台湾地区有学者认为，当第三人无正当理由拒绝人身检查时，应该可以对其科以与证人相同的罚金，但该罚金的裁定与救济程序应使用证人无正当原因不到场的处罚和救济程序。但是，

---

① ［德］克劳思·罗科信著：《刑事诉讼法》（第 24 版），吴丽琪译，法律出版社 2003 年版，第 322 页。

归根究底，证人原则主要的目的仅在于要求某种关联性，以免侦查机关为了澄清某个特定的犯罪事实而泛泛进行一连串的刑事人身检查措施，也就是为了避免人身检查措施的牵连范围过广。

“痕迹原则”又称“迹证原则”，它是指对于潜在可能的证人，只有“当在其身上发现有可罚性行为的特定痕迹或结果时”，方能对其检查。此处之“痕迹”必须是可罚性行为直接引起的身体上的变化，并且可能经过检查（刺伤、弹着点、血迹、残留的精液、指甲下的皮肤残余及其他）而推论出是行为人实施。例如，该第三人身上有明显的伤痕。换言之，人身检查只能对犯罪后留下的痕迹与遗留在证人身上的犯罪后果实施，犯罪行为结果是经过行为导致被害人身体产生法律所不容许的改变（如皮肤受损、牙齿脱落等）。所谓“足够的理由”，则是指必须有一些明确的概念或依据足以认定存在若干与发现真相有关的痕迹及犯罪行为结果，而不应允许对有痕迹者进行不相关的检查。由上不难看出，德国之所以这样规定，其目的在于努力缩小受检查第三人的范围，避免漫无目的的“撒网式”检查。

我国台湾地区学者林钰雄则认为，德国立法中的“证人原则”存在不合理之处，其理由在于：一方面是“证人原则”过度扩张，将一些无关的第三人（如非被害的目击证人）列入潜在的受检查的第三人范围，使人身检查对象的范围过大；另一方面又必须通过扩张解释，才能将诸如受虐待婴儿等无证人能力的人包括进来，因此“证人原则”之规定不但难以有效缩小第三人的范围，而且也不利于人身检查措施的实施。在此分析基础上，林钰雄博士提出，在具有“实施必要性”的前提下，只要符合“痕迹原则”的要求即可实施人身检查，这样就能够以犯罪痕迹或犯罪结果作为选择要件，从而将潜在的受检查人的范围限制在合理的范围内。①

笔者认为，单纯将“痕迹原则”作为对第三人发动人身检查的限制性原则，而将“证人原则”放弃的观点似乎缺乏实践可操作性。若根据此观点，必须发现身上有明显“痕迹”后才能对第三人实施人身检查，但从实践中的大多数案件来看，通常都没有特定依据证明某人身上有犯罪痕迹，因此“痕迹原则”实际上难以被有效落实，而真正能够起到这种作用的是“证人原

---

① 但是林钰雄博士也指出两种情形下的例外：第一种是血缘检测。例如，发现一具他杀的尸体，有根据显示被害人可能是离家多年的甲，这就需要对甲的父母进行 DNA 的血缘检测。第二种是对第三人进行抽血检测以确认其身体本身状态而影响犯罪成立要件判断的情形。例如，交通事故受害人的身体状态、强奸案件中的受害人的身心状态等。参见林钰雄著：《干预处分与刑事证据》，台湾元照出版公司 2008 年版，第 112 ~ 118 页。

则”，实践中往往需要通过贯彻此原则来体现被检查人与案件的关联性。但是，考虑到“证人原则”有可能带来的检查范围过宽的缺陷，“痕迹原则”也是必不可少的，因此笔者认为，德国这种规定还是具有可借鉴性。目前，我国由于缺乏对被追诉人之人身检查与第三人之人身检查的区别规定，因此造成实践中的一系列问题：既难以避免大规模“撒网采验”的频繁启动，又难以给侦查人员对犯罪嫌疑人、被害人之外的其他人员实施人身检查提供授权依据，因此应当予以改革。

（二）体表检查与体内检查

这是根据人身检查部位不同进行的分类。体表检查是指仅在被检查人的身体表面和口腔等身体自然开口处进行查看并收集有关证据，而不对被检查人的身体进行物理性侵入的检查方式，即“对身体之表面或在身体之自然状态下的凹窝及开口处进行检查”。[①]例如，对身体表征的查看、对指纹、脚印、毛发、唾液、指甲、皮屑等身体样本的提取等，由于不需要对人的身体内部进行物理侵入，因此都属于此类检查；体内检查则是指用某种物理器械对被检查人的身体进行物理侵入并提取有关证据的检查方式，如抽取体液、使用内窥镜进入体内查看、动手术获取异物等。区分这两种检查方式之原因在于二者对于被检查者身体侵害的程度不同：前者因在人身体外表进行，对身体侵害程度较弱；后者则往往是通过使用物理器械穿破被检查人身体的方式来收集证据的，因而侵犯了被检查人的身体完整权。

正是由于对公民权利影响程度上的差别，当前一些国家或地区都在立法中对于后者的使用提出了较前者更为严格的程序要求。例如，美国联邦最高法院在1977年的United States v. Crowder案中指出了“一般侵权的人身检查”与“重大侵权的人身检查”的不同之处，提出根据人身检查措施对公民权利影响程度不同而适用不同标准，对于“重大侵权的人身检查”之标准应当高于“前者”的观点。[②] 德国在立法中也对一般形态的人身检查与加重形态的“侵入式检查”作出了不同的规定，对被检查人侵害程度较小的一般检查在必要情形下可由检察官及其辅佐人进行，而对于侵入式人身检查采法官绝对保留的原则，即只能依法官的命令进行，同时也应当取得被告人的同意，而被告人在同意之前有权充分了解该检查对其可能造成何种程度的伤害，并有

① ［德］克劳思·罗科信著：《刑事诉讼法》（第24版），吴丽琪译，法律出版社2003年版，第319页。

② United States v. Crowder, 543 F. 2d 312(D. C. Cir. 1976), at 317.

权在检查中撤回同意。① 此外，具有特别危险的检查应有专门医生进行，而医生也只能基于必要之目的，根据法官的命令进行。② 日本和我国台湾地区则将对体表的人身检查规定在刑事诉讼的“勘验”部分，而将对体内的检查规定在“鉴定”部分，两种人身检查使用不同的程序规定。以日本为例，日本刑事诉讼法所规定的“勘验性人身检查”分为依许可票性质③的令状检查和无令状检查两种，前者是指对于性别及健康状况等方面的检查，后者则是对身体正受拘禁中的嫌疑人“提取指纹或足型”、“测定身高或体重”或“拍照”等；“鉴定性人身检查”则属于强制侦查性质，需要取得命令文件性质的鉴定令状进行，强制采血液和强制采尿液在日本为这种“侵入式检查方式”的典型。此外，对于勘验性检查，当被告人不同意接受检查时，应先通过罚款或拘留的间接强制形式进行，当上述方法无效而有检查之必须时，方可依据日本《刑事诉讼法》第139条的规定进行直接强制；对于鉴定性人身检查，如果被检查人拒绝时，由于鉴定的规定并不准用勘验一章中有关强制实施的规定，因此仅能以罚款等间接强制方式进行。④

（三）私密性检查与非私密性检查

这是以人身检查的部位以及采集样本的性质不同而进行的划分。⑤ 私密

---

① 参见谢秉锜：《论“我国”检查身体之缺失》，载《军法专刊》2001年第12期，第35页。

② 参见谢秉锜：《论“我国”检查身体之缺失》，载《军法专刊》2001年第12期，第35页。

③ 日本法官在刑事诉讼中所签发令状的性质可区分为命令文件性质及许可票性质两种，就前者而言，必须予以执行；就后者而言，是否实施及如何实施得到法官许可之行为，则可由执行者裁量决定。参见［日］土本武司著：《日本刑事诉讼法要义》，董璠舆、宋英辉译，台湾五南图书出版公司1997年版，第134页。

④ ［日］土本武司著：《日本刑事诉讼法要义》，董璠舆、宋英辉译，台湾五南图书出版公司1997年版，第160～161页。

⑤ 我国也有学者提出私密性检查与非私密性检查的划分是以对隐私权侵犯的程度为标准来进行的（参见瓮怡洁：《国外的身体检查制度》，载《西南政法大学学报》2004年第3期，第113页；宋远升：《强制身体检查之思索与权衡》，载《中国刑事法杂志》2006年第6期，第81页），但笔者认为，对隐私权的侵犯程度是一个不易把握的标准，隐私权概念的内涵及外延在不同时期、不同国家之理解都有差异，侵犯程度在具体操作中更加难以判断，因而以此为标准难以体现二者的实质区别。

性检查是指对精液、血液、阴毛、尿液等蕴涵特定生物信息[①]的样本的提取以及人身体的私密部位（如生殖器）的检查；非私密性检查则是指对头发、指纹、脚印等一般性身体样本的采集以及对非私密部位（如胳膊、肩膀）的检查。之所以存在这种区分的原因在于：私密性检查往往涉及对公民隐私领域的侵犯且有可能触发羞耻感，因此各国通常都对私密性检查的实施提出了特别的程序要求。例如，普遍要求对于妇女私密部位的检查只能由女性或医生来执行。此外，由于身体样本之中所蕴涵信息的性质不同，一些国家也通过划分身体样本性质的方式来体现两种检查的区别，这种区分方式以英国为代表。

英国在《警察与刑事证据法》（1984）中详细地区分了对私密性身体样本（intimate sample）和非私密性身体样本（non－intimate sample）的采集程序。根据该法第65条的规定，“非私密性样本”的范围包括除阴毛外的毛发样品、从指甲或指甲下提取的样品、从人的体腔之外的任何其他身体部分提取的液体以及从活人身上除手之外的任何其他部位提取的类似印迹等；“私密性样本”是指血液、精液或任何其他组织液、尿液、唾液或阴毛及从人身体腔内提取的体液等样本，[②] 二者适用条件上存在较大差异。对于非私密性检查，法律规定以取得被检查人同意为原则，强制检查为例外。强制检查必须具备人身自由受限制、特定罪名、[③] 警司级警官批准之要件；私密性检查

① 根据我国台湾地区学者的分类，隐私权包括以下几种：（一）信息隐私权（information privacy），即个人可以自行决定何时、以怎样的方式，将哪些个人信息公开给谁；（二）身体隐私权（physical privacy），即个人有排除他人接近个人身体或侵入个人生活空间的权利；（三）自主决定隐私权（decisional privacy），即个人不受政府或第三人干涉个人抉择的权利。例如，个人生活形态、繁衍后代的决定等；（四）具体财产价值的隐私权（proprietary privacy），即个人对于隐私权中人格权利益的经济利用及所有权；（五）空间隐私，即个人生活空间不受国家侵入的权利。人的某些身体样本中蕴涵着个人身体状况、家庭遗传病史等信息，而这类信息毫无疑问属于隐私权的保护范畴。参见林子仪：《基因信息与基因隐私权》，载翁岳生教授祝寿论文集编辑委员汇编：《当代公法新论——翁岳生教授七秩诞辰祝寿论文集》，台湾元照出版有限公司2002年版，第701～702页。

② 根据英国《刑事审判与公共秩序法》（1994）第58条的修正，曾经被视为私密性样本的唾液以及从人的口腔中获取的物品被重新界定为非私密性样本，与此同时还将牙印新增为私密性样本。依据新法之规定，口腔检查由私密性检查改为非私密性检查，这意味着通过对口腔检查而获得之唾液抹片、口腔棉棒，将不再需要获得被检查人的同意而可因合理怀疑的理由而直接进行检查，也即警察可对嫌疑人进行口腔检查而不需要获得同意，也不需要详加解释。参见中国政法大学刑事法律研究中心组织编译：《英国刑事诉讼法》（选编），中国政法大学出版社2001年版，第307～312页。

③ 英国《刑事审判与公共秩序法》（1994）将《警察与刑事证据法》（1984）规定的“严重可捕罪”（Serious Arrestable Offence）更改为“可记录罪”（Recordable Offence），从而较大地扩展了可进行人身检查的案件类型，被检查人的范围也随之大规模扩大。

则必须以被检查人同意为要件，即除了人身自由受限制、特定罪名、警司级警官批准要件外，还必须取得被检查人的书面同意才能进行。然而，未获得被检查人书面同意不得进行强制性私密性检查的规定在英国实务界引发了广泛的质疑，认为这种规定限制了警察机关的侦查权，难以保障打击犯罪的需要。[①] 无疑，这条规定的立法初衷是基于私密性检查涉及人权侵害过深的担忧，而由警察机关自行作出决定本身就存在被滥用的风险，因此需要作出如此严格之规范。但是，法律同时也规定，如果被告人无正当理由而拒绝作出对其进行人身检查的适当同意，法官在决定是否将其提交审判以及法院或陪审团在决定他是否构成被指控的犯罪时，可以从其拒绝行为中作出对其不利的推断。[②]

（四）个案调查性检查与建库性检查

这是以人身检查的目的为标准进行的划分。为了达到相同的目的，可以实施不同种类的人身检查手段，同样，实施相同的人身检查手段可能是为了不同的诉讼目的。[③] 个案调查性检查是在具体案件中对确定被追诉人和第三人的身份而进行的人身检查，检查结果只对本次案件的处理有效，案件终结后，国家需对已采集到的身体样本及时销毁。建库性检查是指为了建立相关生物信息库而进行的人身检查。例如，大范围的提取 DNA 样本和指纹样本。在具体案件中依法进行的人身检查之正当性当无疑问，但是出于建库目的而进行的人身检查正当性问题却是一个争论较大的问题：一方面，通过建立完善的国家指纹、DNA 生物数据资讯库，对于刑事案件的侦破起着非常重要的作用；另一方面，大规模地采集并保留身体样本又会对公民尤其是无罪公民基本权利造成侵害。

英国《警察与刑事证据法》（1984）（Police and Criminal Evidence Act 1984）规定，如果被检查人未被提起公诉或者被判决无罪，则对其检查所提取到的非私密性样本和指纹以及私密性样本，警方应当立即予以销毁，从而明确了人身检查的个案性。但是，基于建立和扩建国家 DNA 数据库的需要，

---

① Carole Mc Cartney, "The DNA Expansion Programme and Criminal Investigation", 46 *British Journal of Criminology* 175 ,179(2006).

② 根据《警察与刑事证据法执行守则 D》（1984）的规定，警方在提取体内样本时，应对接受检查者提出如下警告："你不必（提供这个样本）（允许使用这个药签或印模），但我必须要警告你的是，如果你无正当理由地拒绝，到审判时你的拒绝将对你的辩护不利。"参见中国政法大学刑事法律研究中心组织编译：《英国刑事诉讼法》（选编），中国政法大学出版社 2001 年版，第 478 ~479 页。

③ 杨雄：《刑事身体检查制度的法理分析》，载《中国刑事法杂志》2005 年第 2 期，第 78 页。

英国通过《刑事司法与警察法》（2001）（Criminal Justice and Police Act 2001）与《刑事审判法》（2003）（Criminal Justice Act 2003）两次修改关于人身检查的相关规定。根据修改后的法律，英国政府除了可以永久保留已采集到的身体样本信息外，还可以通过推测性搜查（Speculative Searches）的方式大规模采集身体样本信息。所谓“推测性搜查”是指当一个公民未被怀疑为嫌疑人，但其书面同意参与采样检查时，则该自愿同意参与者所提交的身体样本及结果，将会留存于国家 DNA 数据库以提供警察日后侦办犯罪案件的交互比对，而自愿参与者先前所缴的同意书不可撤销。[①] 基于这种授权，英国国家 DNA 数据库（NDNAD）的规模急剧扩大至世界最大规模。根据英国政府提供的数据显示，截至 2008 年 9 月，超过 7.39% 的英国公民的 DNA 图谱保留在英国国家 DNA 数据库中，这使得英国国家 DNA 数据库成为了存取本国公民 DNA 信息比例最高的国家。[②] 排名第二的是澳大利亚，其保留的 DNA 图谱占其国民人口数的 1%。紧随其后的是美国，其联邦调查局的 DNA 数据库中保留的 DNA 样本占其国民人口的 0.5%，英国 DNA 数据库的规模之大由此略见一斑。[③]

除了英国外，自 20 世纪 90 年代开始，许多国家的政府也都基于打击犯罪的需要，积极建立或扩充本国公民 DNA 数据库。例如，在欧洲，1997 年，奥地利、荷兰成功设立国家刑事 DNA 数据库；1998 年，德国国家刑事 DNA 数据库正式成立；1999 年，芬兰、挪威成立国家刑事 DNA 数据库；比利时、丹麦及瑞士亦跟随此潮流在 2000 年立法提议设立国家刑事 DNA 数据库。美国也早在 1990 年就建立了 DNA 整合索引系统（Combined DNA Index System; CODIS），作为一个收集来自全美 14 个州之 DNA 样本的数据系统，在索引系统建立 4 年后，1994 年美国国会制定《DNA 鉴别法》（DNA Identification Act 1994），正式授权美国联邦调查局依法使用该资料库。由于该 DNA 整合索引系统（CODIS）允许执法单位下载有关犯罪者之 DNA 基因资讯，因此许多州选择加入 DNA 整合索引系统。DNA 整合索引系统分为三个层次，地方 DNA 整合索引系统（LDIS）、州 DNA 整合索引系统（SDIS）、国家 DNA 整合索引

---

① 唐淑美：《刑事 DNA 资料库之扩增与隐私权之探讨》，载《东海大学法学研究》2005 年第 12 期，第 104 ~ 155 页。

② House of Lords Select Committee on the Constitution, 2nd Report of Session 2008 - 09, *Surveillance: Citizens and the State*. HL Paper No. 18 - I, (Session 2008/09), para1.

③ D. H. Kaye, “The Constitutionality of DNA Sampling on Arrest: An Interim Report to the National Commission on the Future of DNA Evidence,” http://homepages. law. asu. edu/ ~ kayed/pubs/, 2010 - 03 - 03.

系统（NDIS）。2000年后，美国为解决DNA鉴定的迟延及检体累积问题及扩大DNA资料库的范围，美国国会通过美国《DNA分析延迟消除法》（DNA Analysis Backlog Elimination Act of 2000），允许联邦调查局去搜集联邦所列举之各项犯罪、监禁者、假释、缓刑、交付保护管束等之DNA样本。①

各国政府这种为建库目的进行的大规模采样、保留公民生物信息样本的行为也招致众多质疑。例如，在20世纪90年代美国即有学者称其为“不受限制的、政府资助的生物入侵”，因此而呼吁立法机关，“一定要确保执法技术的发展不会损害普通公民的隐私权”。② 近年来，这种检查对公民隐私权构成的侵犯更是日益凸显，以至于有法学专家、社会学家和医学专家批评DNA数据库是一个潜在的“监视怪物”，是“向专制社会前进的第一步”，它使每个公民变成了“国家的嫌疑人”，从而在根本上改变了政府和公民的关系。③

欧洲人权法院在2008年于S & Marper v. UK案的判决中则明确表示了对英国这种建库型人身检查的批评。该判决指出，“不加区别地去利用公权力将怀疑为犯罪而实际未被判决有罪公民的指纹、细胞组织和DNA图谱保留在国家的数据库里的行为，构成了对《欧洲人权公约》第8条之‘尊重公民隐私权’规定的不当侵犯”，④ 进而裁定撤销英国国家DNA数据库。在经历了起初很长一段对该判决的强烈反对后，英国政府表示将就DNA数据的保存方案制定一份白皮书。英国内政部长Jacqui Smith MP在2008年6月表示：“我们将考虑建立起一套基于年龄、人身危险性、涉及犯罪性质不同而有所区别的，更加灵活与公平的机制……不满10周岁（刑事责任年龄）的未成年人的DNA将不再被保留在国家的DNA数据库中……对已经保留的，我们将立即采取措施进行销毁。”⑤ 从此发言中似乎并未明确看出英国是否会通过立法来解决DNA数据库的问题，但是英国上议院宪法委员会则表示，将通过立法建立国家DNA数据的保存机制，而在这套机制中“公民个人能就国家DNA

---

① 唐淑美：《刑事DNA资料库之扩增与隐私权之探讨》，载《东海大学法学研究》2005年第12期，第89、106页。

② Michael J. Markett, Gendic Diaries: An Analysis of Privacy Protection in DNA Data Banks, 30 *Suffolk U. L. Rev.* 185, 189(1996).

③ See Kate Beattie, “S and Marper v UK: Privacy, DNA and Crime Prevention”, *E. H. R. L. R.* 2009, 2, 229 - 238. 233(2009).

④ S and Marper (App. Nos 30562/04 & 30566/04), judgment of December 4, 2008 ECtHR at [119], http://cyberlaw.org.uk, 2010-03-03.

⑤ Jacqui Smith MP, “Home Secretary's speech: Protecting rights, protecting society” http://press.homeogov.uk/Speeches/home-sec-protecting-rights, 2010-03-03.

数据库保留其个人信息的决定提出反对性意见”。①

客观而言，构建一个覆盖广、总量大的生物信息库体系对一国刑事案件的侦查具有极大的作用，能够显著提升侦查效率。因此，在这种侦查利益的推动下，尽管建库性人身检查因对普通公民的权利造成极大威胁而饱受争议，但许多国家仍基于打击犯罪的目的而积极着力于构建本国的生物信息库，随之而来的以提取公民个人生物信息为目的而进行的采样行为自然也就难以避免被频繁使用。这种矛盾毫无疑问也是人权保障与打击犯罪之间冲突的一种体现，因此也成为各国刑事司法领域近年来面临的一个新问题，许多国家也在积极寻求解决路径。以德国为例，德国在 1997 年和 1998 年分别在刑事诉讼法中新增三个条款，即 DNA 检查的授权基础（德国《刑事诉讼法》第 81 条 e）、DNA 检查之命令与实施（德国《刑事诉讼法》第 81 条 f）、供未来刑事程序用途所进行之 DNA 身份识别（德国《刑事诉讼法》第 81 条 g）。这些条款除了对 DNA 的使用和分析程序详加规定外，更是限定了对“供未来刑事程序用途所进行之 DNA 身份识别”的实施程序，以此来规范对具体个案调查用途之外的 DNA 采样行为。②

笔者无意否认生物信息数据库对于刑事案件侦查的重要作用，也不反对建立对于有犯罪前科人员的生物信息有限留存机制，但是笔者认为，仅以构建生物信息库为目的而进行的人身检查行为缺乏法律依据。究其性质而言，人身检查是一种刑事诉讼措施，其实施对象具有特定性，即必须与案件具有某种特殊关联，对其实施人身检查对于刑事案件的侦查存在必要性时方能实施，其启动、实施等具体程序也必须严格遵守程序法定原则的要求。若仅仅基于某种特殊利益的驱动就对普通公民实施人身检查措施，无论其手段强弱，皆是对公民合法权益的不当侵犯，也有违无罪推定原则的基本要求，因此应当对于这种建库性检查之弊端充分重视，尽量避免这种检查措施的实施。

第二节 人身检查资料的表现形态与性质

如上文所述，人身检查是一种取证手段，由于人身检查措施的取证对象为人身，这种采证来源的特殊性使得其所获取证据资料之性质又有别于其他

---

① Surveillance: Citizens and the State. HL Paper No. 18 – I (Session 2008/09), para. 212. http://www.publications.parli – ament.uk/pa/ld200809,2010 – 03 – 03.

② 参见朱富美著：《科学鉴定与刑事侦查》，中国民主法制出版社 2006 年版，第 279 页。

侦查行为，采用不同的人身检查方法所获取证据资料的表现形态也不相同，将这些证据资料运用于诉讼中的证据手段亦存在区别。① 这种差别不仅体现在证据运用规则，而且也对人身检查程序的设置具有影响，因此有必要对其关系进行介绍，并对人身检查所获取证据资料的表现形态和性质进行分析。

一、人身检查的实施方法及其目的

相较于其他侦查行为，人身检查的实施方法比较多样，其范围从体表查验到提取指纹、脚印、血液、尿液、毛发、皮屑等身体样本，乃至开刀取出子弹、穿刺脊髓抽取体液、脑室充气术、测量男性生殖器反映的检测术、施以催吐剂取出胃容物或胃液等，② 手段之多可以说是任何一种刑事诉讼措施都难以企及的。正如我国台湾地区学者林钰雄所指出，人身检查是刑事诉讼中最“欠缺可预测性”的措施，“从微不足道的测量身高，到中度干预的抽血穿刺，及至危害健康的手术开刀或抽取脊髓液，干预内容不一而足，何止五花八门而已”？③ 因此，很难对其进行明确列举和阐释，但是从一些国家和地区的法律规定情况来看，人身检查的方法大体是被分为两种进行规定：

第一种是对身体表面特征的查看。这种方法主要通过五官的感觉直接认识被检查人身体的外部形状，以判断是否存在某种痕迹、标志或者特征，从而发现对证明案件事实有意义的性质和特征，如对被害人受伤害部位和受伤害情况进行的查验，对犯罪嫌疑人的身体上的痕迹、标志、特征进行的观察等。这种检查方法一般不会对被检查人的身体造成损伤，但是由于检查包括人体的私密部位，因此涉及隐私权保护问题，一些国家和地区在立法中一般都建立了对妇女进行此类检查的保护性规定。

第二种是对身体物理痕迹、组织物以及体液的提取和采集。物理痕迹是指指纹、脚印、耳纹等由身体外部器官所留下的痕迹，这些痕迹往往能够反映个体器官的特征，具有唯一性，因此可以用于身份同一性认定；身体组织物主要是指人体自然组织物，如毛发、指甲、皮屑等；体液是指人体内所拥有的特殊液体，如血液、汗液、唾液、精液、脊髓液等。对身体组织物和体液提取之目的在于为化验或者鉴定等提供材料，以与已知样品进行比较，从

---

① 证据包含两层含义：其一是作为证据资料，即案件中遗留下的主观印象痕迹和客观物质痕迹；其二是证据方法，即发掘证据资料并将其运用于诉讼的方法和手段。参见龙宗智著：《证据法的理念、制度与方法》，法律出版社 2008 年版，第 58 页。

② 林钰雄著：《刑事诉讼法》（上），中国人民大学出版社 2005 年版，第 331 页。

③ 林钰雄著：《刑事诉讼法》（上），中国人民大学出版社 2005 年版，第 331 页。

而达到同一认定、证实犯罪或者查获犯罪嫌疑人的目的。

由于上述两种方法对公民权利影响程度不同，一些国家或地区在其立法中以不同形式对其进行了区分，并对其适用提出了不同的程序要求。例如，日本和我国台湾地区将对身体表征进行查看的人身检查归于勘验之中，而对于身体样本采集则规定于鉴定之中，两种类型的人身检查适用的程序规定也不相同。而德国则根据实施手段之差异，将人身检查分为一般的人身检查和加重类型的“侵入式检查”：前者是指对身体的表面或在身体的自然状态下的凹窝及开口进行检查；后者除上层含义外，还包含着对身体之特定程度下之侵害，只要实施人身检查会导致身体受到一定程度的伤害（无论轻微抑或严重）即属后者，如抽血及其他类型的穿刺性检查都属此类，而是否使用工具或医疗辅助器材，却并非前者与后者区别的标准。[①] 从其他国家和地区立法情况来看，一般而言，对于侦查机关进行的对于身体表征查验，普遍没有设置严格的程序限制；对于身体样本的采集，由于其可能给公民的身体权带来影响（如生理痛楚或健康威胁），且由于身体样本中往往包含有公民的个人生物信息等隐私内容，因此在程序设置上往往较为严格，普遍要求采取这类措施需贯彻法律保留原则、比例原则、司法审查原则等要求。

从取证目的来看，第一种检查之目的在于“以五官作用判断被告或被害人之身体特征、状态，如身体有无胎记、伤痕”，[②] 通过勘视性的检查，对受害人伤害的部位、情况进行查验，对犯罪嫌疑人身体上的痕迹、标志、特征进行观察是人身检查措施的最初功能也是一个重要目的，这种检查方式是对被检查人身体情况的一个客观反映，也即看到什么即是什么，无须分析、加工。第二种检查主要是从相对人的身体内外提取属于人体的物理痕迹（指纹、脚印）、身体组织及其分泌物（毛发、指甲、唾液、血样、精液、尿液），这种检查也可称为采样性检查，其目的在于为鉴定程序提供生物检材，通过将提取物质与已知样品进行分析比对，从而达到人身同一性认定、证实犯罪的目的。

二、人身检查资料的表现形态

上述两种方法所获取证据资料的表现形态也存在不同：通过前者所获取

---

① ［德］克劳思·罗科信著：《刑事诉讼法》（第 24 版），吴丽琪译，法律出版社 2003 年版，第 361 页。

② 许泽天著：《刑事诉讼法论：证据之搜集调查与使用 II》（增订三版），台湾神州图书出版有限公司 2003 年版，第 331 页。

的属于客观记载检查情况的证据资料，也即看到什么即是什么，无须分析、加工，它们是对被检查人身体情况的一个客观反映，其在诉讼中的证据形态表现为检查记录资料；通过后者所提取的身体样本本身尽管具有物证属性，但作为微量物证，其不可能直接应用于诉讼之中，必须通过具有专门知识的人对其进行分析、判断后，才能确定与案件事实之间是否具有相关性以及具有何种证明力，因此本身不能作为独立的证据而存在，其往往需要通过专业人员进行分析后形成鉴定结论后方能使用。两种人身检查资料的表现形态存在较大差异，因而有必要分别阐述：

（一）人身检查记录

人身检查记录是指侦查人员依照法定程序对被检查人身体进行勘视性检查之后，对检查过程的记录。由于诉讼过程的历时性，从案件的最终侦查到裁判结论的作出往往要经历相当长一段时间，这种历时性对侦查阶段所获取证据资料的保全提出了较高的要求，记录材料则是应这种需求而存在，通常其是以笔录形式存在，正如我国有学者所指出的，“为了防止有证明意义的情况由于可能发生变化而失去证明价值，所以要通过各种笔录的形式将这些情况所包含的有证明价值的信息以一定的载体记录下来，以便在诉讼中充分发挥笔录对象的证明作用”。①

从表现形式看，人身检查记录材料不仅仅是用笔（或者说是文字）记录形成的材料，还包括绘图、照相和录像等形式，而随着社会的发展和科技的进步，照相、录像技术及数字多媒体技术等在刑事诉讼实践中得到广泛应用，检查记录的形式呈现多样化、立体化的趋势，这种变化不仅使笔录能够更加全面、客观和准确地反映被检查者身体的具体情况，而且能够动态地反映检查活动的全过程，因此多媒体记录方式所占比重和所起的作用已有超过文字记载的趋势。

需要特别指出的是，从各国立法来看，尽管在司法实践中，对与犯罪有关的现场、物品、人身、尸体进行勘验、检查并将勘验、检查的过程和结果记录下来是各国侦查机关都常用的侦查方法，但是英美法系和大陆法系在人身检查记录材料的运用方法上存在较大差异：英美法系国家未规定独立的勘视性人身检查程序，也没有检查笔录这种法定证据种类，将人身检查记录资料运用于诉讼的证据手段通常表现为人证（职务证人或专家证人），受传闻证据规则约束；大陆法系国家则普遍规定有勘视性检查程序以及检查笔录的

---

① 何家弘主编：《刑事审判认证指南》，法律出版社 2002 年版，第 312 页。

使用规则，将人身检查资料应用于诉讼的证据手段通常表现为人身检查笔录，如德国、日本、意大利、俄罗斯以及我国都在立法中明确了人身检查笔录的运用规则。①

（二）身体样本

身体样本又称生物检材，是指来源于人体组织，对案件事实认定提供证明材料的客观物质。身体样本既可以来源于活体，也可来源于尸体或现场遗留，其在诉讼中的主要作用在于通过对其所蕴涵之生物信息的分析而实现个体化识别之功能。许多案件的案发现场都遗留有生物样本，而暴力犯罪则更为明显，据相关统计数据显示："在凶杀案件中，约有60%可发现生物学证据的遗留；在强奸案件中，约有90%可发现生物学证据的遗留；在抢劫、伤害等犯罪现场，约有30%遗留有生物学证据。"② 通过人身检查获取身体样本之后，将该样本之信息与犯罪现场遗留生物样本进行比对，能够在锁定犯罪嫌疑人、侦破案件方面起到其他传统方法所不能替代的重要作用。尤其是随着DNA分析技术③在刑事诉讼实践中的使用，通过对特定身体样本进行的DNA分析后所形成之结论更成为刑事案件侦查、审判中发现事实的一项新利器。

从实质上看，身体样本可划归为物证范畴，但由于其往往不能直接应用于诉讼，其蕴涵的证据信息需要通过鉴定程序挖掘出来，因此从诉讼意义上

---

① 袁志博士在其博士论文《勘验、检查笔录研究》中就对英美法系国家和大陆法系国家人身检查笔录运用情况进行了较为详尽的考察。参见袁志：《勘验、检查笔录研究》，四川大学2005年博士学位论文，第42~51页。

② 刘文：《DNA鉴定技术及其在刑事侦查中的应用》，载《中国司法鉴定》2007年第4期，第28页。

③ DNA，即脱氧核糖核酸（Deoxyribonuclid acid），其分子结构是双链多核苷酸。人类的体细胞核中含有46条染色体（23对同源染色体），每个染色体都是一个与蛋白质结合的双链DNA分子。人类体细胞的细胞核中的全部DNA称为基因组DNA，每个个体在每一个体细胞内的DNA均是相等的（癌变和基因突变的细胞除外），其DNA分子特征即碱基序列终身不变，不受年龄、营养状况及环境变化之影响。DNA信息可从血液、精液、尿液、唾液、身体组织等身体样本中提取得出。除同卵双胞胎外，没有两个个体的DNA碱基序列是完全一样的，两个无关个体间相同的机会小于三千亿分之一，因此利用DNA分析技术具有高度的个体识别功能。DNA自1984年英国莱斯特大学遗传学家阿莱克·杰弗里（Alec Jeffreys）研究发现可以用做身份识别后，即于1986运用于英国发生的二名女学生遭奸杀的刑事案件侦查上，于1987年经采集嫌犯血液样本做DNA比对，该案成功侦破；美国随即也在1987年佛罗里达州的一件强奸案中采用DNA技术确认了犯罪嫌疑人的身份。DNA在刑事案件侦查中发挥的强大作用引起了各国的关注，各国纷纷开始将这项技术运用于刑事案件侦查，迄今已有120多个国家和地区应用DNA鉴定技术办案。参见［美］丽莎·扬特著：《法医学——从纤维到指纹》，顾琳等译，上海科学技术文献出版社2008年版，第130~140页。

讲，将身体样本应用于诉讼中的证据方法通常表现为鉴定结论（鉴定人）这种证据形式。

身体样本的常见类型主要有以下几种：

1. 指纹

指纹，是指人类手指第一关节以上正面皮肤上乳头状腺所呈现的凹凸纹路。指纹最早使用于民事案件中的个人身份识别。例如，我国唐代即将指纹用于各类契约之订定，古印度用于证书之上等。自英国人类学家法兰西斯·哥尔顿（Francis Galton）爵士建立指纹分类后，[①] 指纹开始运用于刑事诉讼程序。英国法院即于1902年首次采用指纹证据将被告定罪，美国联邦调查局也从1904年开始使用指纹比对锁定犯罪嫌疑人。[②]

指纹样本之所以能够作为证据材料，其原因主要在于指纹有以下特征：第一，个体唯一性；第二，终生不变性；第三，具有损而恢复的不可破损性；第四，凡接触物体的地方必留指纹。[③] 但是，指纹证据仍有较大局限性：一方面，实施犯罪行为者只需在犯罪时戴上手套即不会留下指纹；另一方面，因指纹证据本身亦不可靠，如美国1966年关于指纹证据可采性的“多伯特审听”就指出了指纹证据的以下缺陷：第一，未建评估两个指纹是否相符的客观标准；第二，错误比率难以掌握；第三，异体之间相对应之特征相同性，无统计基础，尤其在指纹受到污损或扭曲时更加严重。[④] 因此，即使指纹样本获得证据能力资格，但其证明力仍有待法院去判断，而且其所能建立之证据关联性，通常只能证明犯罪嫌疑人或被告曾接触过被采集指纹之对象或身体，仍无法直接证明犯罪之事实，换言之，指纹证据仅为间接证据而已，其本身仍须其他证据予以佐证。

而笔者在实践部门所了解到的两起案件也进一步说明了以指纹作为证据的缺陷所在：第一起案件为故意杀人案，在案发现场发现了作案凶器——健身用握力棒，而该握力棒上提取到一枚非受害人的指纹，侦查机关遂将查找

---

① 法兰西斯·哥尔顿将人生分为幼儿、青年、壮年及老年四个时期，通过对这四个时期指头之隆起腺进行比对，他发现每一个人的指纹毫无改变，因此得出指纹具有独特性、永久性的结论；另外，根据指纹的外观特征，哥尔顿又将指纹分为箕形纹、弧形纹及斗形纹三类。参见朱富美著：《科学鉴定与刑事侦查》，中国民主法制出版社2006年版，第309页。

② 朱富美著：《科学鉴定与刑事侦查》，中国民主法制出版社2006年版，第309~310页。

③ 参见［美］丽莎·扬特著：《法医学——从纤维到指纹》，顾琳等译，上海科学技术文献出版社2008年版，第12页。

④ 罗亚平、柳佳：《指纹证据在美国遇到的挑战——多伯特审听》，载《中国人民公安大学学报》2003年第3期，第123~124页。

指纹的拥有者作为案件侦破的突破口，然而当侦查机关耗费大量时间、精力查找到了与指纹比对一致的嫌疑对象时，却发现是此嫌疑人送给受害人握力棒时所留；另一起案件与前案相似，该案是一起杀人抢劫案，在案发现场，侦查机关从凌乱的桌子抽屉上发现一枚非被害者的指纹，遂全力查找指纹所有者，后来终于比对成功，而跨省抓捕“犯罪嫌疑人”后，才发现该人是曾经维修过案发现场桌子的木匠，案件线索就此中断。指纹证据之局限性，从上述两案侦查情况即可略见一斑。

2. 毛发

毛发是由表皮退化而来的富有弹性的角质体。毛发可以根据粗细、软硬的不同，分为软毛和硬毛两种。软毛，俗称汗毛，细软而色淡，遍布皮肤表面。硬毛粗而硬，生长于人体某些特定部位，如头发、眉毛、睫毛、胡须、鼻毛、腋毛、胸毛、阴毛等。不同人种、民族、性别和年龄的人，以及不同的个人，同一个体的不同部位，其毛发是有差别的。毛发是杀人、强奸等案件中非常重要的物证之一。罪犯作案时毛发易于遗失在现场，因为毛发具有很强的稳定性，所以是理想的侦查依据和案件的证据材料。

提取毛发样本，既可对其形态进行比对，也可以对其成分进行分析，亦可通过对毛囊内物质的提取进行血型鉴定和 DNA 鉴定。通过对毛发形态的分析，可以推断出被害人或犯罪嫌疑人的年龄、种族及洗发、染发、剪发、烫发等情况；通过对毛发成分的分析能获得生活地域环境、饮食习惯、职业、健康状况、药物使用等信息；通过对毛发生物物质的测定还可获得血型、DNA 等信息，这些信息对于侦查环节中分析案情、认定犯罪具有重要作用。对其形态比对的方法是提取犯罪嫌疑人的毛发与现场发现的毛发进行比对，这不仅要求是在生长于身体同一部位的毛发进行比对，此外还需要借助高倍显微镜进行，主要比对项目包括：色泽、波纹形状、直径大小、有无染发、有无烫发、是自然脱落还是强行拔出或剪断等。[①] 但是，通过毛发形态比对进行人身识别具有较大局限性，因此目前司法实践中多是通过提取毛囊所含物质化验血型和 DNA 来进行人身识别。

3. 血液

血液在刑事证据上，一直占有相当重要之地位，尤其对于暴力犯罪，其得予以证明之事项包括个人识别、性别判断、犯罪行为时间之判断、使用凶

① 蔡墩铭著：《刑事证据法论》，台湾五南图书出版公司 1997 年版，第 166 页。

器之判断等。[①] 刑事诉讼中对于血液样本的使用经历了由血型识别到 DNA 鉴定的阶段。

1901 年，奥地利医生卡尔·奥托·兰德斯泰纳（Karl Landsteiner）在其发表的一篇论文中根据人类血液中红细胞抗原的特点不同将人类血液分为 A、B、O 三种类型，而后在 1902 年，兰德斯泰纳的两个同事又鉴别出了第四种血型分类——AB 型，自此开启了血型鉴定的先河。1915 年，血型鉴定被正式用于刑事案件的侦查之中。[②] 血型鉴定尽管具有人身识别的功能，但是由于其对于遗传类型的分析非常有限，而具有相同血型的人口又非常多，因而也就难以达到有效的个人识别目的，所以血型识别在刑事侦查实践中往往多用于排除嫌疑，而很少用来证明犯罪，也即意味着即使是血型比对一致，也难仅此证明其涉嫌犯罪。因此，在 DNA 分析技术出现后，血型识别对于个人识别的功能也就被 DNA 分析所取代。

从司法实践情况来看，需要采集血液样本进行 DNA 鉴定的案件类型主要集中在故意杀人、过失致死、故意伤害、性侵害这几种上。在认定犯罪行为人时，血液样本除了来自犯罪现场遗留外，还需采集犯罪嫌疑人体内血液，且也有可能对于第三人或受害人进行人身检查。例如，被害人遭他杀后焚烧致尸体面目全非无法辨识时，除采集被害人之血液外，尚须采集可能为被害人之父母或其他血亲亲属之血液，以鉴定两者 DNA 对偶基因类型是否具有关联性；而在性侵害案件中，为了确定案件事实，必要时需对因受性侵害而致怀孕的受害人进行引产，为了鉴定胎儿是否与犯罪嫌疑人具有亲子关系，还需要采集男性犯罪嫌疑人、女性受害者及胎儿的血液进行 DNA 鉴定，以判断是否相符。[③] 这种对犯罪嫌疑人以外的第三人所实施的采样性人身检查，在实施条件上自然应当更加严格。

4. 唾液与精液

唾液和精液都是人体组织液，由于这类体液蕴涵有个人生物信息，因此在人身检查中也常常提取这些物质进行身份识别。唾液适用案件范围比较广，如故意杀人案现场遗留的烟蒂、盗窃现场遗留的矿泉水瓶以及性侵害案中被害人身上遗留的唾斑，都可从中检查出该唾液来源者的生物信息，而对重点

---

① 蔡墩铭著：《刑事证据法论》，台湾五南图书出版公司 1997 年版，第 151 页。

② 参见［美］丽莎·扬特著：《法医学——从纤维到指纹》，顾琳等译，上海科学技术文献出版社 2008 年版，第 31 ~41 页。

③ 我国已发生过这样的案例，参见荆楚网：《研究生接受中医师“物理治疗”后莫名怀孕》，http://www.openlab.net.cn/forums/,2010 -03 -03。

嫌疑对象也可通过单纯提取唾液或与其他身体样本鉴定相结合的方式来确定或排除怀疑。精液则主要用于性侵害案的侦查，如性侵害案的被害人报警后，侦查机关为调查是否有性行为发生，通常会以棉棒（阴棉）采集受害女性体内遗留物，以调查是否残留有实施侵害的男性之精液。此外，侦查机关为查明侵害者的身份，往往会将从受害女性体内采集的精液或案发现场遗留的擦拭物或避孕套内精液所含之DNA与犯罪嫌疑人的DNA进行比对，以确定二者是否具有同一性。这类体液样本的采集对被检查人的身体权和隐私权易造成影响，因此也需严格按照法律程序进行。

除了上述常见身体样本外，还有尿液样本（常用于毒品犯罪案件侦查）、呼气样本（常用于交通肇事案件侦查）、齿痕、[①] 唇纹、耳纹[②]等。随着刑事科学技术的发展，通过人身检查获取的身体样本之种类和范围还会不断增加和扩大，如有的学者已经提出人的手型、脸型、虹膜和视网膜、汗毛孔、身体气味、耳纹、皮肤光泽、静脉血管等都可以作为人身同一认定的重要证据，[③] 这也决定了我们在思考未来人身检查制度以及相关证据运用规则设置时，必须具有一种前瞻性思维，以适应这种发展和变化。

三、人身检查资料的性质与特征

（一）人身检查笔录的证据属性与特征

如上所述，将人身检查记录资料应用于诉讼中的证据手段存在差异，英美法系国家没有独立的勘视性人身检查程序，也未规定检查笔录这种证据形式，将人身检查记录资料运用于诉讼的证据手段通常表现为人证（职务证人或专家证人），受传闻证据规则的约束；大陆法系国家则多规定有勘视性检查程序以及检查笔录的使用规则，将人身检查资料应用于诉讼的证据形式则

---

① 在我国司法实践中，也已出现过利用齿痕比对成功确定犯罪嫌疑人的案件：1999年，浙江省余杭市连续发生多起强奸杀人案，持续时间达半年之久，当地群众一度非常恐慌。警方在一名受害人的胸部提取到犯罪嫌疑人的牙齿咬痕、在现场提取到少量脚印和毛发，警方利用对周边地区近百人提取牙齿咬痕方式圈定重点对象，然后提取血液查验DNA的方式最终抓获“劫色杀手”——浙江省余杭市仓前镇通义村21岁的男青年李明，此案顺利告破。参见张泽民著：《科学神探：来自警方实验室的报告》，中国人民公安大学出版社2003年版，第224～228页。

② 国外已有用唇纹、耳纹等痕迹证据突破案件的报道，如美国纽约市警察局在20世纪50年代就用唇纹侦破了一起案件。参见何家弘著：《同一认定——犯罪侦查方法的奥秘》，中国人民大学出版社1989年版，第84页。

③ ［美］伍德沃德著：《生物认证》，陈菊明、邓启威等译，清华大学出版社2004年版，第37～105页。

通常表现为人身检查笔录。由于我国明确规定了将人身检查记录资料运用于诉讼的证据手段为人身检查笔录，因此笔者重点对人身检查笔录的证据属性和特征进行分析。

1. 人身检查笔录的证据属性

我国在立法层面已将人身检查（勘验）笔录明确为法定证据的一种，但是理论界关于人身检查笔录有无独立法律地位的问题却仍有争论，概括来看，主要有“否定论”和“肯定论”两种观点。持“否定论”者又可分为两种：一种是将笔录划归为物证或书证的范畴，认为人身检查笔录从证据属性上讲应当附属于其他证据形态，这种观点主要是从人身检查笔录的内容角度进行判断的，如“勘验、检查笔录不是对人的语言表述的记载，而是对勘验、检查过程以及勘验、检查过程中所发现的物质情况的固定，所以属于实物证据”;[①]“人身检查笔录和书证都以记载的内容和表达的思想对案件起证明作用……书证与勘验、检查笔录就是包含与被包含的关系”。[②]另一种则以“证据只能发现，不能制作出现”逻辑方式推论出：人身检查笔录是由侦查人员制作出来的，因此人身检查笔录不但不具有独立性，甚至不能成为证据。[③]这种观点以西北政法大学的裴苍龄教授为代表，但是该观点提出后也招致诸多商榷和质疑。[④]

“肯定论”者认为，人身检查笔录具有独立的证据属性，难以用其他任何证据形式对其属性进行完整概括，如龙宗智教授指出，人身检查笔录在“证明意义上具有双重属性——作为发掘物证书证、物证信息并具有固定证据的派生性证据，它们对物证、书证具有依附性；但在另一方面，人身检查笔录（勘验笔录、鉴定结论）在诉讼证明中由具有独立性的证明价值，从而呈现出作为证据形式的独立性品格”。[⑤]

---

① 汪建成、刘广三主编：《刑事证据学》，群众出版社2000年版，第230页。

② 吕萍：《对证据法定形式体例的几点构想》，载《中国刑事法杂志》2002年第5期，第76页。

③ 参见裴苍龄：《论证据资料》，载《法律科学》1999年第1期，第85页；裴苍龄：《论证据的种类》，载《法学研究》2003年第5期，第45~50页。

④ 与裴苍龄教授两篇文章所提观点的代表性商榷文章可参见：王立华：《鉴定结论、勘验、检查笔录的独立性》，载《中国刑事法杂志》2000年第2期，第106~107页；龙宗智：《证据分类制度及其改革》，载《法学研究》2005年第5期，第86~95页。另外需要指出的是，裴苍玲教授在2009年发表的《再论证据的种类》一文中对上述质疑也进行了回应，但除了论据和论证方式有所变化之外，其基本观点并未发生明显改变。参见裴苍龄：《再论证据的种类》，载《中国刑事法杂志》2009年第11期，第49~59页。

⑤ 参见龙宗智：《证据分类制度及其改革》，载《法学研究》2005年第5期，第90页。

笔者同意“肯定论”者的观点，由于对于该观点所进行的理论论证已经形成了较为系统的研究成果，① 因此笔者不再赘述，笔者仅想对人身检查笔录与物证、书证、证人证言几类证据之间的关系进行分析，指出它们之间的区别，以从另一个方面论证人身检查笔录在法律地位上的独立性。

（1）人身检查笔录与物证的关系

由于人身检查笔录是以如实记录实物状态的方式来证明案情的，因此不允许加入任何主观的因素，而这点与物证的属性具有相似性，这也是将人身检查笔录归为物证者所持的主要依据所在。但笔者认为，尽管人身检查笔录是侦查人员对被检查人身体状况进行检查后的客观记载，其检查对象——人身也具有实物性，但不能因此就延伸得出人身检查笔录即为物证的结论。人身检查笔录与物证存在明显区别：首先，从存在形态上看，物证是用以证明案件情况的客观实在物；人身检查笔录则是侦查人员对被检查人之身体情况检查后的书面记载。其次，从形成时间看，物证是在刑事案件发生和发展过程中形成；人身检查笔录则是在案件发生且对该案的侦查程序启动以后出现，也即是在诉讼过程中形成的。最后，从证明能力和证明力判断看，两者之证据能力尽管都受到取证程序之影响，但是物证之证明力主要取决于其与案中其他证据的印证程度；人身检查笔录的证明力则主要取决于检查人员是否严格依法制作以及其所记录内容所显示的证据间的综合关系。因此，人身检查笔录与物证存在本质区别。

（2）人身检查笔录与书证的关系

人身检查笔录与书证都表现为特定的表意材料，是用其记载的内容证明案情的，因此二者在形式上具有相似性，但二者在实质上却存在许多差别。首先，产生时间不同。和物证一样，书证形成于案件产生、发展过程之中，其也因此而获得了对过去事实的证明价值；而人身检查笔录则是案件进入诉讼程序（侦查程序启动之后），由法定主体依照法定程序制作产生。其次，二者的内容、格式要求不同。人身检查笔录是依照法律的规定，遵守法定程序、依照法定的格式制作形成，其必须有负责进行人身检查的侦查人员制作，并由检查人员及见证人签名，从性质上讲其是一种职务文书。而根据国外立法情况，许多国家一般都要求制作主体亲自到法庭接受询问后，这种职务文书方能取得证据能力；书证的内容与表现形式则具有相当大的随机性，可能是公文、票据形式，也可能是信件、书画，甚至涂鸦等。最后，形成主体不

① 参见袁志：《勘验、检查笔录研究》，四川大学2005年博士学位论文，第52～58页。

同。人身检查作为一种刑事诉讼措施，其必须由侦查人员（或嘱托医生）进行，而其笔录的制作也必须是拥有法定职权的侦查人员；而书证之形成主体则无特殊要求，任何自然人皆可成为这种主体。由此可以看出，人身检查笔录与书证存在实质差别，二者并非存在一种“包容与被包容之关系”。[①] 当然，这种区分也不是绝对的，当用以证明笔录制作者在笔录制作过程中有滥用职权、渎职等行为时，该人身检查笔录之性质又有可能转化为书证。

（3）人身检查笔录与证人证言的关系

人身检查笔录与证人证言的关系如何呢？对此亦存在不同理解。从证据的理论分类上看，我国学者或依照我国证据学界的传统分类方式[②]将其划归于言词证据范畴；[③] 或依照英美法系“人证、物证、书证”的划分方式将其划归为人证范畴，[④] 笔者同意我国学者这种划分方式，因为就人身检查笔录的表现特征而言，其本质上就是笔录制作者对与人身检查情况的一种客观描述，其形成过程也要经过具体人的感知、记忆、表述几个阶段，这也是为何在许多国家要求笔录制作者出庭接受法官询问的原因所在。但是，这是否就意味着人身检查笔录就等同于证人证言呢？答案却未必一致。在证人外延比较宽泛且未单独规定人身检查笔录证据种类的国家（如英国和美国），人身检查笔录具有证人证言的特性；而在证人概念外延比较特定的国家，人身检查笔录则和证人证言存在实质差别。由于我国采纳狭义的证人概念，证人特指当事人以外的第三人，而证人证言的含义则具有特定性，即“当事人以外的第三人就其所了解的案件情况向公安司法机关所作的陈述。”[⑤] 在我国没有建立警察证人或专家证人出庭作证的前提下，“第三人”显然不能包含笔录的制作主体——侦查人员，因此将侦查人员制作产生的笔录划归证人证言范畴显然也难以涵盖其整体属性。

---

① 吕萍：《对证据法定形式体例的几点构想》，载《中国刑事法杂志》2002 年第 5 期，第 76 页。

② 我国理论界依据不同标准，对证据在理论上进行了以下四种分类：以证据的来源为标准，证据分为原始证据和传来证据；以证明作用为标准，证据分为有罪证据和无罪证据；以证据的表现形式为标准，证据分为言词证据和实物证据；以证据与案件的关系不同，证据分为直接证据和间接证据。参见陈光中、徐静村主编：《刑事诉讼法学》，中国政法大学出版社 2001 年版，第 189 ~ 197 页。

③ 参见蒋丽华：《勘验、检查笔录规则研究》，载《中国司法鉴定》2003 年第 1 期，第 36 页；朱玉玲：《笔录类证据及其相关问题——以刑事诉讼为视角》，载《广西社会科学》2008 年第 12 期，第 106 页；袁志：《勘验、检查笔录研究》，四川大学 2005 年博士学位论文，第 73 ~ 78 页。

④ 陈浩然著：《证据学原理》，华东理工大学出版社 2002 年版，第 216 页。

⑤ 陈光中、徐静村主编：《刑事诉讼法学》（修订二版），中国政法大学出版社 2002 年版，第 204 页。

综上所述，笔者认为，人身检查笔录是一种具有独立地位的证据形式，其在对案件事实的证明上发挥着其他证据形式所无法代替的特殊作用，“它们反映了某种证据搜集的过程和结果，从而既可以证明作为案件实体的事实情况，又可以证明诉讼程序是否正当与合法”。[①] 因此，对人身检查笔录运用规则有专门考察的必要性。

此外，需要特别说明的是，尽管人身检查与勘验两者在行为属性上既有交叉亦有区别，在各国之规定也不完全一致，但是从获取证据资料的层面上讲，对勘验过程记载所形成的笔录与对人身检查表面特征进行检查后所形成的笔录二者在证据属性上却具有较强相似性，这也是我国刑事诉讼法将勘验、检查笔录合并规定为证据种类之一的原因所在。因此，单就笔录证据的研究而言，将二者合并研究也并无不可。由于研究范围所限，笔者虽然仅就人身检查笔录进行了专门分析，但并不因此而意味着推翻前人研究结论，将其与勘验笔录进行属性上的区别。

2. 人身检查笔录的特征

作为一种独立的证据形式，人身检查笔录主要有以下几个特征：

（1）客观性

如上所述，人身检查笔录从本质上看是笔录制作者——侦查人员对被检查者身体情况的一种客观描述，尽管笔录的表意材料色彩使之需要侦查人员用文字、照片、图形等形式进行描述，其因而也经历了一个客观事物主观化的过程，但是法律对记录的客观性要求及多种记录形式（文字、图片、音像）的相互印证弥补了这一不足，使得客观性成为人身检查笔录的一个首要特征。首先，从笔录内容来看，人身检查笔录是对检查情况的如实记载，它由检查人员依照法定程序、规范格式作出，而人员的特定性、程序的法定性、格式的规范性最大限度地降低了笔录制作主体隐瞒事实的可能性，从而保证了笔录反映内容的客观性；其次，从资料来源看，人身检查笔录具有原始性，其源自于实施人身检查的侦查人员对案件事实的亲自认识，既不是向证人、被害人、鉴定人询问他们对案件事实的证实，也不是向有关人员收集物品、痕迹和书面材料，而是侦查人员获取的与案件事实有关的第一手资料；最后，从笔录形成时间看，人身检查笔录是侦查人员在检查过程中当场进行的客观记述，具有明显的即时性特点，而这种即时进行的记录使得侦查人员能将当时看到的原始情况准确用文字、图形、照片和录像的形式加以固定，从而保

---

① 龙宗智：《证据分类制度及其改革》，载《法学研究》2005年第5期，第90页。

证了人身检查笔录的客观性。

（2）综合性

就证明作用而言，人身检查笔录所反映的事实具有综合性。首先，人身检查笔录既能反映被检查人的身体情况，还能反映检查的全过程。从笔录所记述的相关内容中，可以从主体资格、程序等多方面考察勘验、检查活动本身是否合法，正是在这个意义上讲，人身检查笔录才能发挥其他证据形式所不能取代的特殊作用，“它们反映了某种证据搜集的过程和结果，从而既可以证明作为案件实体的事实情况，又可以证明诉讼程序是否正当与合法”。[①]其次，检查笔录可以反映检查方法的科学性。人身检查是一项技术性很强的工作，需要检查人员借助科技手段或方法来实施，而技术或方法是否科学将直接关系到检查结果的正确性，这也是国外判断人身检查证据资料的证据能力时从取证程序和分析程序两个层面进行的原因所在。对人身检查方法的客观记载又是人身检查笔录的必要内容之一，通过这些记载，人身检查方法的科学与否得以呈现，从而为判断人身检查结论的证明力提供佐证。

（3）间接性

人身检查笔录只是对检查情况的一种固定形式，也即对人身检查情况的客观描述，其对案件的主要事实并不能起到直接证明作用。例如，对一个被害人身体受伤状况的检查后形成的笔录只能证明被害人有受伤的事实发生，至于是谁造成、因何造成这类问题在人身检查笔录之中并不能够反映，必须要与案件中的物证、书证、证人证言等证据相联系，并通过合理的推论形成证据链后，才能证明案件中的主要犯罪事实。由于在案件事实的证明力上具有间接性的特点，人身检查笔录在证据理论分类上一般都被划归为间接证据。

（二）身体样本的证据属性和特征

身体样本的属性比较特殊，就实质而言，身体样本可划归物证范畴；而从形式上看，将身体样本应用于诉讼中的证据方法则通常表现为鉴定结论。因此，探讨身体样本的证据属性需要从实质和形式两个层面来进行。

1．身体样本的证据属性

根据我国学界的一般表述，物证是指据以查明案件真实情况的一切物品和痕迹，这些物品和痕迹包括作案的工具、行为所侵害的客体物、行为过程中所遗留的痕迹与物品，以及其他能够揭露和证明案件发生的物品和痕迹

---

① 龙宗智：《证据分类制度及其改革》，载《法学研究》2005年第5期，第90页。

等。①身体样本的信息载体形式，如指纹、血液、毛发等都是可以起到证明作用、以痕迹或物品的形式表现出来的证据形式，符合物证的一般特点。从表现形式上看，物证分为常量物证和微量物证两种，二者是以人的感官是否直接感知为标准进行的区分，“通常人眼能够直接感知和辨认的物体属于常量证据，需要借助于仪器或特定的物理、化学方法才能鉴别的细微物体则称为微物证据。例如，遗留在犯罪现场的血液、毛发等一般属于常量证据；而从血液或毛发中检测得来的遗传物质则一般属于微物证据”，“常量证据的证明力一般产生于外部结构或表现形态，微物证据的证明力则大都形成于物质内部的分子结构或所含的微量元素”。②根据这种划分模式，身体样本无疑归属于微物证据的范畴，其本身的物质形态对案件认定并无作用，而将其内部所蕴含之证据信息展示出来的相关学理和技术已经不是法官的法律专业所能驾驭的，必须要借助专家分析才能进行。因此，身体样本虽具物证特性，但由于其表现形态的特殊性，将身体样本应用于诉讼中的证据方法只能是鉴定结论（鉴定人）。③

身体样本这种“微物证据”的属性决定了其关联性、合法性以及真实性都需要通过专门程序（鉴定程序）之加工、专业人员（鉴定人）之主观意识活动后，才能进入诉讼轨道，发挥其证明作用。这种独特属性决定身体样本所蕴含之证据信息从采集到最终作为诉讼证据使用要经过两个阶段的判断：第一阶段是关于样本取得程序，这一阶段主要是关于侦查手段的适用问题，侦查手段的不合法必然导致所取得身体样本无证据能力；第二阶段则是以鉴定程序为核心展开，样本的保存、鉴定过程规范与否等也必然影响其证据能力。从国外立法情况来看，许多国家在原有证据规则体系下发展出了对于身体样本这种新型证据资料的运用规则，仅以美国和日本为例说明：美国对于身体样本讨论的主轴，在于身体样本作为证据资料是否具有许可性的问题，也即是否有证据能力的问题，所以只要认可了身体样本的许可性，该身体样本中蕴涵的证据信息可以呈现于陪审团前，而将其呈现的证据方法则是通过

---

① 卞建林主编：《证据法学》，中国政法大学出版社2002年版，第85页。

② 陈浩然著：《证据学原理》，华东理工大学出版社2002年版，第219页。

③ 许泽天著：《刑事诉讼法论：证据之搜集调查与使用II》（增订三版），台湾神州图书出版有限公司2003年版，第275～276页。

美国《联邦证据规则》第 702 条所规定的“专家证人”。[①] 这也就意味着，身体样本资料只有在获得许可性之后，才有专家证人的问题，因此通常必须在审前程序中，由法官决定该身体样本是否许可的问题。至于除了采样程序影响“许可性”之判断之外，对身体样本的分析结论作为科学证据，也要接受“许可性”的评价，对其评价则主要依据美国司法上的“Frye 规则”[②] 以及 1993 年之后的“Daubert 规则”。[③] 由于美国《联邦证据规则》第 702 规定，“能协助事实认定者决定待证事实”时，该专家证人才能够在法庭上作证，因此美国对身体样本的分析结论进行判断时，是将证据能力和证明力结合在一起的，也即只有当一个科学证据必须能提供相当的证明力时，才能得到许可性的承认。日本判例与学界见解则将通过人身检查措施采集到的身体样本作为一次证据，而关于该身体样本的鉴定结论（鉴定书）则属于第一次证据的派生证据，这种分析鉴定结论被视为第一次证据的代表，其与第一次证据具有一体性，违法收集身体样本所取得的分析鉴定结论也不具有证据能力。[④] 而对于身体样本的鉴定分析结论是否能够进入诉讼程序则主要是通过对“所

---

① 美国《联邦证据规则》第 702 条规定：如果科学、技术或者其他专门知识能够帮助事实的审问者了解证据或者判定争议中的事实，那么满足作为专家要求的知识、技能、经验、训练或者教育的证人就可以专家意见或者其他形式作证。《联邦证据规则》于 2000 年 4 月对第 702 进行了修正，在原先的基础上增加了三个限定性条件，即提供专家证言须符合以下条件：（1）证言基于充足的事实或数据；（2）证言是可靠的原理或方法的产物，且（3）证人将这些原理和方法可靠地适用于案件的事实。参见 Kenneth S. Cohen, Expert Witnessing and Scientific Testimony: Surviving in the Courtroom, Talor & Francis Group LLC ,2008, pp. 357 – 358.

② 美国 1923 年在 *Frye v. United States* 一案中首次提出法院采用科学证据之标准，一般通称“Frye 规则”，该规则提出：任何科学证据资料，必须在其所属之专门领域内，被“普遍接受”（general acceptance）的科学上的规则或发现认定后，才可以容许为证据。因此，本规则包含两项程序性要求：第一，应先确定该科学定理所属的专门领域及其相关科学团体；第二，确认上述专门领域的团体是否接受该项科学证据资料。参见 Frye v. United States, 293 F. 1013（D. C. Cir. 1923）.

③ 美国联邦最高法院于 1993 年在 *Daubert v. Merrell Dow Pharmaceuticals* 一案判决中就如何判断专家证言是否为“科学上有效的知识”提出如下标准：（1）该理论或技术应能接受实证（empirical）检验；（2）该理论或技术曾否为该专业审查或发表；（3）对于特殊的科学技术，法官也应当审查已知或潜在错误之比率，以及有无建立之应用或技术操作的客观标准；（4）Frye 标准所确定的“普遍接受原则”在个案判断时也应当予以考虑。该案所确立的科学证据判断标准被称之为“Daubert 规则”。之后，美国联邦最高法院 1999 年在 *Kumho Tire Co. , Ltd. v. Carmichael* 一案的终审判决中再次指出，“Daubert 规则”适用于所有的专家证据（包括科学类证据和基于积累的技术和经验证据）。参见 Daubert v. Merrell Dow Pharmaceuticals, 509 U. S. 579(1993); Kumho Tire Co. , Ltd. v. Carmichael, 526 U. S. 137 (1999).

④ ［日］井上正仁著:《刑事诉讼における证据排除》，弘文堂 1985 年版，第 582 页。转引自蔡铭书:《科学证据之研究》，台湾大学 1999 年硕士学位论文，第 131 页。

采用的鉴定技术之妥当性”和“鉴定技术之正确运用”两个方面进行判断，如果符合这两个方面的要求，则认可对身体样本进行鉴定后所形成结论的证据能力，反之则否定其证据能力；至于身体样本的分析方法是否具有科学有效性，则是在自然关联性检讨与证明力判断中形成。①

总之，就身体样本资料的运用而言，各国都在其刑事诉讼模式中发展出了关于对其应用的思路，而这套思路是从原有的诉讼模式和诉讼传统中发展出来的理念与构想，因此，如何以原有的证据规则去面对新形态的证据也成了各国在思考身体样本运用问题上的重点所在。

2. 身体样本的特征

归纳来看，身体样本的特征主要表现在以下几个方面：

（1）人身依附性

身体样本是直接来源于人的身体，这是身体样本最突出的一个特征，其所表现出来的其他特征都与这个特征密切相关。在刑事案件发生后，侦查机关为了查明案件事实、确定犯罪嫌疑人或者排除某人的犯罪嫌疑，抑或查明被害人的身体所受到的伤害情况，都需要从犯罪嫌疑人或者受害人身体中提取某些组织、体液或者其他身体信息，这些收集证据行为的实施都必须直接作用于人的身体。身体样本的这种人身依附特征决定了对其取证手段不同于对其他证据的提取，其对公民基本权利所造成的直接侵害性更大，因此对其使用标准和条件要求更高。此外，由于身体样本是以物质存在的形式来证明案件事实，其不受作证者意念的影响，其检测结果是否与案件事实之关系是以科学结论为依据。无论操作者是谁，只要遵循科学的检测程序，其结果都是一样，因此与其他类型的证据相比较，“身体证据”具有更强的客观性。

（2）个体性

身体样本的个体性是由于其来源特殊所带来的不可替代性，身体样本直接来源人的身体，而人的身体组织中所包含的信息都具有唯一性，也即具有个体化特征，这也是通过获取身体样本进行人身识别的依据所在。仅就身体

---

① 关于日本实务界对身体样本证据的态度以及学界对其讨论，可参见苏丽满：《科学证据中DNA型鉴定的证据能力——日本足利案件的探讨》，载《法令月刊》2008年第2期，第109～123页。

样本中所蕴涵之 DNA 信息而言，相关研究数据显示：如果用 33.15DNA 探针,[①] 两个无关个体之间相同的机会小于三千亿分之一，即便是同胞的兄弟姐妹之间，完全相同的概率也才只有二百万分之一；如果用 33.15 和 33.16 两个探针，无关个体之间的相同机会就更小,[②] 正是在这个意义上讲，DNA 被称为“上帝给予的身份证”，而利用 DNA 技术进行人身识别则被称为“人类有史以来，在证物个化方面最为伟大的突破”。[③] 身体样本的这种唯一性特征决定了其具有较强的指向性，这对刑事侦查中的人身识别起着重要作用，通过对犯罪嫌疑人身体中提取的身体样本与现场遗留生物痕迹进行比对，将对案件的侦破起到重要作用。

（3）技术依赖性

如上所述，由于身体样本本身所存在的物质形态对案件认定并无作用，而其内部所蕴涵之信息必须依靠技术手段才能展现出来，离开了科学技术的支撑，身体证据就难以发挥它应有的证明作用。此外，如前文所述，人身检查措施是随着科学技术的发展而不断发展的，因此身体样本的提取、固定也必须借助于技术手段才能得以实现。例如，无论是通过指采或耳采等方式提取犯罪嫌疑人的血迹样本，还是利用生物学、化学等技术方法将其与遗留在现场或性侵害案件受害人体内的生物遗留物内部所含 DNA 序列进行比对，科学技术在整个环节中都起着重要作用。甚至可以说，在刑事诉讼中，没有哪一个措施能像人身检查这样倚重于技术手段，为了完成其采证及认证，它往往需要熟悉和掌握物理学、生物学、化学、医学、心理学等科学知识和科学方法，并且要综合运用上述知识对身体样本进行观察、分析、比较、判断后，方能作出准确结论。由于对身体样本进行鉴定的过程中必须运用较多门类的

---

① DNA 探针技术又称分子杂交技术，它是利用 DNA 分子的变性、复性以及碱基互补配对的高度精确性，对某一特异性 DNA 序列进行探查的新技术，而“DNA 探针”则是指一种以基因工程的方法制作出来的“单股 DNA 片段”。因为 DNA 探针本身也是 DNA 的一种，所以当 DNA 探针放入滤纸上时，DNA 基于双股互补性的特征会和能够互补的 DNA 探针结合为原先双股的形式，因此只要能够开发出与特定单股 DNA 相结合的 DNA 探针，就能够辨识在滤纸上是否有特定的单股 DNA，因为特定的 DNA 探针必定只和能够互补的单股 DNA 相结合。此外，为了能够方便于辨识在尼龙滤纸上是否有确实结合的现象发生，通常 DNA 探针本身会带有放射性（radioactive）的特点，因此只要用 X 光的摄影方法，就能够轻易地在尼龙滤纸上找到是否有与 DNA 探针相结合的单股 DNA，现今生物科技事业的研究重点就是开发新形态且适合使用的 DNA 探针。参见［美］丽莎·扬特著：《法医学——从纤维到指纹》，顾琳等译，上海科学技术文献出版社 2008 年版，第 137～138 页。

② 参见季美君著：《专家证据制度研究》，北京大学出版社 2008 年版，第 148 页。

③ Lee Thaggard, “DNA Fingerprinting: Overview of the Impact of the Genetic Witness on the American System of Criminal Justice”, 61 *Miss. L. J.* 423. 442(1991).

科学知识和科学方法，因此在判断其证据能力问题上，除了考虑其采集程序之外，还需要考虑科学规范和技术标准等要素。

除了上述特征外，身体样本如果转化为诉讼证据，取得证据资格之后，其蕴含的证据信息之证明力往往大于其他证据，被告可接受程度也比较高。以我国为例，通过对我国1998年1月1日至2008年12月31日的刑事裁判文书中的288起涉及DNA鉴定的案件进行统计：被告人对DNA证据没有异议并认罪的案件有275起，占95.49%，而被告人完全否认犯罪行为的只有13起，仅占4.51%。[①]“身体证据”所显现的独特优势是其他证据所无法企及的。但是，身体样本也属于间接证据的范畴，其能够证明的案件信息也显得比较有限，往往只能够直接证明的也只是案件中的某一阶段或者某一方面的情况，因此只有与其他相关证据组合成一个综合信息体系后才能够证明全部案件事实。这种对案件证明的间接性作用。另需指出的是，由于身体样本需要通过鉴定环节转化才能使用，而鉴定环节中的许多因素都会影响其结论的得出，因此在身体样本使用上也暴露出一定局限性。当前一些国家或地区已经开始对盲目信任身体样本证据，尤其是DNA证据定案的倾向进行反思，那种将实验室人员所作的结论视之为“皇后的贞操”[②]的观念已经开始受到挑战，如澳大利亚全国研究会就指出，“检察官和辩护律师不应吹嘘DNA证据。让法官或陪审团以为DNA证据是无懈可击的陈述是不合理的，也是应当避免的”。[③]

综上所述，由于人身检查方法的不同，人身检查资料的性质及表现形态也存在差异，而“诉讼以证明为中心，裁判以证据为根据”，[④]人身检查资料在属性上的差异也对人身检查程序的设置产生了影响，笔者在下文将对这种影响进行考察。

---

① 陈学权：《刑事诉讼中DNA证据运用的实证分析》，载《中国刑事法杂志》2009年第4期，第109页。

② 我国台湾地区前刑事警察局鉴定中心主任翁景惠曾在某杀人案件作证时说道，“我个人认为一份检验报告如同皇后的贞操一样不容怀疑，如果怀疑勘查人员或实验室的人员，永远怀疑不完……”转引自李佳玟：《鉴定报告与传闻例外——最高法院近年相关裁判之评释》，载《政大法学评论》2008年第4期，第217页。

③ 参见季美君著：《专家证据制度研究》，北京大学出版社2008年版，第150页。

④ 龙宗智著：《证据法的理念、制度与方法》，法律出版社2008年版，第1页。

第三节 人身检查权与公民权利保障

刑事诉讼是国家权力和公民权利冲突最为明显的领域，在某种意义上是“国家机关与被追究者之间关于追击与反追究的激烈对抗，利益之轩轾决定了国家权力和个人权利之间处于一种此消彼长的状态，如果要强调控制犯罪就要给予国家权力较多的职权自由，而要张扬权利就要对国家权力进行较多的规限”。[①] 人身检查制度的产生、发展也都与国家权力的正确行使以及公民权利的保障密切有关，理论上对二者关系的不同解读，必然会对人身检查制度的设计产生影响。因此，有必要对人身检查权和公民权利的关系进行分析，以期厘清国家与社会、权力与权利两组基本命题的摩擦与平衡。

一、人身检查的必要性和人身检查权的来源

人身检查作为一种侦查行为，其本身就带有高度的强制性，为了防止这项权力不被滥用，当前许多国家都通过法律对其使用进行严格限制，以保障公民个人合法权益不受侵害。但是，对个人权益的保护并不是法律的全部价值，即使是在视个人自由至上的英美法系传统的国家中，其对社会秩序和安全的维护也并非仅定睛于对公民个人权利的维护，社会的发展实际上永远都是在个人自由和公共安全之间寻求着某种平衡。而公共利益在一定程度上又具有优位性，法律在保护公民个人自由等私权的同时也赋予了国家对公民个人进行干预的公权力，以维护更大多数人的社会公共安全和秩序。从这个意义上讲，国家人身检查权力的存在具有正当性。

（一）人身检查的必要性

1. 提高侦查效率的必然要求

从世界范围来看，犯罪总数呈现激增态势，有限的司法资源根本无法应付大量的刑事犯罪，而较低的犯罪侦破效率客观上助长了犯罪分子的侥幸心理。例如，美国强奸罪的破案率为45%，重伤害罪破案率为57%，抢劫罪破案率为26%；日本的恶性犯罪案件达2.23万起左右，破案率为50.2%；而据德国联邦刑警局记录在案的犯罪统计，2004年德国共发生严重的入室偷盗案124200起，平均每天发案340起，平均每4.2分钟发生一起入室偷盗案，

---

① 左卫民著：《价值与结构——刑事程序的双重分析》，四川大学出版社1994年版，第84页。

而破案率只有19.5%。[①] 我国情况和国外大体相同，根据最高人民法院的工作报告：1981年10月至1982年9月底全国各级法院的刑事案件结案数是23.2万件；1990年全年全国各级法院审结案件数为457552件，判处被告人582184人；2003年全国各级法院审结刑事案件数则达到735535件，判处被告人933967人，至2009年全国各级法院共审结刑事案件768130件，判处被告人1007304人，[②] 虽然这组数据不是刑事案件发案数，但它完全可以反映出我国刑事案件发案率逐年攀升的情况，[③] 而破案率却仅维持在30%左右（下文对此将有专门分析）。面对案件数量的激增，侦查效率的低下无疑会强化罪犯企图逃脱惩罚的侥幸心理，削弱刑事司法机关的威慑力，并将给社会秩序带来更严重的威胁。因此，如何有效提高侦查效率成为一个各国都非常重视的问题，而在其他方面短期变化不大的情况下，侦查技术之提升无疑是提升效率的最有效途径。

随着现代科技的发展，越来越多的技术手段被用于刑事案件侦查工作，正如德国联邦法院在一个案件的判决书中所指出，“刑事科学和科技提出新的侦查方法，这些方法会导致就行为人之发现和证明被告有罪，具有渐增的陈述力……刑事诉讼法对于刑事科学领域的进一步发展和新发现，保持着开放的态度。一个有效的刑事诉追在今天说来，已经不可能没有科学或科技方法的辅助”。[④] 笔者在调研时，已深切感受到技术发展给侦查工作带来的变化，如一位侦查部门的领导就不无感慨地总结道，“过去的‘勘查访问、摸底排队、突击审讯’老三板斧如今已经被‘现场采证、指纹识别、DNA破案’新三板斧所取代”。由此可见，技术发展所带来的侦查方法之转变。就人身检查措施的适用而言，科学技术的发展使人身检查的范围更加广泛，尤其随着DNA技术的发展，人身检查措施在刑事案件的侦查中起着越来越重要的作用：一方面，通过指纹、DNA图谱比对来排除或确定犯罪嫌疑人，为侦查指明方向。通过对犯罪嫌疑人的身体样本（血液、精液、唾液等）分析结

---

① 《浅谈国外警方如何借助先进科技手段提高破案率》，http://www.cpsmedia.cn/ztnews，2010-03-03。

② 以上数字分别参见：《最高人民法院工作报告》（第五届全国人大第五次会议）；《最高人民法院工作报告》（第七届全国人大第四次会议）；《最高人民法院工作报告》（第十届全国人大第二次会议）；《最高人民法院工作报告》（第十一届全国人大第二次会议）。

③ 田雨：《刑事案件仅1/3破案》，http://news.sohu.com/2004/06/11/00/news220480099.shtml，2010-03-03。

④ 参见许恒达著：《科学证据的后设反思——以刑事程序上的DNA证据为例》，台湾大学2002年硕士论文，第125页。

果与犯罪现场人体遗留物的身体样本信息进行比对，如果不能匹配，则基本上可以考虑将其犯罪嫌疑排除。例如，美国联邦调查局（FBI）的统计结果表明：大约有1/3的犯罪嫌疑人是通过DNA检测后被免除其嫌疑人身份的，而且被排除的这些犯罪嫌疑人在利用DNA检测之前通过其他的方法都不足以排除其嫌疑。[①] 另一方面，为串、并案提供了依据。这类案例近年来在国内外俯拾即是，如我国香港特别行政区立法会保安事务委员会在1999年提交的《关于抽取体内样本和非体内样本的拟立法例》的征求意见稿附录中就列举了一系列国内外比较典型的案例，以论证身体采样对案件侦破的重要作用。[②] 我国大陆地区近年来也将指纹、DNA识别技术广泛运用于刑事案件侦破，并取得了非常明显的效果，据我国公安部网站相关数据显示：全国建立了236个DNA实验室，年检验检材数近90万份，全国公安机关DNA数据库已存储270余万份DNA信息为侦查破案提供了强有力的科技支撑。[③] 2004年以来，全国命案破案率连续4年保持在90%以上，2008年命案破案率达到93.1%，全国有28个省、市、自治区破案率超过90%。2008年，命案发案数比2004年下降了27.31%。[④] 由上不难看出，人身检查措施的使用对于侦查效率的提升具有比较显著的积极效果。

---

① Allioon Purl, "An International DNA Database: Balancing Hope, Priavacy, and Science error", 24 *B. C. Intl&Comp. L. Rev.* 350, 355(2001).

② 案例一：1992年4月至1993年4月的1年内，我国香港屯门区发生多宗性袭击案，令区内居民人心惶惶。这些袭击事件初时只是暴力强奸，后来演变为强奸及凶杀。1993年，最少有两名年轻女子被杀。DNA纹印数据显示，有8宗这类罪案都是由当时人称“屯门色魔”的凶徒所为。在1993年末，红磡区亦出现一名连环作案的色魔。警方接获两宗罪案的举报后，很快便在同年8月抓获一名疑犯，DNA比对后证实他就是“屯门色魔”。该犯承认全部控罪，后被判终身监禁，现正在监狱服刑。案例二：1995年9月，英国15岁的女性公民Naomi Smith的尸体其后被发现弃置于纳尼顿附近。警方在受害人胸部被咬伤处发现一小块不属于她的皮屑并从中抽取到DNA样本。警方利用分析凶徒DNA科技对该区的年轻男子进行大规模DNA测试，最后疑犯被查出并被逮捕和判决有罪，该案同时也得到了一名牙科学专家的作证支持。1997年1月，疑犯在伯明翰刑事法庭接受审判，他被裁定罪名成立。案例三：1991年，在美国佛罗里达州有一名凶徒多次闯入单身女子的寓所，用有刺铁线将受害人捆绑，并对受害人施以诸般虐害和强暴。然后，系列袭击案突然终止，当时警方毫无头绪，也没有发现任何疑凶。直至1996年，另一个州有一名被判刑的入室抢劫犯在假释前接受例行的DNA检验时，其DNA的检验结果证实他是上述多宗性袭击案的凶手。以上案例摘自我国香港立法委员会保安事务委员会：《关于抽取体内样本和非体内样本的拟立法例（附录）》，http://sc.legco.gov.hk/sc/www.legco.gov.hk/yr98-99/chinese/panels/se/papers/se1102_4.htm，2010-03-03。

③ 李晓萍：《全国公安机关拥有DNA实验室236个》，http://www.mps.gov.cn，2010-03-03。

④ 杜航伟：《公安部已建立236个DNA实验室　为破案提供科技支撑》，http://www.chinanews.com.cn，2010-03-03。

2. 保证实体真实、防止错案发生的客观需要

如何保证案件实体真实、防止错案的发生无疑是任何一个国家法律都致力去达到的目标，而随着科技鉴定在刑事诉讼程序中扮演日益重要的角色，通过人身检查获取的身体样本因为具有个体独属性，因此比其他供述证据更具有公信力。尤其是在保证案件真实、防止错案以及纠正错案方面，DNA 证据发挥了其他证据所无法取代的作用，因此其被誉为“上帝的手指”（the finger of God）。[①]

1989 年 8 月 14 日，美国伊利诺伊州芝加哥市库克郡巡回法院宣布 1979 年加利·多特森（Gary Dotson）强奸案件的判决无效，并撤销了定罪裁决，这是美国第一次利用“定罪后 DNA 检测”（postconviction DNA testing）纠正的错案。自此之后，随着 DNA 检测技术的成熟，被发现的错案逐渐增加。[②]“定罪后 DNA 检测”的出现改变了美国刑事司法的图景。早在数年前，就曾有美国学者对其本国刑事司法体系提出质疑，认为这套体系是存在较大隐患的，它可能会或者已经使一些无辜者被错误定罪，但是这种观点由于缺乏科学依据予以支撑，因此在当时并未得到应有重视。彼时美国刑事司法体系的参与者都对这套司法体系充满自信，认为法院不可能冤枉无辜，[③] 如美国第二巡回上诉法院著名法官 Learned Hand 就曾乐观地宣称，“我们的法律程序经常被所谓无辜者受到有罪判决的幽灵所困扰”，那实际上“是一个虚幻的梦”。[④] 随着“定罪后 DNA 检测”在司法实践中运用后，人们才吃惊地发现，法院确实冤枉了一些无辜者，甚者对他们中的部分人判处了死刑。[⑤] 美国联邦最高法院 Souter 法官由此而感叹道，“若无 DNA 测试，许多人会认为这是不可能出现的”。[⑥] 美国学者在《美国错案报告（1989 ~ 2003）》中即指出：“在过去的 15 年里，错案率急剧上升。从 20 世纪 90 年代初期每年大约 12 件到 2000 年以后平均每年 43 件。从 1999 年起，大约半数错案都是依靠 DNA

---

① Aaron P. Stevens, Arresting Crime: “Expanding the Scope of DNA Databases in America”, 79 *Tex. L. Rev.* 921, 922 (2001).

② Keith A. Findley, “Learning from our Mistakes: A Criminal Justice Commission to Study Wrongful Convictions”, 38 *Cal. W. L. Rev.* 333, 336 (2002).

③ Daniel S. Medwed, “Looking Foreword: Wrongful Convictions and Systemic Reform”, 42 *Am. Crim. L. Rev.* 1117 (2005).

④ Cite from Brandon L. Garrett, “Judging Innocence”, 108 *Colum. L. Rev.* 55,56(2008).

⑤ Jay D. Aronson, Simon A. Cole, “Science and the Death Penalty: Dna, Innocence, And the Debate Over Capital Punishment In the United States”, 34 *Law & Soc. Inquiry* 603,606(2009).

⑥ Kansas v. Marsh, 126 S. Ct. 2516, 2544 (2006).

证据发现的。"①

自1989年始，截至目前，仅在美国就已经有超过200名曾被判有罪者以此恢复了清白之身，② 这些错案的发现和纠正使得美国近年来的判决撤销率达到了14%。③ 与此同时，这种情况在其他国家的刑事司法体系中也在发生。例如，2009年日本的电视、报纸等新闻媒体都在纷纷报道一个“足利事件”，一名被判处无期徒刑的“杀人犯”在服刑18年后，又被宣告“无罪释放”，这起案件被称为“世纪冤案”。事件发生在1990年5月12日，日本栃木县足利市一个4岁的女孩失踪，第二天在渡良奈川的河岸边发现了该女孩的尸体。1991年12月2日，住在该市的司机菅家利和（当时45岁）以“猥亵绑架目的杀人”嫌疑被逮捕，而逮捕他的决定性证据是在女孩内裤上残留的体液之DNA与他的DNA被认定具有同一性。在警察和检察院调查时，菅家利和对自己的犯罪行为供认不讳，但是，在第一审过程中，他又“翻案”，声称自己无罪。当时的DNA检测是由警察厅科学警察研究所进行的，辩护律师称“对检测结果的准确性有疑问”，但是最高法院还是依检测结果宣判其无期徒刑，在千叶县监狱服刑。2008年10月，东京最高法院决定重新进行DNA检测。2009年5月，新检测结果出来，女孩内裤上的体液与犯罪嫌疑人DNA不一致。6月初，菅家利和被无罪释放。④ 在我国香港地区也曾发生过类似的案例：1991年，一名男子因一项强奸和抢劫罪被判入狱18年，但他在服刑期间一直坚持声称自己无罪。到1993年，香港刚引进DNA科技，该名犯人于是要求利用这种新科技再检验涉案证物，警方于是将1991年保存下来的受害人内衣上的残留精液与从该名犯人、受害人及其丈夫抽取的体液样本一起进行了分析。DNA分析结果表明，精液并非来自受害人的丈夫，因此应该是犯罪实施者留下的，但这些精液与该被判入狱者的DNA并不吻合。基于这项新证据，该男子上诉成功，成功推翻判罪，重获自由。⑤

为什么会出现这些错案？学者们也进行了反思和追问。有美国学者对1989~2007年美国通过DNA检测洗清冤屈的208人进行了调查，发现只有9

---

① Ennyung Theresa, Innocence After Guilt: Postconviction DNA Relief for Innocents Who Pled Guilty, 55 *Syracuse L. Rev*160 ,172(2004).

② The Innocence Project Home Page, http:// www. innocenceproject. org,2010 - 03 - 03.

③ Cite from Brandon L. Garrett, "Judging Innocence", 108 *Colum. L. Rev.* 55,55(2008).

④ 王芳：《DNA鉴定引发的日本“世纪冤案”》，http://www. legaldaily. com. cn,2010 - 03 - 03。

⑤ 摘自我国香港立法委员会保安事务委员会：《关于抽取体内样本和非体内样本的拟立法例（附录）》，http://sc. legco. gov. hk,2010 - 03 - 03.

人曾接受过“有罪答辩”，[①] 也即96%的无辜者是通过正式审理程序认定有罪的。这意味着多数人当初都拒绝进行有罪答辩，因为他们坚信自己是无辜的，即使是在严重谋杀及强奸案中，检察官也难以说服这些人接受有罪答辩。而在美国，68%的谋杀案和84%的严重强奸案的判决都是通过有罪答辩获得，[②] 这类案件如此低的认罪率显然是反常的，表明这些案件在最初判决时可能就存在疑问，但是法院还是“确定无疑”地判了“错案”。而造成错案发生的原因众多，但主要原因还是在于对目击证人证言以及被害者陈述的过度信赖所导致，由于这类案件往往集中在强奸案和谋杀案中，而这两类案件又具有特殊性。在强奸案中，被害人和犯罪行为实施者有直接接触，但是由于很多情况下实施侵害者为陌生人，而被害人在紧张情形下的指认往往会产生偏差且难以排除被害人故意说谎的可能性；在谋杀案中，由于受害人已经死亡，在缺乏其他证据佐证的情况下，目击证人的证言成为了认定案件事实的唯一证据，而警方在破案的压力和动机驱动下，往往会过度信赖这类证据，而检察官又说服法官相信了警官的判断。[③]

这些错案的出现使得公众对于刑事司法系统的不信任感提升，在美国一些电视剧、电影、小说中，这些错案被戏剧化，刑事司法系统沦为了公众调侃的对象。[④] 这种情况也使得法官、律师、立法者以及公众和学者开始反思现有的刑事司法体系：法院如今开始讨论这些错案的法律意义；律师、新闻工作者以及法学院的志愿者们共同建立了一个“无辜者联盟”，而其目的正在于发现更多的冤案。[⑤] 在立法层面，美国目前已有43个州和哥伦比亚区先后通过了有关“定罪后DNA检测”的法律，规定了被判决有罪者申请DNA检测的权利和途径，另有6个州成立了“无辜者调查委员会”，以对可能存在错误的案件进行调查，而其他州也通过一系列措施来提高刑事侦查和审判

---

① 在此需要指出的是，美国对于已经接受有罪答辩（plea of guilty）而被认定有罪者是否还能申请“定罪后DNA检测”也存在争论。支持者认为，寻求事实是法律的基本精神，每个人都有权申请这项检查以还自己的清白；反对者则认为：法律应禁止这类人利用DNA证据主张自己无罪，因为这种纠错毫无疑问会削弱“认罪答辩”机制的有效性、判决的确定性和终局性。Eunyung Theresa Oh, “Innocence After ‘Guilt’: Postconviction DNA Relief for Innocents Who Pled Guilty”, 55 *Syracuse L. Rev.* 161, 162 (2004).

② Brandon L. Garrett, “Judging Innocence”, 108 *Colum. L. Rev.* 55, 75 (2008).

③ Sophia S. Chang, “Protecting the Innocent: Post – Conviction DNA Exoneration”, 36 *Hastings Const. L. Q.* 285, 287 – 289 (2009).

④ Brandon L. Garrett, “Judging Innocence”, 108 *Colum. L. Rev.* 55, 57 (2008).

⑤ See The Innocence Network Home Page, http:// www.innocencenetwork.org, 2010 – 03 – 03.

的准确性。[①] 但是，在没有通过立法授予被判决有罪者申请“定罪后 DNA 检测”权利的州，能否启动这项检查则由州检察官、警官和法院书记员（court clerks）判断掌握，这就不可避免地产生了一个问题：尽管检察官承担着“发现事实真相”、“匡扶正义”的天然职责，但他们显然一般都不愿对自己所起诉、处理的案件之生效判决提出挑战，因此他们本能地抵制这项工作的开展。[②] 基于此，Patrick Leahy 参议员在 2000 年首次向国会提出《无辜者保护法》（The Innocence Protection Act）草案，其目的在于“预防对错误定罪者实施刑罚，以树立公众对刑事司法体系的信心，同时防止由于真正的暴力重刑犯在逃而对公众安全造成威胁”。此后，在第 107 届国会上，15 名参议员与 100 多名议员再次提起了《无辜者保护法》。2004 年，第 108 届国会投票通过了《无辜者保护法》，并经布什总统签署后正式生效。《无辜者保护法》（2004）的内容包括申请者的资格、申请的期限、检测结果不利时法庭对申请者的处罚、销毁生物证据的条件以及国家错案赔偿等内容。其中特别设置了“定罪后 DNA 检测补助计划”,[③] 这为各州实施这项法律提供了资金支持。同时，针对司法实践中律师工作的失误，该法要求为死囚提供“合格的法律代理”，并通过立法提高了联邦政府国家赔偿的最高额。虽然针对某些问题（如申请期限、滥用申请权的处罚）仍采取严格的限制，但是《无辜者保护法案》历经多次修正，较之州立法已倍显成熟。该法案也成为美国死刑改革的重要组成部分，并被誉为“里程碑式”的立法，这标志着美国“定罪后 DNA 检测”的立法进入了成熟阶段。[④]

由上可知，DNA 在认定事实、纠正错案上发挥了重要作用，同时也给传统刑事司法体系带来了巨大的挑战，从而促使其不断发展和完善。

3. 预防犯罪的现实要求

在对当前各类严重刑事犯罪的打击中，仅仅依靠传统的“被动型”侦查

---

① See “*The Innocence Project, Fix the System: National View*”, http:// www. innocenceproject. org, 2010 - 03 - 03.

② Seth F. Kreimer & David Rudovsky, “Double Helix, Double Bind: Factual Innocence and Postconviction DNA Testing”, 151 *U. Pa. L. Rev.* 547,554 (2002).

③ “定罪后 DNA 检测”的费用较高，据统计，每案需花费 2500 美元到 5000 美元。See Daniel S. Medwed, “Actual Innocents: Considerations in Selecting Cases for a New Innocence Project”, 81 *Neb. L. Rev.* 1097, 1098 (2003).

④ Michael E. Kleinert, “Improving the Quality of Justice: the Innocence Protection Act of 2004 Ensures post - conviction DNA Testing, Better legal Representation, and Increased Compensation for the Wrongfully Imprisoned”, 44 *Brandeis L. J.* 491,501 - 506(2006).

方式已不能满足控制犯罪、保护社会的需要。一些严重的刑事犯罪一旦发生，就会给公民的生命和财产造成重大伤亡和损失，以2003年侦破的震惊全国的杨新海、黄勇连环杀人案为例：杨新海曾因盗窃、强奸被2次劳教、1次判刑。2000年出狱后，他连续在河南、安徽、河北和山东4省疯狂作案25起，杀死67人、伤10人、强奸23人，直到2003年11月才在河北沧州被抓获；黄勇自2001年9月至2003年11月，先后从网吧、录像厅、游戏厅等场所，以资助上学、帮助提高学习成绩、外出游玩和介绍工作为诱饵将被害人骗到自己家中用布条将被害人勒死。至2003年11月被抓获时，黄勇已杀死无辜青少年17人、轻伤1人。这类犯罪一旦发生就会造成极其严重的后果，甚至超出人们心理承受能力，不断挑战人们对犯罪承受的底限，如何采取有效措施将此类犯罪扼杀在萌芽阶段、防患于未然，成为当前各国犯罪控制的一个重点。

因此可以说，侦查方式从被动防守到主动进攻是侦查模式在适应犯罪发展需要中一次无奈的转型，“警察必须侦查此类问题，否则任何人都将得不到保证”。① 通过人身检查将防控重点人员的DNA数据保留在档案库中，对于在案件初期进行针对性防范、迅速锁定犯罪嫌疑人，防止案件继续发生具有重要作用，而这能起到其他侦查手段所无法取代的重要作用，以至于有美国学者将DNA的出现称之为人类对于犯罪预防的梦想从“荒诞的科幻电影”走入了现实。②

此外，通过将已决罪犯的指纹、DNA等身体样本信息保留在国家数据库中也可减少此类人员再犯罪的可能性，从而有助于刑罚特殊预防目的的充分实现。正如美国学者所指出，“通过将已决罪犯的DNA分析结果输入DNA数据库，这几乎意味着该罪犯实施下一次犯罪、特别是性犯罪和暴力犯罪被抓获的可能性为100%，从而使得这部分已决罪犯被释放后在实施第二次犯罪之前被迫考虑即将到来之刑罚的确定性”。③

通过上述分析不难看出，人身检查权的行使具有现实必要性，特别是在现代刑事侦查活动中，它更是发挥着其他传统侦查行为所不能比拟的独特

---

① ［英］麦高伟、杰弗里·威尔逊主编：《英国刑事司法程序》，姚永吉等译，法律出版社2003年版，第45页。

② Lisa Schriner Lewis, “The Role Genetic information Plays in the CriminaL Justice System”, 47 *Ariz. L. Rev.* 519,521 (2005).

③ Jill C. Schaefer, “Profiling at the Cellular Level: The Future of the New York State DNA Databanks”, 14 *ALB. L. J. SCI. & TECH.* 559. 561 (2004).

作用。

（二）人身检查权的来源

由上可见，为了有效打击犯罪、维护公共安全，法律赋予了国家对公民个人进行干预的权力，在此意义上讲，侦查机关人身检查权之生成源于维护公共安全之需要。而从权力本源来看，这种权力则来自于公民权利的让渡。按照西方启蒙学者的理论，每个人都具有与生俱来的权利和自由，为了更好地实现个人权利和自由，人们才不得不联合起来结成国家，“以便更好地建立秩序，维护和平”，[①] 而“即使在宪政国家，当危急状态威胁到公共秩序时，也要倚重于警察力量”。[②] 这即意味着国家的权力来自于公民的授予，公民把个人不能进行的行为——国内安宁、公共福利和共同防务等——授权给国家来行使，国家对犯罪的侦查既是其权力范围，也是根据契约所确定的当然性职责。而也正因此，决定了国家权力的行使又必然是以公民权利的适当减损和限制为代价。

西方自文艺复兴、启蒙运动以来，思想家们为保障个人权利免受专制政治的侵犯，提出了“自然法”、“天赋人权”、“契约论”等思想和理论，意在赋予基本的个人权利以某种优先性、根本性和普遍性，从而排除政府或其他权威对个人的粗暴干预和妨害。从洛克到诺齐克，自由主义思想家们坚持国家只是个人权利的捍卫者，政府只是社会的“守夜人”的观点。然而这种持个人权利绝对化、普遍化的观点也受到了随后诸多思想的批评，如英国学者米尔恩（A. J. M. Milne）就指出：“‘社会责任’要求共同体成员在维护和增进共同利益中发挥作用，并在发生冲突时让社会利益优先于私人的和局部的利益。所有共同体成员有义务服从政府。”[③] 这种理念在司法实践中也得到了体现。例如，美国联邦最高法院在1989年对Skinner v. Railway Labor Executives Association一案[④]的判决中就明确表示了在公共利益与个体权利相权衡时，公民个体权利的可限制性。20世纪80年代末期，美国举国上下曾对国内药物滥用的情形感到十分恐慌，为此美国联邦铁路局想要采集铁路员工的

① 参见［英］戴维·赫尔德著：《民主的模式》，燕继荣等译，中央编译出版社1998年版，第125页。

② ［美］爱德华·S. 考文著：《美国宪法的“高级法”背景》，强世功译，生活·读书·新知三联书店1996年版，第66页。

③ ［英］A. J. M. 米尔恩著：《人的权利与人的多样性——人权哲学》，夏勇、张志铭译，中国大百科全书出版社1995年版，第189～190页。

④ Skinner v. Railway Labor Executives Association, 489 U. S. 602(1989).

血液、呼吸及尿液来检验其是否滥用药物或酒精。高等法院裁定，验血和呼吸检测是利用个人的血液和呼吸予以分析，关系到私人的隐私利益，应当被视为“搜查”；尿液检测虽然只是检验已经排出体外的物质，但对尿液的化学分析能够揭露个人比较私密的医学资讯，因此同样也侵犯了个人对隐私的合理期待。① 而美国联邦最高法院在该案的最终判决中则认为，虽然这一计划有损隐私的合理期待，但是它并非是不合理的，基于防止列车事故发生这一重大利益之考虑，为了避免因职员酒精或药物滥用而引发事故，对铁路员工的隐私权加以限制是正当的。②

由上可知，公民（通过国家和法律）之授权是人身检查权的来源，也正因此，公民在一定程度上有忍受国家行使此项权力所带来之侵扰的义务，而如何保障这种侵扰的适当性与合目的性，则成为人身检查制度的产生基石。

二、人身检查与公民权利保障的冲突

如上所述，人身检查是收集犯罪证据、查获犯罪嫌疑人的必要侦查手段，侦查机关此种权力行使由此而获得正当性；但是从另一方面来看，这项权力的行使是以公民权利的减损和限制为代价的。因此，有必要对人身检查与公民权利之间冲突的表现形式进行分析。具体来看，由于人身检查是直接针对人的身体实施，其对公民权利影响最明显、最直接的莫过于人身权和隐私权两项，因此笔者之分析主要围绕这两项权利展开。

（一）人身检查与公民的人身权

1．人身权的内涵

身体指“人和动物的躯体”，即“一个人或一个动物的生理组织的整体”。③ 换言之，公民身体不是精神的而是肉体的，是肉体的整个构造或附属于身体的所有部分。法学意义上的身体专指自然人的身体，是指自然人的生理组织的整体，即躯体。④ 身体包括两部分，一是主体部分，二是附属部分。主体部分是人的头颅、躯干、肢体的总体构成，包括肢体、器官和其他组织，是身体的基本内容。附属部分则指毛发、体液、指甲等附着于身体的其他人体组织。一般认为，人身权的内涵主要包括两个方面：其一是身体不为他人

① ［美］爱伦·艾德曼、卡洛琳·肯尼迪著：《隐私的权利》，吴懿婷译，当代世界出版社 2003 年版，第 21 页。

② Skinner v. Railway Labor Executives Association, 489 U. S. 602(1989).

③ 《现代汉语词典》（第 5 版）“身体”条，第 1008 页。

④ Black's Law Dictionary, 18th ed , West Group, p185.

妨害，享受身体安全利益的权利；其二是以保持身体之自由为内容的权利，[①]也即人身权包括身体完整权和人身自由不受侵犯权两个方面。

人身权被认为是人天生就应当享有的一种权利。自近代始，无论是国际公约还是各国立法，都将公民人身权的保障作为公民权利保障体系的核心所在。《世界人权宣言》在其开篇第3条就明确提出："人人有权享有生命、自由和人身安全。"欧洲人权法院所作判决中的大部分也都是关于对缔约国公民人身权方面的内容。[②] 在国家立法层面，大多数国家都将公民的人身权作为宪法基本权利体系中的核心。例如，日本《宪法》就宣言式地明确指出，"全体国民都作为个人而受到尊重，对于生命、自由和追求幸福的国民权利，只要不违反公共福利，在立法及其他国政上都必须受到最大限度的尊重"。[③]我国《宪法》第1～5条，第27、28、33、37、38、41、53、123、126、131、134、135条也都与公民人身权的保障有关，而在2009年4月我国首次发布的《国家人权行动计划（2009～2010）》白皮书中，更是将人身权利作为"公民权利与政治权利"的首位明确规定，"完善预防和救济措施，在执法、司法的各个环节，依法保障人身权利"。[④] 人身权之所以在整个公民权利体系中占有如此重要之地位，其原因也正如我国学者所指出，"身体为生命和健康所附着的载体。无身体也就无所谓生命、健康，无生命之躯体则为尸体。身体、生命和健康为自然人之最根本利益，是人之所以为人进而成为法律主体之根基"。[⑤]

2. 人身检查对公民人身权利的影响

人身检查措施作为直接对公民身体实施的侦查行为，其影响最大、最直接的即是公民的人身权。具体来看，人身检查对公民人身权的影响表现在以下几个方面：

其一，人身检查易对公民身体完整性造成破坏。保持身体组织的完整并支配其肢体、器官、血液等是人身权的核心，而身体完整性的保护范围包括个人对于自身呼吸、血液和DNA等体内物质控制权。体液抽取、毛发采集以

---

① 参见杨立新著：《人身权法论》，人民法院出版社2002年版，第398页。

② 此部分可参阅欧洲人权法院相关报告，http://www.echr.coe.int/ECHR/EN/Header/Reports+and+Statistics/Reports/Annual Reports,2010-03-03.

③ ［日］宫泽俊义著，芦部信喜补订：《日本国宪法精解》，董璠舆译，中国民主法制出版社1990年版，第169页。

④ 《国家人权行动计划（2009～2010）》，http://news.sina.com.cn/c/2009-04-13/101117598864_3.shtm,2010-03-03.

⑤ 梁慧星主编：《民法总论》，法律出版社1996年版，106页。

及其他 DNA 样本的提取从某种意义上说都是用外力迫使这些身体物质与身体分离，无疑对公民身体完整权造成影响。而且，通过强制检查所收集的人体体液等样本的司法使用也在一定程度上损害了被检查人对自己的身体组织的支配权。

其二，人身检查可能对公民身体健康造成影响。人身检查措施的种类比较多样。

尽管单纯的查看身体表征以及提取指纹等类似人身检查措施显然并不会给公民的身体健康造成什么影响，但若采取强制采取体液、手术探查以及使用催吐剂获取体内物质这类人身检查措施，则必然会给公民的身体健康造成一定影响。因此，“无损健康”在许多国家都成为判断国家人身检查措施是否适当性的一个首要前提，如德国 1963 年发生的“抽取脊髓案”。[①] 德国联邦宪法法院的判决就以该人身检查措施可能严重危及被检查者的身体健康而否定了“抽取脊髓”进行检查的合法性。对此德国学者指出，对身体权所做的侵犯是存有一定的绝对限度的，一旦逾越限度就将危及基本权的本质内涵。[②]

其三，人身检查对公民人身自由造成影响。在实施人身检查的过程中，可能需要暂时或长时间的限制受检查人之身体自由，也即强制性地使其于特定时点于特定地点为特定行为。例如，对以涉嫌某一性犯罪案件的犯罪嫌疑人，强制将其带至医院进行抽血检测即属前面所讲到的暂时或短暂的人身自由之限制；在航空站入关时，海关要求涉嫌携带毒品入境的犯罪嫌疑人通过 X 光机检查，同样也属于对其人身自由暂时的限制。此外，在人身检查的过程中，为了从被检查人体内获取血液、唾液、精液等，被检查人的人身往往会被侦查人员所控制，而在人身检查结束之后，也需要履行相关的法律手续。例如，在人身检查笔录上签名等，这也会在一定程度上限制被检查人的人身自由。无论是暂时性或较长时间的限制人身自由，其与逮捕或拘留仅有程度上的不同，在侵犯公民人身自由权的本质上并无差异。

（二）人身检查与公民的隐私权

人的身体是个人隐私的重要领地，身体的“流体”（如血液）和“组织”（如肝脏）是一个人的生理“图书馆”，从这些流体和组织中可以发现大

---

① BverfGE 16，194－203，转引自朱富美著：《科学鉴定与刑事侦查》，中国民主法制出版社 2006 年版，第 90 页。

② ［德］克劳思·罗科信著：《刑事诉讼法》（第 24 版），吴丽琪译，法律出版社 2003 年版，第 363 页。

量关于人体的信息，[1] 因而对人身的伤害或检查必然要影响到个人隐私的实现。所以，隐私权与宪法对人身权的保护存在一定的重合，但两者的保护客体存在不同：人身权以生理肌体为客体，旨在保护身体组织的完整性和安全性以及支配自由；而隐私权的保护客体则是个人的私密信息。因此，人身权对身体的保护并不能全面涵盖隐私权的保护，在此有必要对人身检查与隐私权保障之间的冲突做一单独说明。

1. 隐私权的内涵

一般认为，1890 年以前尚无人提出过隐私权的系统理论，也无相应的立法和判例。[2] 1890 年美国学者沃伦（Samuel Warren）和布兰代斯（Louis Brandeis）在《哈佛法律评论》（第 4 期）发表的《隐私权》（*The Right of Privacy*）一文，被视为隐私权研究的开端。[3] 正是由于隐私权概念出现较晚，在各国立法上也没有法律条文直接对其作一般性的定义描述或者解释，所以对其下一个统一的定义并非易事，但是通过考察其他国家的法律，可以看到，英美法系中的隐私权以判例逐步积累，涉及宪法、行政法、侵权法等多个领域，形成独立的权利保护体系；而大陆法系国家则将隐私权统归于一般人格权中，并将其置于宪法的高度予以保护，且往往通过对基本人权保护的一般性概括补充条款来加以实现。[4]

对隐私权的保护在世界大多数国家的立法都发展较快，并引起国际社会的关注。例如，联合国《公民权利和政治权利国际公约》第 17 条第 1 款规定："任何人的私生活、家庭、住宅和通信不得加以任意或非法干涉，他的荣誉和名誉不得加以非法攻击。"1948 年通过的联合国《世界人权宣言》第 12 条也有类似的规定："任何人的私生活、家庭、住宅和通信不得任意干涉，他的荣誉和名誉不得加以攻击。人人有权享受法律保护，以免受这种干涉或攻击。"我国宪法关于隐私权的保障主要体现在《宪法》第 38 条、第 39 条和第 40 条关于公民的人格尊严权、住宅不受侵犯权和通信自由权的规定中，而关于隐私权之具体内容，我国民法学界则普遍认为其主要包括：个人生活

---

① ［美］阿丽塔·L. 艾伦、理查德·C. 托克音顿著：《美国隐私法：学说、判例与立法》，冯建姝等编译，中国民主法制出版社 2004 年版，第 47 页。

② 屠振宇著：《宪法隐私权研究》，法律出版社 2008 版，第 12 页。

③ ［美］阿丽塔·L. 艾伦、理查德·C. 托克音顿著：《美国隐私法：学说、判例与立法》，冯建姝等编译，中国民主法制出版社 2004 年版，第 47 页。

④ 屠振宇著：《宪法隐私权研究》，法律出版社 2008 年版，第 66 ~ 70 页。

安宁权、个人生活信息保密权、个人通信秘密权和个人隐私使用权四个方面,[①] 这与国际社会关于隐私权保护的内容基本也是一致的。

2. 人身检查对公民隐私权的影响

身体的隐秘部位，如生殖器官和身高、体重、健康状况、身体缺陷等，都属于隐私权的保护范畴，而人身检查极易对公民的这些隐私领域造成侵犯，如在性侵害案件侦查中对受害妇女私密部位的检查，无疑会对其隐私权造成较大影响。根据外国学者的调查，受到性侵害的女性对隐私保护尤为敏感，其所承担的道德负担远远高于男性和未受侵害之女性，对警方讲述受害经历或接受人身检查都会让其承受较大的心理压力。[②]

随着科学技术的进步，人身检查的手段不断多样化，“日新月异的信息科技与生物科技，一方面固然带给了我们相当的便利，对文明的进步与知识的提升，人类的生命与健康均有绝大的帮助；但另一方面，也提供了侵犯个人隐私的利器”,[③] 采尿、采血、DNA 检测等人身检查手段都对公民的隐私领域构成威胁。由于采尿、采血、DNA 检测等手段不同于普通的体表勘视和采集指纹等传统人身检查方式，这类检查的对象范围扩张至身体内部，包括其意识、心跳、血液、细胞中之 DNA、尿液等与个人自我存在及身体密切相关而具高度私密性内容，而对人身检查所取得的样本分析则可能使个人不愿公开的信息资料和秘密被公之于众。[④] 以血液分析以及 DNA 鉴定为例，与个人信息密切相关的个人血型、健康状况、身体缺陷、既往病史以及遗传基因等，都可能因此而被揭露。由于 DNA 承载着个人独特信息的基因，其在刑事案件侦查的人身同一性比对上发挥了极大的作用，以至于被称为是“继‘交叉询问’之后，21 世纪所发明的发现事实的最佳法律装置”、[⑤] “法庭科学有史以来最大进步”。[⑥] 但也正因为其所含信息的特殊性，DNA 信息被称为“个人

---

① 王利明主编:《民法》，中国人民大学出版社 2000 版，第 514 ~ 516 页。

② See Clarice Feinman, Women in the Criminal Justice System, 2nd ed, Greenwood publishing Group . Inc. ,1986 ,p10.

③ [美] 爱伦 · 艾德曼、卡洛琳 · 肯尼迪:《隐私的权利》，吴懿婷译，当代世界出版社 2003 年版，第 21 页。

④ Leigh M. Harlan, “When Privacy Fails: Invoking a Property Paradigm to Mandate the Destruction of DNA Samples,” 54 *Duke L. J.* 179, 197 - 204 (2004).

⑤ Seth F. Kreimer, “Truth Machines and Consequences: The Light and Dark Sides of Accuracy in Criminal Justice”, 60 *N. Y. U. Ann. Surv. Am. L.* 655(2005).

⑥ Rebecea Sasser Peteoon, DNA Databoe: When Fear Does Too Far, 37*Am. Crim. L. Rev.* 1210, 1213 (2000).

隐私的深层次内容和核心部分”。[①] 有学者在论及 DNA 信息对公民之重要性时就做过一个比喻，“国家可不可以为了比对某某嫌犯已知的身体特征，要我们每个人交出一张全身的放大裸照？有人会说，这不一样。当然不一样，因为 DNA 所提供的讯息，千万倍于裸照。事实上，没有比 DNA 更彻底暴露个人之所以为人的所有分子组合，而这也是成为人格的部分。它透露个人所有的深层隐私，其中包括我们的父系、母系、手足乃至于不为外人所道的遗传特征和生理缺陷”。[②] 在受检材料的鉴定分析过程中，国家实际上已经侵犯了公民的隐私，这些基因信息一旦被泄露和滥用，个人隐私权将受到严重的侵害。[③] 正如有学者坦言，“我想任何人都不会反对破案人员从现场提取 DNA，我认为利用 DNA 抓捕罪犯是件好事，但是我们有必要对其附带影响进行分析。例如，如何使得这些信息不被保险公司、政府部门以及好事的邻居得到，因为这些信息甚至可能会成为企业歧视员工的基础”。[④] 正是基于上述担忧，国际人类基因组织（HUGO）伦理委员会提交的《关于 DNA 取样：控制和获得》的声明中才指出：“在收集、储存和使用人类 DNA 中，尊重自由的知情的同意和选择以及尊重隐私和保密，是合乎伦理的研究行为的基石。”[⑤]

三、冲突的平衡：人身检查制度的产生

由上可知，侦查机关实施的人身检查，如同侦查机关实施的其他侦查行为一样，集中体现了国家打击犯罪的公共权力与公民享有的人身权、隐私权等权利之间的冲突。而国家权力的必要性与国家干涉与侵害公民权利的可能性之间的冲突与摩擦在刑事侦查过程中始终存在：一方面，国家及其专门的侦查机关为了惩罚犯罪、保卫社会公共利益，就必须最大限度地使用国家的最高权力，“为了惩罚犯罪，国家的警察机关必须调查犯罪事实，为了获得犯罪事实，他们必须动用‘权力兵器库’里的武器……如此展开的刑事诉讼，集中地反映在强制侦查行为之中，为我们的整个社会造就了一种潜在的

---

① 刘大洪：《基因技术与隐私保护》，载《中国法学》2006 年第 2 期，第 76 页。

② 林钰雄著：《刑事法理论与实践》，中国人民大学出版社 2008 年版，第 326 页。

③ Leigh M. Harlan, “When Privaxy Fails: Invoking a Property Paradigm to Mandate the Destruction of DNA Samples”, 54 *Duke L. J.* 179, 180 (2004).

④ 林健中：《隐私权概念初探——从美国法之观点切入》，载《宪政时代》2003 年第 23 期，第 55 页。

⑤ HUGO 伦理委员会：《关于 DNA 取样：控制和获得的声明》，邱仁宗译，载《医学与哲学》1999 年第 8 期，第 40 页。

危险——一种单个的或复数的公民可能无端地失去自由、财产、社会名誉、甚至生命的危险。更可怕的是，这种丧失的危险还会因为国家打着‘社会公共利益’的模糊光环而被预先‘正当化’”。[①] 另一方面，为了配合国家侦查权力的行使，公民不得不承担忍受义务，公民在国家权力的行使面前往往面临困境。这种矛盾境况正如有学者所指出，“侦查作为一种国家权力，必须有一定的强制手段，不论是为了限制嫌疑人的人身自由，还是为了收集、保全证据，在侦查权力的行使过程中，存在着两种不同利益的需要：一是有效地进行侦查，以维护社会安全，二是保障嫌疑人和其他相对人的自由和权利。侦查行为越是要求通过强制手段保证其成效，侵犯相对人私生活领域的基本权利的可能性也就越大”。[②]

但是，尽管这种国家权力与公民权利的冲突客观存在，但也并非不能调和，政治国家之制度设置正是为了调和二者的冲突而生，正如罗尔斯在《正义论》一书中所指出：为了防止国家对公民的自由构成危险，特别是国家可能以错误的方式干涉公民自由，也必须寻找一种制度上的“最佳安排”，以便使国家侵害个人的危险性减少到最低程度。[③]

从这个意义上讲，也可以说正是人身检查权与公民权利保障之间的冲突催生了人身检查制度，人身检查制度的产生目的即在于控制侦查机关人身检查权行使的规范性，以使其与公民权利保障保持动态平衡。因此，也可以说，人身检查制度的发展、完善过程，也正是对公民权利日益关注的过程。

第四节 人身检查制度的产生和发展

任何一项制度的产生和发展都与其所处时代的社会观念相一致，人身检查制度也是与人们对犯罪观念的转变、国家对社会控制手段的不断完善相适应的。从起源来看，人身检查作为侦查手段在司法实践中的运用，究竟源于何时、何地、产生过什么样的作用，限于当前研究成果的匮乏以及相关史料的欠缺，要对其全面探究几乎是一个不可能完成的任务。但是，仅从有限资

---

① 杨开湘：《强制侦查行为视野下的国家权力与公民权利》，载《犯罪研究》2004 年第 6 期，第 53 页。

② 孙长永著：《侦查程序与人权：比较法考察》，中国方正出版社 2000 年版，第 25 页。

③ 原文是在假定有国家可能干预公民自由的前提下，提出“最佳安排就是使这些危险减少到最低程度的安排”的论断。参见［美］约翰·罗尔斯著：《正义论》，何怀宏等译，中国社会科学出版社 2001 年版，第 231 页。

料所反映情况之中，我们仍可对人身检查制度的发展脉络进行梳理，并对其发展趋势进行把握。

一、人身检查制度的产生基础

尽管人身检查制度在各国的产生时间、产生背景都存在差异，但是整体来看，人身检查制度的产生和以下三个因素具有密切关系：

（一）人身检查措施的大量使用

人身检查对于查明案件事实、锁定犯罪嫌疑人具有重要作用，自其应用于司法实践之日起就受到了侦查机关的青睐，而司法实践活动的大量使用必然要求建立制度层面的规制机制，以保证刑事诉讼价值目标的实现。因此可以说，人身检查措施制度的产生前提即为人身检查措施在实践中的大量使用，而人身检查技术的发展又推动了人身检查制度的完善。

（二）证据制度的发展

人身检查制度的产生和发展也与证据制度的演变有重要关系：在神示证据时期，仪式化、戏剧化的口头证据和强烈迷信色彩的水审、火审是裁判的主要依据，由于缺乏对客观事实的积极探查，因此在神示证据体系中几乎没有人身检查制度的痕迹。而在随后的法定证据时期，由于书面证据的刻板要求和口供效力的至上性，对言词证据的获取成为诉讼的中心，相比之下，既"不会说话"又耗费成本的物证在诉讼中很少出现，尽管在这一时期人身检查制度开始走入各国立法，但却未被重视。而进入近代之后，建立在等级差别和刑讯逼供基础上的法定证据体系被废除，高举理性、平等和人权大旗的现代人开始重视以物证等科学手段来探求案件客观事实，人身检查制度也才有了存在的价值。而且，随着证据制度在人权保障和犯罪控制价值中的调适与平衡，人身检查制度也将随之不断变化。例如，以DNA证据为代表的新型科技证据在刑事诉讼中的广泛运用就带来人身检查制度的进一步发展和完善。

（三）权利保障理念的兴起

近代以来，人权保障理念逐渐加强，特别是第二次世界大战后，各国对人权的保护更加重视，如何在打击犯罪与保障人权之间保持平衡成为了各国立法者必须思考和面对的问题。如上所述，在人身检查权与公民权利保障之间存在着一种天然冲突：一方面，由于社会客观条件的发展变化，如犯罪的复杂化、侦破的难度加大等，也决定了追诉犯罪必须借助国家权力对审前调查活动的积极介入，对刑事案件的处理不得不更多的依赖警察的侦查（包括人身检查）活动。另一方面，国家权力的积极行使必然对公民权利形成了现实的威胁。因此，以自由、人权为诉求的启蒙运动和资产阶级革命以及随后的民主运动要求在赋予国家机关侦查权的同时，为防止其权力被滥用，必须对其加以规范和限制。人身检查涉及公民人身权、隐私权等诸多领域，也正是在这个意义上，我国台湾学者林钰雄才提出“测试刑事诉讼法作为应用宪法的最佳试金石之一”的观点，[①] 由此必须在立法上限制人身检查措施的使用。这种指导理念的变化也在客观上促进了人身检查制度在各国的发展和完善。

综上可知，人身检查制度的产生是刑事诉讼程序发展到一定历史阶段，一系列因素综合起作用的结果，而作为一项制度，其基本价值目标即在于规范侦查机关人身检查权的有序行使，保障公民合法权利不被侵犯。

二、人身检查制度的发展脉络

（一）我国人身检查制度的发展

根据“云梦秦简”的记载，至迟在战国时代，我国就具有了人身检查性质的司法检验工作。《封诊式·穴盗》就细致而生动地记录了一个挖洞进入人家的盗窃案件的现场。它不仅指出了洞的位置、形状、大小以及挖洞工具的宽度，而且还记录了“内中及穴中外壤上有膝、手迹，膝、手各六所”。[②] 这一记载表明，至少在秦代，司法人员已将“手迹”作为作案现场勘查的重要证据之一。此外，秦律中也已经有不同程度的损伤处以不同刑罚的规定。而在公元25年至公元220年的东汉时代，对损伤案件就应用了瞻、察、视、审等人身检查的方法，如《礼记·月令》和《吕氏春秋》之中已有“命理瞻伤、察创、视折、审断、决狱讼，必端平”等肉眼检查操作程序的记载。何为伤、创、折、断？东汉蔡邕解释说，“皮曰伤，肉曰创，骨曰折，骨肉皆绝曰断。言民斗辩而不死者，当以伤、创、折、断，深浅、大小正其罪之轻重”。[③] 此外，在秦汉法律中，也出现了一些损伤检验的专门术语。到了南北朝时期，我国司法实践中已经开始出现了“滴血认亲”、利用桐油为催吐剂检验胃内容物的人身检查案例，[④] 这意味着我国人身检查的范围已经开始逐渐广泛。

---

① 参见林钰雄著：《干预处分与刑事证据》，台湾元照出版公司2008年版，第5~6页。

② 刘持平著：《指纹的奥秘》，群众出版社2001年版，第18页。

③ 参见闫晓君著：《出土文献与古代司法检验史研究》，中国文物出版社2005年版，第35页。

④ 参见闫晓君著：《出土文献与古代司法检验史研究》，中国文物出版社2005年版，第126页、第128页。

而我国在法律中建立起较为明确的人身检查制度则始于唐代，唐律作为我国现存最古老、最完整的封建法典，它在活体检查方面的规定已经有了较大的发展，其充分吸收了秦汉以来的活体检查方面的成就。综观唐律，活体检查与尸体勘验共同构成了其检验制度，单纯就活体检查而言，其主要有以下几个方面：一是明确规定了实行检验的对象，即身体受伤状况及诈病者；二是明确了检验者的责任，即检验不实要受刑事处罚；[①] 三是明确规定了伤的定义，即“见血为伤”；[②] 规定了损伤的基本分类，即“手足他物伤”与“刃伤”，相当于今天的钝器伤与锐器伤；四是明确规定了关于损伤程度、诈病、自残、堕胎、年龄、废疾、笃疾等活体检查方面的问题。至宋朝时，人身检查已经开始大量运用于刑事司法实践。例如，在宋真宗时期的一起案件中：一盗贼抢夺一民家的条桑未得逞，即自砍其右臂，诬陷桑主杀伤他。官府无法明辨，久不能决。时任绛州知府钱惟济接审此案后，即当面给此贼饮食，发现该贼是用左手握筷，再检查其右臂伤痕，发现该伤痕是上轻下重，钱惟济于是说道，“以右手创他人者，上重下轻。今汝创特下重，正用左手伤右臂尔，非尔自为之耶?”贼人只好认罪。[③] 该案就是通过活体检验进行断案的一个典型案例。而在《棠阴比事》、《疑狱集》和《折狱龟鉴》等宋代刑侦书籍中，也都记载了大量宋代活体检验的案例，其中还有对男女性别特征的检验鉴别，作为推断性犯罪行为的依据。由此可见，活体检查在宋代已经非常普遍。为了提高检验质量，自北宋真宗咸平三年（1000 年）至南宋宁宗庆四年（1198 年），统治阶级以敕令的形式颁布了一系列有关检验的法令，因而使这一时期的检验制度更加完善。可以说，在宋代的证据制度中，发展程度最高、成果最大、最引人注目的就是检验制度。如果说唐朝时人身检查制度尚处于萌芽期，那么至宋朝时期，我国已经形成了较为系统的人身检查制度。宋代的检验制度除了明确规定了有权实施检验的人员、检验官职责、失职情况及应得法律处罚之外，也制定了严密的检验程序来保证检验活动准确合法进行，而且检查笔录也进行了明确规定，但其也未对活体检查与尸体勘验进行区别。

从检查程序上看，宋代的检验分为报检、初检、复检三个阶段：案件发生后，案发地邻、保必须申报州县差官检验，这是一种强制性的义务，甚至

---

① 参见《唐律·诈伪·诈病死伤不实》。

② 参见《唐律·诈伪·诈病死伤不实》。

③ 《长编》卷八九，北宋真宗天禧元年（1017 年）四月庚辰，转引自王云海主编：《宋代司法制度》，河南大学出版社 1992 年版，第 218 ~219 页。

被害人及其家属也不能阻挠检验或与犯罪人私了而隐瞒不报。初检是由所在地官府负责（即如发生在州所在地，则由州负责，发生在下属县，则由县负责），州县级机关接到报验后，即差派官员前往案发地对被害者进行第一次检验。复检并不是因为初检失败或不实，而是依照法律规定所必须进行的程序，其目的在于审查初检官有无舞弊及错误出现，对初检起着监督作用。为达到这一目的，宋朝法律严格规定复检官与初检官不能有任何关系，复检官必须由上级或邻近的其他州县中选派。此外，初检官申请复检的公文中不得写明初检的结论，以避免复检官照搬。① 关于复检的次数，宋律则无明文规定，必要时还可进行第二次、第三次复检。对于检查的结果，宋朝也已开始明确规定以笔录形式记载，而这些笔录可以直接被当做刑事诉讼的证据使用。宋代的检查笔录形式多样、内容完备，目前有记载的主要是验状、检验格目、检验正背人形图三种，这三种形式的检查笔录是宋代司法人员在司法实践中不断总结实践经验的基础上形成的，其目的在于为刑事诉讼活动提供更为准确和及时的证据。② 由此可见，宋朝的立法者为了保证及时、准确地为刑事诉讼提供证据，不但制定了严格的检验责任制度、检验程序防止检验人员徇私舞弊、渎职失职，还规定了检查笔录的使用规则，其立法之完善令人惊叹。而正是在这一时期，关于活体检查和尸体检验的著述也大量出现，其中最知名的有：和凝、和蠓父子的《疑狱集》（936～946年），郑克的《折狱鉴》（1311～1162年），桂万荣的《棠阴比事》（1211年）等。南宋理宗淳祐七年（1247年），我国伟大的法医学家宋慈（字惠父），（1186～1249年）博采前人经验，加上自己的实践，撰成《洗冤集录》一书。该书对损伤、个人识别、窒息、中毒、现场勘查、尸体检查等主要内容均有系统论述，因而也对后代法医学之发展产生了深远的影响。

检验制度为何在宋朝时期受到如此重视？究其原因，主要是我国司法人员的证据观念在这一时期已经开始发生改变，如郑克的《折狱龟鉴》中即提出物证优于人证、物证与情理结合、刑讯是“无述”的表现的精辟观点，标志着这一时期对传统“据供定案”证据模式的突破，对物证的重视使得统治阶级开始关注取证手段、取证程序。而检验作为获取案件第一手证据资料的重要手段，其意义正如宋慈在《洗冤集录》开篇所说，“狱事莫重于大辟，

---

① 参见《庆元条法事类·检验·杂敕》。

② 王云海主编：《宋代司法制度》，河南大学出版社1992年版，第223～228页。

大辟莫重于初情，初情莫重于检验”,[①] 宋朝统治阶级重视这一制度的设置自可理解。

应当说，在我国人身检查制度的发展历史中，宋朝应当是一个顶峰阶段，后世元、明、清之立法基本上都沿循宋制，并无超越性改变。就笔者所掌握的文献资料来看，清末除了受西方国家的影响，于1905年在青岛采用了德国的“汉堡式指纹法”、1909年在上海英租界巡捕房采用了英国的“亨利式指纹法”、法租界采用法国的“爱蒙培尔式指纹法”之外，其他人身检查手段的运用则非常鲜见。对此，我国著名的侦查学者王传道教授就曾指出，“到了明代，在司法活动中应用技术手段已微乎其微，明律中仅保留了验尸的条款。清朝主要依靠军队和特务机关维护其统治地位，在司法活动中根本不重视技术手段的研究”。[②] 因此，由于统治阶级对于人身检查等取证方式的轻视，我国的人身检查制度在宋朝之后，不但没有进一步发展，反而呈现出了一种萎缩态势。

辛亥革命推翻了封建制度及由此而来的检验体制。1912年，中华民国北京政府颁布了《刑事诉讼律》首次提出了“鉴定”的概念，将活体检查与实体勘验都规定于“鉴定”之中。该法在尸体勘验方面有了突破性的进展，在我国的历史上第一次冲破了封建法典不允许解剖尸体的长期束缚，为今后的法医解剖奠定了基础，正如我国学者贾静涛教授在评价这一时期的法律发展时指出，“为查清死因准许解剖尸体，这是中国古代法医学与现代法医学的分水岭，是现代法医学赖以发展的基石”。[③] 但是，就活体检查而言，该法并未过多提及。中华民国南京政府在1928年颁布并于1935年修正的《中华民国刑事诉讼法》亦将人身检查规定于“鉴定”部分中，该法第12章“证据”第3节“鉴定”（第198条至第218条）除了对鉴定人的资格、选任、权限等鉴定事项作出规定之外，第一次在法律中明确了人身检查的限制，即“对于被告人以外的人，只有在有相当理由可认为对于调查犯罪情形有必要方可；检查妇女身体，应命医师或妇女行之”。[④] 这种对人身检查的限制性规范标志着我国人身检查制度的立法首次由单纯的技术规定向价值理念层面的转化，西方人权保障的思想得以融入其中。

新中国成立之后，我国各项法律制度都取得了较大的发展，特别是1979

---

① 宋慈著：《洗冤录校译》，杨奉琨校译，群众出版社1980年版，序言。

② 王传道著：《侦查学原理》，中国政法大学出版社2001年版，第323页。

③ 贾静涛著：《世界法医学与法科学史》（上），科学出版社2000年版，第275页。

④ 黄瑞亭主编：《中国近现代法医学发展史》，福建教育出版社1997年版，第39页。

年《中华人民共和国刑事诉讼法》的颁行，更是标志着我国刑事诉讼法在立法技术、权利保障理念方面都取得了较大的突破性进展。该法首次将“人身检查”与“尸体勘验”、“鉴定”分离，将其单独规定为一种独立的侦查行为，使得人身检查在刑事诉讼中的重要性得以凸显。在该法第2编第2章“侦查”的第3节“勘验、检查”中第75条规定：“为了确定被害人、被告人的某些特征、伤害情况或者生理状态，可以对人身进行检查。被告人如果拒绝检查，侦查人员认为必要的时候，可以强制检查。检查妇女的身体，应当由女工作人员或者医师进行。”但是，检视整部法律，仅有此一条对人身检查作出规定，显得笼统而单薄。1979年刑事诉讼法颁布之后，由于法条规定极为概括和模糊，人身检查的范围究竟包括哪些，实践部门难以把握，法律颁布不久即面临操作层面的技术障碍。而后，为了弥补立法的不足、指导实务部门的操作，最高人民检察院在1988年颁布的《人民检察院法医工作细则（试行）》中也对活体检查的概念和范围作出了明确的规定，该《细则》第13条第1款规定：“活体检查主要是对被害人、被告人的某些特征、损伤情况、生理状态、病理状态和各器官、系统功能状态等进行检验、鉴定。”第2款则对活体检查的范围作出了进一步的规定：“一、个人特征：查明性别、年龄、检查血型及生理、病理特征。二、检查人身是否有伤和损伤程度，推断损伤性质、受伤时间、致伤工具等。三、检查有无被奸、妊娠、分娩以及性功能状态，协助解决有无性犯罪方面的问题。四、查明人体有无中毒症状和体征，检查体内是否有某种毒物，并测定其含量及人体途径等。五、检查有关人的精神状态，确定有无精神病及其类型，并断定其辨认能力或责任能力。”1996年，我国对刑事诉讼法进行了修正，这部法律无论从理念层面还是制度层面都较1979年刑事诉讼法有了很大进步，但是由于这次刑事司法改革是以审判方式改革为切入口，受多方面因素的影响和制约；我国的侦查制度并未有任何实质性的改革。就人身检查措施的适用而言，新法完全沿袭了旧法的立法体例，除了将旧法第75条规定中的“被告人”改为“犯罪嫌疑人”之外，其他则几乎完全一致。因此，我国人身检查制度在很长一段时期内都保持着稳定不变的状态。

与立法的停滞形成鲜明对比的是：近20年来，我国刑事科学技术迅猛发展，特别是指纹识别术的发展以及DNA分析、血液分析技术在刑事诉讼中的广泛使用，在客观上我国人身检查的范围和种类与过去相比已经有了非常大的发展和变化，我国人身检查措施立法显然已经不能适应实践发展的需要，笔者在下文将对此进行专门分析。

（二）国外人身检查制度的发展脉络

国外人身检查制度究竟始于何时？其经历了怎样一个变迁过程？由于相应资料的缺乏，难以对这些问题全面作答，笔者只能通过一些零星的案例和立法对其发展脉络进行简单勾勒。

人身检查措施究竟何时在国外司法实践中开始运用，笔者目前无从得知。但是，从立法层面来看，现存世界上最古老、最完整的成文法典《汉穆拉比法典》中已经明确规定了行为人对不同的伤害行为应当承担不同的刑事责任，而且还规定了医生因医疗事故而应承担刑事责任。由此可推测，早在公元前1700多年古巴比伦人已经开始用医学检验判案。而就法医鉴定人而言，13世纪以前西方许多国家在立法上就已经基本确立。例如，意大利1252年“波伦亚都市法”就规定人身受到侵害的案件都必须经过医学检查，检查人也应就检查结果在法庭上作证；[①] 法国1207年颁布的诺曼底习惯法要求对疾病、强奸和妊娠案件都必须进行鉴定；1260年制定的法国巴黎习惯法也提到要用外科医生鉴定、证人提供的证据代替神明裁判和决斗；1270年Skeiki Medjm el Din所著的《合法的和禁行穆斯林法规》中就有关于听觉和视觉丧失的检验规定，如“如果专家声称听觉丧失已经没有恢复的希望，应当立即按血亲赔偿金额赔偿。如果专家认为在一定期间内能够恢复，则宣判应当在这一期间之末进行”。[②] 由此可见，国外对于人身检查的立法时间较早，但限于当时的科学技术以及立法能力，其早期情况与我国一样，也都未对人身检查单独作出规定，而是和尸体勘验等检验措施混同在一起进行规定，人身检查的独立地位尚未得到体现。

西方国家进入14世纪以后，受文艺复兴思潮的影响，法医学进入了快速发展时期，有关法医类证据的运用日益广泛，而关于人身检查、尸体勘验等方面的研究也逐步深入。意大利流行病学家尹格拉西亚（Johanne philippo Ingrassia）撰写的《提出报告的方法》、法国外科医生S. Pineau写的《论处女膜的完整性与破裂，妊娠与分娩》、意大利外科医生G. B. Condronchi撰写的《证明的方法》等重要法医学著作分别于1578年、1595年、1597年相继问世。这些法医学理论著作的出版，标志着国外法医检验的研究水平已经发展

---

① 1289年发生于意大利波伦亚的一起案件就体现了当时的情况，该案的检验报告为：“Bertolacius和Angellus两位医生根据法官的指令在2月11日对Venturella进行了检查，将检查所见宣誓报告如下：他有两处创伤，一处在后头部，另处在髋上部。根据所见的征象认为如无其他干扰，将会完全治愈。”参见贾静涛著：《世界法医学与法科学史》（上），科学出版社2000年版，第275页。

② 参见贾静涛著：《世界法医学与法科学史》（上），科学出版社2000年版，第71～73页。

到了一定的阶段，也为后世人身检查制度的发展和完善奠定了基础。西方资本主义革命兴起后，在近代资本主义分别以蒸汽机和电力的广泛运用为标志的第一次、第二次工业革命推动下，西方的法医检验和理论研究逐渐走向成熟。而随着近代物理、化学、生物等自然科学的发展，传统的身体表征查看、指纹识别在一些新的科学技术帮助下如虎添翼，一些新的刑事科学技术也纷纷诞生，人身检查措施的种类开始增多，这必然使得人身检查制度得以进一步发展，有学者在研究这一时期的鉴定制度时指出，法国、意大利、德国现代鉴定制度的基本内容在这一时期其刑事诉讼法典颁布时已经基本成型。[①]由于人身检查在西方很长一段时期内都被规定为鉴定的一种，因此可推知关于人身检查的规定在当时的刑事诉讼法典中已经加以确立。进入20世纪后，现代物理、化学、生物学、电子信息技术和以新材料为支柱的高新技术相继渗透于法医学领域，一些新的技术也相继被应用于西方司法实践之中。就人身检查而言，对各种损伤判断以及人身同一性的识别更加准确，到20世纪中叶，依据血痕、体液斑迹和身体组织进行个人识别的检验技术已经基本成熟，特别是20世纪80年代中期DNA图谱的发现更是掀起了一场人身识别的科学革命。

刑事科学技术的发展以及随之而来的“证据革命”大大扩展了人身检查的范围，加之自第二次世界大战以后人权保障潮流的兴起，西方国家开始纷纷对人身检查制度加以调整和完善。例如，1933年德国即在在刑事诉讼法中正式将人身检查制度独立进行了规定，其后又于1950年对这些规定进行了修正，从而形成了规范人身检查制度的三个条款：其一是对被追诉人的人身检查（德国《刑事诉讼法》第81条a）；其二是以身份辨认为目的的人身检查（德国《刑事诉讼法》第81条b）；其三是对第三人的人身检查（德国《刑事诉讼法》第81条c）。而后，随着DNA技术在刑事诉讼中运用所产生的新问题，德国在1997年和1998年又分别在刑事诉讼法中新增三个条款，即DNA分析之授权基础（德国《刑事诉讼法》第81条e）、DNA分析之命令与实施（德国《刑事诉讼法》第81条f）、供未来刑事程序用途所进行之DNA身份识别（德国《刑事诉讼法》第81条g），由此而形成了一套较为系统的人身检查制度。而美国联邦最高法院也通过1949年的Rochin v. California案、[②] 1957年的Breithaupt v. Abram案、[③] 1966年的Schmerber V. California

① 陈学权著：《科技证据论：以刑事诉讼为视角》，中国政法大学出版社2007年版，第102页。

② Rochin v. California, 342 U. S. 165 (1952)

③ Breithaupt v. Abram, 352 U. S. 432 (1957)

案、[1] 1985 年的 Winston v. Lee 案[2]等一系列案件的判决，形成了本国的人身检查规制体系。但是，由于文化传统、诉讼模式的差异，两大法系的国家在人身检查制度的规定上存在较大差异，但从整体而言，目前各国改革的趋势呈现出一种相互吸收、相互借鉴的融合趋势，对此笔者也将在下文具体制度考察之中对其进一步论述。

三、人身检查制度的发展特点和趋势

通过上述考察以及相关资料，我们可以对人身检查制度发展中所呈现出的特点进行评析，并对其发展趋势进行归纳：

（一）人身检查制度的发展特点评析

通过上述考察，不难看出：无论是在我国还是在西方国家，人身检查应用于司法实践的时间都较为久远，而从整体来看，我国早期包括人身检查、尸体勘验等法医检验制度要发达于其他国家。在《唐律》、《宋刑统》中已将人身检查的程序、方法法令化，而西方国家直到 14 世纪中叶之后才陆续在其法律中建立其人身检查制度。之所以存在这种现象，其原因在于我国古代的科学技术整体水平要比西方国家发达，正如英国研究中国科技史的资深专家李约瑟在其名著《中国科学技术史》的序言中指出，“中国的这些发明和发现往往超过同时代的欧洲，特别是在 15 世纪之前更是如此（关于这一点可以毫不费力地加以证明）”。[3] 这种技术水平上的优势表现也在法医检验领域体现出来。例如，我国宋朝的《洗冤集录》就要比西方国家最早的系统法医学著作《医生的报告》早 500 多年，但受当时技术水平所限，早期人身检查方式主要局限于伤情查看和体表特征识别。近代以后，西方科学技术迅猛发展，越来越多的科学技术手段开始被引入司法实践之中，中国开始落后于西方，血液分析、指纹识别等人身检查技术都是在西方率先应用成熟之后才被我国引入，这在客观上也使得我国人身检查制度发展缓慢。究其原因，主要在于两个方面：其一是中国封建王朝的闭关锁国、盲目自大导致了中国近代自然科学技术整体落后于西方国家；其二在于中国自清末开始，在相当长的一个历史时期内都处于战争不断、社会动荡不安状态中，各届政府对一般“犯罪”问题根本无暇顾及，因此对于发展刑事科学方面的支持力度也就相应不

---

① Schmerber v. California, 384 U. S. 757 (1966)

② Winston v. Lee, 470 U. S. 753 (1985)

③ ［英］李约瑟著：《中国科学技术史》（第 1 卷总论第 1 分册），《中国科学技术史》翻译小组译，科学出版社 1975 年版，序言。

足。而进入现代以来，随着越来越多新兴技术在刑事司法领域的使用，人身检查的种类和范围不断扩大，技术的发展和权利保障观念潮流的兴起使得各国纷纷调整本国立法，人身检查制度不断完善，其重要地位也日益显现。

（二）人身检查制度的发展趋势

各国在人身检查制度的具体设置上尽管有所不同，但通过对其发展脉络的梳理，我们仍可看出这一制度在各国的共同发展趋势：

第一，各国人身检查制度发展的总趋势是在打击犯罪与保护公民个人权利之间保持平衡，并倾向于保障人权。例如，美国联邦最高法院即通过判例形式确定了接受检查者的事前听审程序，并给予被告在律师随同下就该人身检查行为的实施申请听审以及与政府的医学专家证人进行交叉询问的权利，而且在听审后至进行人身检查前这一阶段，被告还有就法院之见解提起上诉的机会;[①] 英国在《警察与刑事证据法》（1984）中要求进行采样检查的警官明确告知人身检查的目的，在取得被检查人“适当同意”之后才能进行采样检查，在其近年不加区别大规模采样的行为遭到了欧洲人权法院的否定性判决后，也迫使其通过立法进一步加大了人身检查中的权利保障力度；德国和日本在其人身检查制度的构建中也体现出了打击犯罪与保障人权并重的思想：一方面明确给予侦查机关实施强制性检查的授权，另一方面又通过建立严格审批程序以及赋予被检查人异议权的方式来保障被检查人的权利。因此，可以说，各国人身检查制度的总体趋势已由单纯的便利侦查转向了打击犯罪与保障人权并重，而且近年来，许多国家在完善其国内人身检查制度立法时，加强权利保障更称为其主要努力方向，这种趋势值得我国在立法时予以重视。

第二，两大法系在人身检查立法上呈现出互相融合的趋势。传统的英美法系国家，如英、美两国与法、德、日等大陆法系国家在人身检查立法方面并没有明显的区别，只是各个国家根据自己的情况而构建了不同的立法模式。但对一些基本的原则，两大法系国家的立法却基本上都予以共同遵守，如法律保留原则、比例原则、司法审查和司法救济原则，各国都通过遵守这些基本原则来保障公民最低限度的人权要求。

第三，人身检查的立法会随着形势的变化而改变，从而在社会整体利益与公民个人权利之间保持了一种动态平衡。这主要表现在两个方面：其一，国内的治安形势会影响人身检查立法。例如，在美国“9·11”事件后，为打击恐怖犯罪的犯罪活动，侦查机关实施以人身同一性识别为目的的人身检

① United States v. Crowder, 543 F. 2d 312, at 318 (D. C. Cir. 1976)

查措施的权力被扩大，启动人身检查程序的门槛减低。其二，新兴技术的发展需要立法及时作出回应。例如，DNA 技术在刑事诉讼中的运用，使得各国必须在身体采样以及 DNA 样本分析以及资料存储、处理等方面都必须在立法上进行规定，以防止实践操作的无序，如德国 1997 年和 1998 年分别在刑事诉讼法中新增的三个关于 DNA 样本采集、分析、使用的条款就是这种回应的明证。

第四，人身检查的立法呈现出一种分类、细化的趋势。而从早期情况来看，并未严格区分不同人身检查措施的实施程序，一般都是设计统一程序要求来规范人身检查措施的使用，而且往往将人身检查与尸体勘验等措施合并规定，难以体现人身检查的独立性特征。但是，随着科学技术的发展，人身检查措施的种类也开始越来越多样化，人身检查措施的独立性开始凸现，各国也开始认识到不同种类的人身检查措施对公民权利影响程度是有很大差异的，因此在立法中开始对人身检查进行分类，并在其基础上分别细化其实施程序。例如，美国联邦最高法院在 1977 年 *United States v. Crowder* 案指出了“一般侵权的人身检查”与“重大侵权的人身检查”的不同之处，并在此基础上论证了根据人身检查措施对公民权利影响程度不同而适用不同标准的观点；德国将人身检查分为一般形态的人身检查和加重形态的“侵入式检查”、对被追诉人的检查与对第三人的检查以及日本勘验性人身检查、鉴定人身检查的区别设计，都体现了人身检查制度的发展方向是日益走向细致化和具体化。

总之，人身检查制度发展的总体趋势是一种由概括、模糊的立法状态逐渐走向明确、细化的状态，权利保障理念也在各国人身检查制度的构建中日益彰显，笔者在下文的具体制度考察中也将对人身检查制度的这种发展趋势进行进一步分析。

第二章 人身检查制度的比较法考察

从法社会学角度来看，法律制度不仅指成文法意义的规范，更重在运行中的法律秩序，而由于社会观念、司法实践环境等因素的作用，法律秩序往往与立法规范之间存在巨大的差异，正如德国法学家赫尔曼的提醒，“在阅读西方法律文本时要充分注意到文本和实践之间的差异，避免法律证实主义思想”。[①] 因此，对一国法律制度的考察，理应包括立法规范与实践运行两个方面，但由于笔者缺乏对国外人身检查制度实证研究的途径，加之相关资料的匮乏，本书仅能侧重于对美国、英国、德国、日本四个代表性国家立法层面的人身检查制度及其发展状况进行介绍和分析。尽管这种考察所得出的结论不尽全面，但笔者相信通过剖析这几个具有代表性国家关于人身检查制度的立法模式、法律程序、救济机制等方面的具体规定情况，是可以发现人身检查制度的共同规律和发展趋势的，也为审视我国人身检查制度的现状、完善我国人身检查制度提供有益的参照和借鉴。

第一节 人身检查的立法模式

根据各个国家和地区立法状况的不同，笔者将人身检查制度的立法模式区分为三种，即“搜查模式”、“附属模式”、“独立模式”，在考察人身检查制度的具体内容之前，笔者首先对这三种模式进行介绍。

一、搜查模式

所谓搜查模式，是指将人身检查措施视为搜查的一种进行规定，这种模

---

① ［德］约·阿希姆·赫尔曼著：《德国刑事诉讼法典》，李昌珂译，中国政法大学出版社 1995 年版，引言。

式以美国为代表。美国将借助医疗手段对体内藏匿物的提取以及采集身体样本这类人身检查措施作为搜查行为的一种，其一般需遵循与搜查同样的实体要件和程序要求，但是随着其判例的发展，对于人身检查措施，也发展出了不同于一般搜查的特殊要求。

美国联邦宪法第四修正案规定："人民有保护其身体、住所、文件与财物之权，不受不合理的搜查与扣押，并不得非法侵犯。除有相当理由，经宣誓或有宣誓书（affirmation）及详载搜查之地点或扣押之人或物外，不得核发令状。"从该条规定可以看出，美国联邦宪法所保障之对象大抵上必须限于"人"、"住宅"、"文件"、"财物"四项特定之事物。根据美国相关判例所作出的解释：上述条款中"人"包括身体（体表和体内）及穿在个人身上之衣物；[①]"住宅"包括公寓、旅馆房间、车库、办公室、商店及仓库；[②]"文件"包括如信件、公文之类；[③]"财物"包括如汽车、船舶等。[④]

美国关于"搜查"行为的判断标准则经历了两个阶段：第一个阶段是"物理侵害标准"，第二个阶段是"合理隐私期待标准"。

"物理侵害标准"是美国联邦最高法院在 1886 年的 Boyd v. United States 案所确立，根据该案判决：如果侦查机关实施的行为不存在对"宪法保护领域"（人身、住宅、文件和财产）的物理性侵入（physical intrusion），则不存在法律意义上的侵害，也不会适用联邦宪法第四修正案的规定，即该行为不属于"搜查"。[⑤]根据此条标准，抽取分泌物、排泄物、血液、毛发或其他出自或附着身体之物等行为从本质上看属于对人体"自然财产"的侵害，而表现形式上则又具有物理性侵犯身体的特征。因此，在这一时期，美国已将此类检查归为搜查之范畴之内，如在 Schmerber v. California 案中，美国最高法院就明确指出：抽取被告身上的血液是（对被告身体的）搜查行为。[⑥]

"合理隐私期待标准"是美国最高法院在 1967 年 Katz v. United States 一案的判决中所确立。之后，美国联邦最高法院改以"合理隐私期待"（reasonable expectation of privacy）作为判断公权力行使行为是否构成搜查之标准，从而将联邦宪法第四修正案所保障权利之重心从公民的财产权转为公民的隐

---

① Chimel v. California, 395 U. S. 752(1969).
② Talor v. United States, 286 U. S. 1(1932).
③ Andresen v. Maryland. 427 U. S. 463(1976).
④ Oliver v. United States, 466 U. S. 170(1984).
⑤ Boyd v. United States, 116 U. S. 616 (1886).
⑥ Schmerber v. California, 384 U. S. 757 (1966).

私权。何为“合理隐私期待”？根据Harlan大法官在Katz v. United States案的协同意见书上的解释，构成“合理隐私期待”须具备两大要件：第一，该隐私期待是客观和真实的；第二，该隐私期待被社会承认为合理的。[①] 自该案判决之后，美国联邦宪法第四修正案所规范之侦查机关的行为，只要涉及合理隐私期待之侵害，都属于该条所言之搜查行为。根据此标准，对于某些不需要物理性侵害的人身检查措施，如使用X光机扫描人身之行为以查找是否藏有毒品或其他犯罪之证据（如与本案犯罪有关之子弹）等也被纳入搜查行为的范畴之中。因为这种人身检查措施虽无物理性的侵犯行为，但不论是毒品或其他藏于人体内之物，都不是一般人可通过感官知悉的外在信息。侦查机关利用科技设备取得这一信息，自然属于侵害公民合理隐私期待的行为，因此也属于美国宪法第四修正案所规定的搜查范畴之内。

综上可知，根据美国联邦最高法院确定之标准，人身检查毫无疑问归属于其所言之搜查范畴之内，当侦查机关实施人身检查时，原则上必须符合搜查行为的程序要件——“令状原则”及“相当理由”后才能进行。但是，美国联邦最高法院也意识到，人身检查与一般搜查行为相比，更容易侵犯公民权利，仅有“令状原则”及“相当理由”的要求明显不足以保障公民权利。[②]

---

① Katz v. United States,389 U.S. 347(1967).

② 关于违背被检查人意愿所进行的人身检查是否违反宪法第五修正案所确立的“反对强迫自证其罪特权”这个问题在美国也存在争论。从司法实践情况来看，尽管美国法院在1966年的Schmerber v. California[384 U. S. 757 (1966)]和1983年的South Dakota v. Neville[South Dakota v. Neville,459 U. S. 553 (1983)]两案的判决中都对该问题有所论述，但其判决意见中仍存在分歧以及争论之处，并未明确区分语言与身体样本的区别，因此而引发了美国理论界对这个问题的争论。概括来看，美国理论界在这个问题的讨论上主要有两种观点：一种观点认为，强制人身检查所获取的身体样本（body sample）与证言一样，都可以用来证明被检查人有罪，因此强制对被检查人进行人身检查与强迫获取其证言并无实质差别，同样会使被检查人陷入自证其罪的险境之中；而另一种观点则认为，反对强迫自证其罪的范围仅限于证言或意见证据，如果只是获取身体附属组织，则基本上不会涉及所谓自证其罪的问题，如著名证据法学家威格摩尔就明确反对将“反对强迫自证其罪特权”的范围扩大化。威格摩尔认为，“反对强迫自证其罪特权”的设置目的在于禁止强迫取得证言而非强迫行为本身，因此不能将其扩展至身体样本，并认为将足迹、文身和血液样本等身体证据等同为语言是荒谬的，“如果一个被追诉者拒绝被从监狱送往法庭受审，理由是他享有不在法庭面前展示他的身体特征以辨别他身份的特权，这种主张显然难以得到认同”。[Cited from Susan M. Easton, “Bodily Samples and The Privilege Against Self-Incrimination”, *Crim. L. R.* 1991, *JAN*, 18-29,(1991).]从最近几年来发表文章的情况来看，美国理论界的观点逐渐趋同，多倾向于应将反对强迫自证其罪的范围限定在证言以及意见证据之内，强制人身检查不应视为对“反对强迫自证其罪特权”的违反。参见Yamil Farid Yunes, “Dictation Method: Do Dictated Handwriting Exemplars Provide For Testimonial Evidence Protected by The Fifth Amendment?”,34 *Am. J. Crim. L.* 433(2007); Michael J. Zydney Mannheimer, “Toward a Unified Theory of Testimonial Evidence Under the Fifth and Sixth Amendments”,80 *Temp. L. Rev.* 1135(2007)等文。

因此，在之后的一系列判决中，美国在人身检查措施的使用上逐步发展出一套不同于传统搜查行为的程序要求，对此下文将有详述。

二、附属模式

所谓附属模式，是指人身检查在立法中不是作为一种独立形态的侦查行为来规定，而是被分散规定于其他侦查行为之中，其性质附属于被划归的侦查行为种类。这种模式以英国、日本以及我国台湾地区为代表。

在英国《警察与刑事证据法》（1984）中，对于身体隐私部位（除口腔外的体腔开口处）以及体腔内的检查被作为一种特殊形式的搜查——“私密性搜查”——作出了规定，[①] 而身体表征查看和身体采样则作为辨认行为进行规定。《警察与刑事证据法执行规则 D：警察人员辨认当事人执行守则》（1984）规定，“为了确定身体特征、标记或伤痕，可以对嫌疑人进行人身检查，以此鉴别其与实施犯罪的人是否为同一人，并可对这些身体特征进行拍照”，[②] 而身体采样在该规则中则被作为“人体化验标本和印痕辨认”进行了规定。[③] 因此可知，英国并未独立规定人身检查程序，人身检查被分散规定于不同侦查行为之中，其行为性质具有附属性。在日本，人身检查也不具有独立的法律性质，其分散规定在日本《刑事诉讼法》的“勘验”和“鉴定”中，在法律上被作为勘验的特殊方式或鉴定资料的获取方式进行了规定，因此其法律性质被分别视为“勘验”或“鉴定”。所谓“勘验之人身检查”是指无须借助特殊工具，通过五官对身体外表进行观察或触摸，以查明被检查人身体特征的行为方式；而“鉴定之人身检查”的范围则比较宽泛，除了对身体、体重、皮肤表面等外部检查外，还可以进行 X 光照射、胃镜检查、血液及精液提取等内部检查，这种人身检查由医师等专家进行。[④] 二者的实施方式存在较大差异，对被检查人权利影响程度也不一样，因此程序要求自然有所不同。以令状原则的体现为例，二者在使用原则上均须获得法官签发的令状，但令状的性质就有所区别：前者是许可票性质的勘验令状；而后者则

---

① 中国政法大学刑事法律研究中心组织编译：《英国刑事诉讼法》（选编），中国政法大学出版社 2001 年版，第 298～301 页。

② 《英国成文证据法》，熊志海等编译，中国法制出版社 2007 年版，第 309 页。

③ 中国政法大学刑事法律研究中心组织编译：《英国刑事诉讼法》（选编），中国政法大学出版社 2001 年版，第 476～479 页。

④ ［日］田口守一著：《刑事诉讼法》，刘迪等译，法律出版社 2001 年版，第 70 页。

需要获得命令票性质的鉴定令状，两者的约束力有所不同。[①] 笔者在下文中将对二者采用的程序进行分别介绍。我国台湾地区人身检查的“立法”模式和日本相似，也属于这种附属模式，即将人身检查分散规定于勘验和鉴定之中。

三、独立模式

所谓独立模式，是指人身检查被作为一种独立形态的刑事诉讼措施在法律中设专章对其作出规定，这种模式以德国为代表。德国《刑事诉讼法》将人身检查与拘提、逮捕、羁押、搜查、扣押等传统形态的侦查行为进行了并列规定，并且以被检查者为对象划分了对被告人（含犯罪嫌疑人）和被告人以外的第三人的人身检查，而后在此分类基础上，根据实施强度、对象的不同设置了不同的实体要件和程序要件。德国将人身检查措施规定为独立形态侦查行为之目的在于将其与其他侦查行为进行区别，以便在发动要件和执行方式上进行不同的授权。对此我国台湾地区学者认为，德国这种设计方式在突出人身检查措施的重要性、保障被检查人权利方面具有科学性。[②]

上述三种立法模式都与其本国和地区诉讼传统及立法习惯有关，各有优点与缺陷。第一种模式将人身检查视为搜查行为的一种，其优点在于通过设置统一的规范以便侦查机关的操作以及法官签发令状，但其缺点在于过于扩大搜查的范围，忽略了对场所、物品搜查与对人的身体进行检查之方式、目的的不同，因而立法显得过于笼统，不利于保障公民的基本权利。第二种模式将人身检查分别规定在勘验与鉴定之中，其优点在于可以根据两者之目的不同对人身检查措施的实施方式进行规定，但其缺点在于以目的划分的模式容易使授权分散。正如台湾学者林钰雄就对我国台湾地区“刑事诉讼法”关于人身检查的“立法”进行了质疑，他认为，这种分散“立法”模式下的授权“极其空泛而破碎”，这种以目的不同将人身检查拆分的方式易模糊人身检查作为对公民基本权利进行侵犯的“独立形态强制处分”的性质。他指出，“搜索所得的物品（如凶刀、血衣），后来也多半是通过鉴定、勘验的证据方法而呈现于法庭，但是前阶段是否准许搜索的强制处分考量，与后阶段

---

① 日本刑事诉讼程序中，由法官所签发之令状的性质可区分为命令文件性质和许可票性质，就前者而言，必须予以执行；就后者而言，是否实施以及如何实施需得到法官许可之行为则由执行者裁量，而不是必须执行令状要求。参见［日］土本武司著：《日本刑事诉讼法要义》，董璠舆、宋英辉译，台湾五南图书出版公司 1997 年版，第 134 页。

② 林钰雄著：《干预处分与刑事证据》，台湾元照出版公司 2008 年版，第 9 ~21 页。

如何呈现所得证据的调查方法考量并不相同，既然立法者指导搜查、扣押要作为强制处分而独立授权，身体检查处分又有何不同?”[①]第三种模式将人身检查制度在刑事诉讼法中用专章进行规定，使其与刑事诉讼中所规定的其他侦查行为有机并列，突出了其作为独立形态取证手段的本质特征，但这种立法模式的缺陷在于条文规定过于集中而显得烦琐，不便于操作。

第二节 人身检查的程序

如上文所指出，由于诉讼模式和法律传统的不同，各国对人身检查措施的法律定位也有所不同，因此，其在程序设计上既有共性，也各有独特之处。笔者在此欲对几个代表性国家或地区对于人身检查的程序规定进行考察和比较，以期能为我国完善人身检查程序提供参考。

一、人身检查的启动理由

人身检查的启动理由，又称人身检查的启动根据，它是指启动人身检查程序所需要达到的证据要求，目的在于证明侦查官员提出人身检查申请的合理性及司法官员作出人身检查决定的适当性。因此，人身检查的启动理由可以从两个方面来理解，即申请人身检查的依据和作出审查决定的根据，而由于认定主体的不同，认定人身检查根据的标准也不可避免会存在裁量意义上的差异。由于各国对于人身检查启动理由的判断存在差异，因此下文将分别进行介绍。

（一）“明显表征”

不同于传统搜查、扣押措施所要求的“相当理由”或“合理怀疑”，美国联邦最高法院 1966 年在 Schmerber v. California 案[②]的判决中提出了一个新标准——“明显表征”（clear indication），并将其作为审查人身检查措施合理性及适当性的依据。由于联邦最高法院并未对该标准作进一步阐释，因此造成了美国实务部门对该标准理解的不尽一致。

1966 年，美国联邦最高法院在 Schmerber v. California 案的判决中指出：警察在交通事故发生后立刻赶到现场，闻到被告呼吸有酒精味（smelled liquor on petitioner's breath），而且明显发现犯罪嫌疑人的眼睛“布满血丝、湿

① 林钰雄著：《干预处分与刑事证据》，台湾元照出版公司 2008 年版，第 59、94 页。

② Schmerber v. California, 384 U. S. 757 (1966)

润、目光呆滞”（bloodshot，watery，sort of glassy appearance）。而警察于事故发生两个小时后在医院看到被告时，其仍是带着相同醉酒特征，因此认为有“明显表征”可认为被告血液内存有相关证据，对其抽血检查具有必要性。该案判决之后，美国联邦最高法院在判断法院能否签发令状进行 x－ray 检测、对被告施以 x－ray 检测是否正当、警察能否直接将被告送入医院做 x－ray检测等问题也都是以“明显表征”作为审查的依据。[①]

由于美国联邦最高法院在 Schmerber 案的判决中并未阐释新确立的“明显表征”与传统搜查所要求的“相当理由”（probable cause）之区别，[②] 也没有说明其与侵害隐私权程度较为轻微的拍身搜查行为所要求的“合理怀疑”（reasonable suspicion）[③] 有无程度上的不同，因此该标准确立后即引起许多争论，下级法院即不断的自行解释“明显表征”与“相当理由”、“合理怀疑”间关系为何，且分歧较大，并未有一个统一的标准。通过对收集到的资料进行归纳，笔者发现在美国关于“明显表征”与“相当理由”、“合理怀疑”的关系上主要有三种观点：其一，明显表征标准高于相当理由；[④] 其二，明显表征等同于相当理由；[⑤] 其三，明显表征之标准低于相当理由。而第三种观点又可区分为以下三种：明显表征等同于合理怀疑；[⑥] 介于合理怀疑与相当理由间；[⑦] 未明显表明属于何者，仅言低于相当理由。[⑧]

不仅下级法院对于“明显表征”的理解不一，就连美国联邦最高法院对

---

① United States v. Montoya de Hernandez, 473 U.S. 531(1982).

② 由于翻译用语上的差异，“probable cause”在我国诉讼法研究中有被称为“合理根据”，也有用“可能原因”、“概然原因”、“或然的理由”、“可能成立的理由”、“相当理由”等，为了与“合理怀疑”进行区别，笔者在本书中采用王兆鹏教授在《美国刑事诉讼》一书中的“相当理由”之译称。参见王兆鹏著：《美国刑事诉讼法》，北京大学出版社 2005 年版，第 69、243 页。

③ 根据王兆鹏教授的介绍，所谓搜查中的“相当理由”是指“就警察所知之事实及情况，有合理可信的讯息，足以使一个谨慎的人，相信所欲扣押之物品，得于被搜索之场所发现”，“‘相当理由’的心证程度，比判决被告有罪所需之‘毋庸置疑’（Beyond a reasonable doubt）的程度低，但比所谓的‘单纯怀疑’（bare or mere suspicion）或‘合理的怀疑’（reasonable suspicion）的程度高”；而“合理怀疑”则指：“根据当时的事实，依据警察之执法经验，所作合理推论，形成合理怀疑，通常只要有轻微客观的正当性即可构成合理怀疑。虽然在法律文字上不可能量化，但所谓合理怀疑程度，明显比‘相当理由’的要求少，但是，警察主观的猜疑或预感，不构成合理怀疑。”参见王兆鹏著：《美国刑事诉讼法》，北京大学出版社 2005 年版，第 69，243 页。

④ People v. Thompson, 820P.2d 1160(1991).

⑤ State v. Pearson, 682 N.E. 2d 1086(Ohio App. 3d 1996).

⑥ United States v. Mosquera－Rarnirez, 729 F.2d 1352, 1355(11th Cir. 1984).

⑦ United States v. Mendez－Jiminez, 709 F.2d 1300, 1302(9th Cir. 1983).

⑧ Rivas v. United States, 368 F.2d 703(9th Cir. 1966).

于在 Schmerber 案所提出的“明显表征”，在其后做出的判决中亦做出了不同解读。在 1985 年的 Winston v. Lee 案，美国联邦最高法院认为 Schmerber 案的审查重点在于是否具有“相当理由”，其意似乎是将“明显表征”标准的解释等同于相当理由之标准。[1] 但美国联邦最高法院在 1985 年的 United States v. Montoya de Hernandez 案则又提出：实施人身检查需要有取得证据之特别怀疑的必要性，“明显表征”之标准并非是介于“相当理由”与“合理怀疑”外之第三种标准,[2] 但是该法院又提出法院在核发 x - ray 检查之令状时，应具明显表征，其标准与合理怀疑相同。因此，美国联邦最高法院出现了将明显表征视同相当理由，又将“明显表征”视同“合理怀疑”的不同解读。

但是，通过对 Schmerber 案后美国的一系列判例的分析比对，笔者发现美国下级法院在审查人身检查之适当性时，尽管其表述不同，但其审查的要求实际上仍是遵循“相当理由”的标准，“明显表征”的内涵与“相当理由”并无实质差别,[3] 若在“相当理由”与“合理怀疑”标准之外再单独创设一个新的标准不仅不具有实质意义，反而会增加对美国人身检查实践的认识难度，导致理解的混乱，从而陷入无谓的争论之中。[4] 而在“相当理由”与“合理怀疑”之间，笔者则倾向于将“相当理由”理解为美国启动人身检查的标准。其理由如下：

其一，“相当理由”更能体现美国联邦宪法第四修正案的要求。

根据美国联邦宪法第四修正案的规定，对人身进行的搜查原则上要求需具有“相当理由”，法院才能核发令状进行人身搜查。即便在紧急情况下，侦查机关也需要符合“相当理由”之要求后，方可在未取得法院之令状时，先行对人身进行搜查。由此可知，从宪法层面，美国已经将“相当理由”作为搜查人身的最低标准。当然，这样规定并非禁止各州自行制定高于“相当理由”之标准，但显然不可低于“相当理由”标准。

虽然美国联邦最高法院在 1968 年的 Terry v. Ohio 案[5]以“合理怀疑”取

---

① Winston v. Lee, 470 U. S. 753, 761(1985).

② United States v. Montoya De Hernandez, 473 U. S. 531, 540(1985).

③ People v. Marshall, 69 Mich. App. 288, 300,244 N. W. 2d 451, 457(1976).

④ 有美国学者提出：美国目前的刑事诉讼规则过于累赘、复杂，仅仅搜查和扣押领域就需要一部四卷本的专著来进行论述，宪法第四修正案成为“最高法院的柏油娃娃：是一堆矛盾和晦涩，使最高法院陷入这样的境地，每次试图脱身都只能使自己粘得更牢”。（参见［美］克雷格·布拉德利著：《刑事诉讼革命的失败》，郑旭译，北京大学出版社 2009 年版，第 49 页。）在这种情况下，笔者认为，如果我们在进行比较研究时不能避繁就简，抓住问题实质，很容易陷入理解的困境之中。

⑤ Terry v. Ohio,392 U. S. 1(1968).

代“相当理由”成为判断“拦阻及拍触”行为的标准，但该项标准表现出较大缺陷。其首要问题即在于：何为“合理”？难以准确界定。因为侦查机关的行为是否合理，需综合判断犯罪之严重性、搜查的形式、对公民权利的保护程度等诸多因素，因而同样的搜查行为在不同法官那里可能得出不同的判断。这使得法官在判断侦查行为是否合法时，没有一个具体标准可用，侦查人员在实施搜查时，也没有一个明确规则可供遵守，“法律的安定性荡然无存”。[①] 由于无法提供一个客观具体的标准供侦查人员遵守，导致个案中侦查人员裁量权过大，有不受控制之危险，从而可能造成警察违法搜查，进而侵害公民合法权利的情况出现。此外，由于“合理怀疑”标准重在综合判断犯罪之严重性、搜查的形式以及对公民权利侵害程度等种种问题，因此其结论往往会倾向于对公民的不利判断。由于侦查机关在执法时，政府利益比较具体、突出，而公民的利益却相对抽象模糊，因此在政府与公民利益权衡之下，常会为了明显、重大的政府利益而暂时牺牲公民利益。[②]

反之，在“相当理由”标准下，必须先有公民的嫌疑行为（有相当理由、有可责性），政府知道此嫌疑行为后，才能启动搜查或扣押行为。在此前提下，公民即便有犯罪嫌疑，但若政府没有足够依据，仍然不能侵犯公民权利，这无疑更能体现美国宪法第四修正案的要求。因此可知，以“合理怀疑”作为判断搜查行为并非是比“相当理由”更好的一个标准，将“相当理由”作为侦查机关实施人身检查行为的实质要件，较符合美国宪法第四修正案的规定，也更易把握和判断。

其二，“相当理由”更能体现美国实施人身检查措施的审慎态度。

美国联邦最高法院在 Terry v. Ohio 案提出“合理怀疑”标准的主要原因在于其认为“拍触”与传统搜查对公民隐私权侵犯程度存在区别，“拍触”属于比较轻微的侵害公民隐私权的行为，与彻底搜查（full - blown search）有所不同。所以，拍触所需之实质理由门槛亦无须与搜查要求的“相当理由”一样，仅需有“合理怀疑”即可。但是，人身检查措施毫无疑问属于“彻底搜查”，是严重侵害公民隐私权之行为，其原因在于无论是 x - ray 检查体内之物及器官形状、抽血检测 DNA、以外科手术取得体内之物等，都是对人身进行“彻底”的搜查，因此人身检查行为不能和拍触措施的实施一样仅以“合理怀疑”来进行规范，而满足“相当理由”之要求则更符合美国对该

---

① 参见王兆鹏：《美国刑事诉讼法》，北京大学出版社 2005 年版，第 69 页、第 240 页。

② 参见王兆鹏：《美国刑事诉讼法》，北京大学出版社 2005 年版，第 241 页。

措施实施的审慎态度。

（二）“合理根据”

在英国，启动侦查行为的理由与美国相似，即只要具备“合理根据”（reasonable grounds）即可启动，这与美国的相当理由（probable cause）一样，二者都是一种客观证据标准，都是客观信息量达到一定程度后作出的判断，也即“是否存在怀疑的合理根据应当根据具体案件情况决定，但必须有一定的客观基础”。[①] 具体就人身检查行为的启动来看，英国对于查验体表特征的人身检查措施规定相对简单，仅在《警察与刑事证据法》（1984）中对其进行了概括授权，并未作出具体的程序要求，警察只要认为“有必要”即可实施此类措施，但是对于采集身体样本的程序，英国却设置了较为明确的程序。在《警察与刑事证据法》（1984）中，英国将身体样本区分为私密性样本（intimate sample）和非私密性样本（non - intimate sample）[②] 以及指纹三种，并且对这三种身体样本的采集分别设置了程序进行规范，但是就实施根据来讲，采集三种样本的前提都是“有合理根据”（reasonable grounds）相信被检查人涉及“严重可捕罪”，[③] 只有满足于此，才能实施人身检查。[④] 这意味着只有具备“合理根据”怀疑要从其身上提取样本的人牵连“严重的可捕罪”，并且该样本将有助于证实或驳斥这种牵连时，侦查机关才能进行人身检查。尽管《刑事审判与公共秩序法》（1994）在身体采样的程序要求方面的“涉及严重可捕罪”（Serious Arrestable Offence）修改为“涉及可记录

---

① 孙长永：《侦查程序与人权：比较法考察》，中国方正出版社 2000 年版，第 97 ~ 98 页。

② 根据《警察与刑事证据法》（1984）第 65 的规定，“私密性样本”是指血液、精液或任何其他组织液、尿、唾液或阴毛及从人身体腔内提取的体液等样本；“非私密性样本”是指除阴毛外的毛发样品、从指甲或指甲下提取的样品、从人的体腔之外的任何其他身体部分提取的液体、脚印及活人身上除手之外的任何其他部位的类似印迹等。参见《英国刑事诉讼法》（选编），中国政法大学刑事法律研究中心组织编译，中国政法大学出版社 2001 年版，第 307 ~ 312 页。

③ 在英国，“可捕罪”是指最高可处以 5 年刑期的犯罪，而“严重可捕罪”包括最严重的罪行（谋杀、强奸等，但并非通常所视为“严重”的抢劫、盗窃等行为），以及危及飞行安全和触犯药品管制的相关罪行。此外，如果在严重危害国家安全和公共秩序，严重干扰司法活动的进行，可能导致死亡、严重受伤、严重的财务损失的情况下，任何可捕罪都有可能成为严重可捕罪。See UK Statutory Instruments and Explanatory Memorandum, http://www.opsi.gov.uk/stat, 2010 - 03 - 03.

④ 需要指出的是，《警察与刑事证据法》（1984）对于指纹的提取设定了“前科例外”规则，即被检查人如果曾受到过有罪判决，若被警察再次逮捕，即便未达到可捕罪标准，也可以进行强制采取其指纹。

罪”（Recordable Offence），[1] 扩大了实施人身检查的对象范围，但仍然是规定为侦查机关只有“合理根据”才能进行人身检查。

（三）“实质上的必要性”

所谓“实质上的必要性”，是指必须符合法定情形、有明确的证据证明“确有必要”时，才能启动人身检查，这与上述启动理由最大的不同就是在法律中对于人身检查的启动情形进行了明确规定，以防止侦查人员单纯依据个人主观判断而随意启动人身检查程序。德国和日本的启动理由大体可归纳为此。

德国的人身检查制度的一个最大特点就是按照不同标准在立法上对人身检查措施进行分类，具体来讲，主要有两种分类标准，第一种是根据人身检查对象的不同，将其分为对被追诉人的人身检查和第三人（被害人、证人及其他人员）的人身检查；第二种是根据人身检查对实施对象身体的影响情况不同，将其分为一般形态的人身检查和加重类型的“侵入式检查”：前者是指对身体的表面或对身体自然状态下的凹窝及开口进行检查；后者除上层含义外，还包含着对身体特定程度之侵害，该类人身检查措施会导致身体受到伤害（无论轻微抑或严重）。例如，抽血及其他类型的穿刺性检查，都属于后者。至于是否使用工具或医疗辅助器材，则并非两者区别的标准。[2]

但无论是哪种检查，对被追诉人进行人身检查的前提都在于确认对本案刑事具有程序意义的事实。所谓“具有程序意义的事实”，其内容包括两个方面：其一是指对本案判断有意义的相关事实；其二是指已有具体根据证明存在欲发现之事实，而这是人身检查措施是否有必要实施的重要判断标准。[3] 其中的“相关事实”则是指对本案判断具有意义的事实。[4] 例如，进行人身同一性识别以及对被追诉人身体状态的判断等。根据德国实务部门的观点，此类人身检查措施通常包括探知被告人身体本身的状态或特征、抽取血液、

---

① 几乎所有的犯罪都被视为可记录罪，包括《公共秩序法》（1986）（Public Order ACT 1986）所确定的各种可以处以监禁刑的犯罪以及与集会游行有关的犯罪。参见：UK Statutory Instruments and Explanatory Memorandum，http://www.opsi.gov.uk/stat，2010－03－03. 又自2003年12月1日起，违法兜揽乘客之出租车（无职业执照登记）及行乞者（反社会行为）也被列为可记录罪范围，若构成上述犯罪，都将被逮捕并详细储存其指纹及DNA数据于国家警察档案。参见唐淑美：《刑事DNA资料库之扩增与隐私权之探讨》，载《东海大学法学研究》2005年第12期，第98页。

② ［德］克劳思·罗科信著：《刑事诉讼法》（第24版），吴丽琪译，法律出版社2003年版，第361页。

③ 林钰雄著：《干预处分与刑事证据》，台湾元照出版公司2008年版，第65页。

④ 林钰雄著：《干预处分与刑事证据》，台湾元照出版公司2008年版，第65页。

胃容物等身体样本以及取出体内的异物。[①] 所谓“具体根据”是指有证据显示通过人身检查措施所需要取得的事实（线索或痕迹）客观存在。[②] 德国刑事诉讼设定此项限制目的在于防止侦查机关任意启动人身检查程序而侵犯公民权利。此外，德国1998年在其刑事诉讼中增加了基于预防犯罪目的而进行的以DNA分析为目的的人身检查，侦查机关若需对被追诉人实施此类检查，则同样需要以“具体根据”证明符合以下四个要件后才能进行：其一，被检查人涉嫌“重大犯罪行为”；[③] 其二，采取措施具有必要性；其三，被检查人须有再犯可能性；其四，无现存的DNA比对结果样本。

而对第三人实施的人身检查，实施根据除了满足“相关事实”的要求之外，尚须符合“证人原则”和“痕迹原则”两项原则的要求。所谓“证人原则”，是指对第三人进行人身检查时，只有当该第三人可预期作为证人时才能进行。[④] “证人原则”的主要目的在于要求实施人身检查的对象必须与案件具有某种关联性，以防止侦查机关为了调查某个案件而泛泛进行大规模地“撒网式”人身检查。[⑤] 所谓“痕迹原则”（或称“迹证原则”）是指为了发现真实的必要，对于第三人进行的人身检查，仅限于发现存留在该第三人身体上的特定痕迹或犯罪结果。[⑥]具体来讲，“痕迹”是就犯罪行为在第三人（通常是被害人）的身体所引起的改变或特征，据此则可以推论、判别犯罪行为、实施方式以及行为人的线索。毫无疑问，以“证人原则”或“痕迹原则”为限定实施检查的第三人范围的标准，那么其前提在于必然存在“具体根据”证明“痕迹”或“关联性”的存在，否则其也难以发挥作用。

和德国一样，日本的侦查机关也只有在符合“实质上的必要性”之前提下，才能启动人身检查程序。日本将人身检查分散规定于勘验和鉴定之中，两者遵守不同的程序要求，但是无论哪一性质的人身检查，其实施前提都在

---

① 参见谢秉锜：《论“我国”检查身体之缺失》，载《军法专刊》2001年第12期，第36页。

② 林钰雄著：《干预处分与刑事证据》，台湾元照出版公司2008年版，第66页。

③ 所谓“重大犯罪行为”是一个不确定的法律概念，一般认为应当是该犯罪严重扰乱社会秩序或严重侵害公民的合法权利，是否有这些情形，则在个案中分别判断。参见朱富美著：《科学鉴定与刑事侦查》，中国民主法制出版社2006年版，第279页。

④ 但是德国理论界认为，此处所说的“证人”与严格证明法则下的“证人”存在区别，因为如果把严格证明法则的证人概念套用至此处的“证人原则”，那么欠缺陈述事实能力的被害人，也会被不合理地排除在外，如虐童案中对幼儿身体伤害情况的检查，强奸案中对智障女受害者的检查都难以取得法理依据。因此，很难从字面意义上对“证人原则”的内涵进行理解。参见［德］克劳思·罗科信著：《刑事诉讼法》（第24版），吴丽琪译，法律出版社2003年版，第323页。

⑤ 参见林钰雄著：《干预处分与刑事证据》，台湾元照出版公司2008年版，第108页。

⑥ 参见林钰雄著：《干预处分与刑事证据》，台湾元照出版公司2008年版，第106页。

于“有必要进行”。除勘验中的“无令状检查”外,[①] 侦查机关在请求实施人身检查时，必须向法官递交书面申请并附带证据资料，以证明实施人身检查的“必要性”。具体讲，其需要对以下几个方面提供证据证明：一是是否存在犯罪；二是证据存在的可能性；三是犯罪情节的轻重；四是人身检查欲获取证据资料的价值；五是实施人身检查对公民权益的侵害程度等事项。[②] 如果法官认为侦查机关的理由不足或明显不必要的话，则会驳回侦查机关的申请。

通过上述考察不难看出，上述国家实施人身检查的理由各有不同。无论是美国的“相当理由”还是英国的“合理根据”，其要求均没有明显区别与对传统的搜查和扣押的要求，侦查机关在提出人身检查申请时只需依据已获取到的相关证据信息，但并不需要具体化的证据材料；相比之下，德国和日本在人身检查的使用上就相对谨慎得多——无论是德国的“具体根据”或日本有证据证明的“必要性”，其均要求侦查机关提出相应客观证据材料来证明启动人身检查措施的适当性，这种要求显然高于其对传统搜查、扣押的要求。而就人身检查的对象而言，英、美对被追诉人与被追诉人以外的人没有加以区别，采用相同的标准，德国与日本却对追诉人以及追诉人之外的人设定了不同的标准。例如，德国明确区分对被追诉人的人身检查和对第三人的人身检查，对后者启动人身检查措施的要求远高于前者。

但上述国家也存在共同之处，即对人身检查的实施方式都与犯罪的严重程度和受限制公民权利的重要程度有直接关联，实施人身检查措施必须与涉嫌犯罪的重要性成比例，对于轻微犯罪，各国都不主张采用人身检查措施；但当面临久侦不破的重大犯罪时，大范围无确切根据的“撒网采验”又成为各国的通例,[③] 此时个人的权利则让位于公共安全。此外，人身检查规制的严厉程度与对公民隐私权益的保护也成正比关系，凡是公民隐私权期待较高的场合，对人身检查的限制就更加严格，适用的条件就更高，如英国区分非私密性样本与私密性样本、德国区分一般性检查与“侵入式”检查、日本区分对体表特征的勘验性检查与鉴定性检查，其设计原因都在于不同人身检查

---

① 勘验中的人身检查又可分为“依勘验令状进行的检查”和“无令状检查”两种：前者是指对于性别及健康状况等方面的检查；后者是对身体正受拘禁中的嫌疑人“提取指纹或足型”、“测定身高或体重”或“拍照”等。参见［日］土本武司著：《日本刑事诉讼法要义》，董璠舆、宋英辉译，台湾五南图书出版公司1997年版，第161页。

② 参见陈贞卉：《论侵入性检查身体处分》，台北大学2003年硕士学位论文，第66~69页。

③ 参见朱富美著：《科学鉴定与刑事侦查》，中国民主法制出版社2006年版，第286~291页。

措施对隐私权的侵害程度存在差异。

二、人身检查的审批程序

就人身检查措施的启动理由而言，上述国家无论从何种角度出发，其对于人身检查措施的实施标准实质上都是建立在一定信息量之上的主观判断。不同判断主体的主观判断显然存在差异，如理智且谨慎的人、受过专门训练的警察与急躁粗心者以及入行新手的判断自然大为不同，若是任由侦查人员自行判断把握启动人身检查的标准，则该标准毫无存在的必要。因此，各国均建立了不同形式的审批程序，希望通过外力介入来规范侦查机关的行为，防止其权力被滥用。同时，为了控制犯罪的需要，各国在立法中也明确规定了一些例外的情况。具体而言，对人身检查的审批程序主要有三种模式：

（一）司法令状模式

所谓司法令状模式，是指侦查机关如果认为需要实施人身检查措施，其必须事先向中立的司法机关提出申请，后者通过专门的司法审查程序进行审查判断，只有当其认为侦查机关的申请符合法定条件时，才以发布许可令的形式确认上述活动的合法性。而只有在紧急情况下，才允许侦查机关自行决定，但随后必须获得司法机关的认可。具体来讲，即在人身检查制度的设计中，将人身检查权分为决定权和执行权两个部分，前者被赋予司法机关，后者则被赋予侦查机关。在笔者选取比较的四个国家中，就有美国、德国和日本三个国家的人身检查审批程序都是实施司法令状模式，各国对侦查机关行使该权力的审慎态度由此略见一斑。但由于诉讼模式及法律传统的差异，美国、德国和日本的令状程序又存在不同，因此笔者在此对其分别介绍。

1. 美国

如上所述，人身检查在美国被作为搜查行为的一种，因此侦查机关在实施人身检查时，原则上必须取得令状，获得司法机关的授权之后才能进行。令状原则除了形式意义上的书面核准外，其实质意义则在于通过一个中立及超然的司法人员（neutral and detached judicial officer）对侦查机关的行为进行审查，以防止其滥用权力。美国联邦最高法院于 Johnson v. United States 一案中即指出，实施令状原则的理由在于警察在破案及打击犯罪时，常因面临压力而急于取胜，如果允许警察自行判断而进行无令状搜查，那么美国联邦宪法第四修正案对公民权利的保护将流于形式。①

---

① Johnson v. United States, 333 US 10 (1948).

但是由于侦查活动中常常面临许多紧急情形，为了防止证据灭失，必须及时实施人身检查，因此美国也通过判例方式发展出了人身检查程序的“令状例外”。总结美国相关判例情况来看，实施人身检查措施的例外情形主要有以下两种：

（1）证据有灭失危险

当证据面临毁损或灭失的危险而侦查机关来不及向法院申请签发令状时，侦查机关则可以在无令状授权的情况下进行人身检查。例如，美国联邦最高法院在 Schmerber v. California 案[①]的判决中论及警察未取得法院核发之令状即对被告进行人身检查的合法性时，就明确指出本案警察“合理地相信”其正面临紧急状况，而在这样的情况下，再去要求警察必须先取得法院签发的令状，将导致证据的灭失（the destruction of evidence）。因为根据常识即可判定，当被告 Schmerber 停止喝酒后，由于新陈代谢的作用，血液里的酒精浓度在身体机能作用下将会排除于身体系统外而减少。因此，在经过把被告送往医院及调查意外现场后，警察已经没有时间再去找治安法官取得搜查令状。基于这些事实，法院认为本案在逮捕被告后，警察立即指示医生为被告进行抽血检查是合法的。在另一个由警方实施的无令状采尿案例中，法院也认为检验尿液中有无吗啡的成分与检验血液中酒精浓度的情况相同，其都会因为人体自身新陈代谢而逐渐排出或使该成分消失于体内，不及时进行检查，该证据有立即灭失的危险，因此，警方在未取得法院核发令状之前，先行采集尿液样本的行为合法。[②] 从上述判决可知，无论是被追诉人有意毁损或灭失抑或是其无法自主决定才导致证据被毁损或灭失，只要该证据有毁损或灭失风险，且来不及向法院申请核发令状时，侦查机关即可直接进行人身检查。

但即使证据藏匿在人的身体中，若其本身并不会被人体所吸收或排泄而灭失，则不属于美国联邦最高法院所言之“紧急情况”，警察采取人身检查措施就必须先取得法院核发之令状，这方面的一个典型案例是1982 年的 State v. Clark 案。[③] 在该案中，被告 Clark 在阴道内藏钱，由于钞票并不会被人体所吸收，法院认为并不会出现证据即将灭失的紧急情况，因此在未取得法院核发的搜查令状前，警察不得对 Clark 进行检查。

---

① Schmerber v. California, 384 U. S. 757 (1966).

② Ewing v. State, 160 Ind. App. 138, 310 N. E. 2d 571, at 578(1974).

③ State v. Clark, 65 Haw. 488, 654 P. 2d 355(1982).

（2）对生命构成威胁

在 United States v. Owens 案[①]中，美国联邦最高法院又提出在不及时进行人身检查将对被告的生命构成威胁的情形下，警察也可以在无令状的情形下进行人身检查。在该案中，被告 Owens 因涉嫌贩毒而被警察逮捕。被逮捕后不久，被告 Owens 就陷入昏迷状态，警方立即将其送往医院，并利用医疗手段从其胃内取出藏匿的毒品。法院在该案判决中认为：警察为避免被告受到更大伤害，善意将其带往医院，指示医生以胃管（stomach pump）插入被告的胃中取得胃中所藏海洛因的行为属于合理搜查行为，与 Rochin v. California 案[②]并不同。因为在 Rochin 案中，联邦最高法院否定警方采取措施合法性的原因在于被告 Rochin 并未陷于这种“生命受到威胁”的险境，警察也并非为避免被告受到更大伤害之观点而指示医生对被告强制插入胃管，其显然不属于紧急情况的例外，两案存在明显区别。

综上可知，在美国实施人身检查的一般程序是先由侦查机关向法官申请搜查令状，只有经法官审查批准之后，侦查机关才能进行人身检查行为。而根据其判例发展出来的规则，侦查机关只有在“证据有灭失危险”或“对被告构成生命威胁”的情形下，才能无令状进行人身检查。对于美国这两种令状例外，也有美国学者将其称为“‘容易消散的证据’（evanescent evidence）与‘陷入险境之人’（endangered person）之例外原则”。[③]

2. 德国

德国在人身检查的审批程序上采用的也是“一般加例外”的司法令状模式。德国刑事诉讼法一方面考虑到人身检查措施影响公民基本权利的重要性，另一方面则又考虑到紧急情形下保全证据的必要性，因此在人身检查措施的审查上采用的是一种“法官相对保留原则”。[④]

所谓“相对保留”，是指人身检查措施的实施原则上必须得到法官[⑤]的授权，而在例外情况下，也即一旦迟延将危及检查结果的紧急情形时，赋予检察官及其辅助警察自行下令检查的权限。[⑥] 但是根据德国理论界的通说和实

---

① United States v. Owens, 475 F. 2d 759 (1971).

② Rochin v. California, 342 U. S. 165 (1952).

③ Joshua Dressler, Understanding Criminal Procedure, Mattew Bender& Compsny, 1997, at 178.

④ 林钰雄著：《干预处分与刑事证据》，台湾元照出版公司 2008 年版，第 68 页。

⑤ 德国设有侦查法官之职，其重要功能之一就是在侦查阶段根据侦查机关的申请签发实施侦查行为的令状，而案件一旦起诉之后，则由受理本案的刑事法院进行审查。

⑥ 德国《刑事诉讼法》第 81 条 a 第 2 项。

务部门的观点，对于严重的人身检查措施，如抽取脑、脊髓液等，则采用法官绝对保留，即必须得到法官事先的授权，才能进行。[①] 而且法官的授权必须明确具体，不能是一种概括授权，且授权令状中必须明确指出实施人身检查的方式以及通过人身检查所欲达到的目的是什么；如果涉及采用对公民权利影响严重的检查措施，还必须说明进行该项检查的必要性以及不可避免性，以符合比例原则的要求。[②]

此外，当警察人员并非属于检察官之辅助人员时，其无权自行决定进行人身检查，只有在德国《刑事诉讼法》第 81 条 a 第 2 项所规定的有主管权限之人（法官、检察官及其辅助人员）发布命令后，该警察人员才可以依照命令进行。

3. 日本

在日本，侦查机关原则上也只有得到法官授权之后才能进行人身检查，这点与美国和德国并无二异，但是日本立法中似乎没有规定令状例外，这也是日本对于美国法改良继受后所形成之令状制度的一个特殊之处。[③] 此外，由于日本刑事诉讼法中所规定的人身检查分为勘验性质和鉴定性质两种，因此两种性质的人身检查需遵循不同的令状程序进行，这可能是在“精密司法”传统影响之下，日本令状制度的另一特色。

日本刑事诉讼法中的“勘验”是指“在侦查中凭五官辨认物的状态”，[④]“勘验中的人身检查”则指侦查机关在不借助工具、仪器的情况下，对被检查人身体体表特征的感知。根据日本刑事诉讼法中的规定，勘验中的人身检查又可分为依许可票性质[⑤]的勘验令状进行的检查和无令状检查两种，前者是指对于性别及健康状况等方面的检查，[⑥] 而后者则是对身体正受拘禁中的嫌疑人“提取指纹或足型”、“测定身高或体重”或“拍照”等。[⑦] 依据日本

---

① 林钰雄著：《干预处分与刑事证据》，台湾元照出版公司 2008 年版，第 69 页。

② 林钰雄著：《干预处分与刑事证据》，台湾元照出版公司 2008 年版，第 70 页。

③ 高峰著：《刑事侦查中的令状制度研究》，中国法制出版社 2008 年版，第 120 页。

④ ［日］田口守一著：《刑事诉讼法》，刘迪等译，法律出版社 2000 年版，第 69 页。

⑤ 在日本刑事诉讼程序中，法官所签发之令状，依其性质可区分为命令票及许可票两种：前者必须完全遵照执行；后者在得到法官许可后，如何实施、是否实施等事项则由执行者裁量决定。参见［日］土本武司著：《日本刑事诉讼法要义》，董璠舆、宋英辉译，台湾五南图书出版公司 1997 年版，第 134 页。

⑥ 参见［日］土本武司著：《日本刑事诉讼法要义》，董璠舆、宋英辉译，台湾五南图书出版公司 1997 年版，第 160 页。

⑦ 参见［日］土本武司著：《日本刑事诉讼法要义》，董璠舆、宋英辉译，台湾五南图书出版公司 1997 年版，第 161 页。

《刑事诉讼法》第218条第1项[①]的规定，对身体的勘验必须依据令状进行，另据该条第4项的规定，[②]侦查机关向法官提交的人身检查申请书除了记载一般事项外，还应当明确载明需要检查身体的理由。[③]此外，对于拒绝接受检查之人除了用间接强制方式，如日本《刑事诉讼法》第137条、第138条之罚款或拘留规定[④]外，还可以依据《刑事诉讼法》第139条之规定使用直接强制之方式为之。[⑤]而不依据令状进行的人身检查的依据是日本《刑事诉讼法》第218条第2项的规定，根据该条规定，对身体正受拘禁中的嫌疑人"采取指纹或足型"、"测定身高或体重"或"拍照"，只要不令犯罪嫌疑人裸体，无须依据令状进行；[⑥]且上述法律规定之勘验行为是采取列举方式，所以与此相类似行为，如"检查牙齿之排列"、"提取唾液"等，也可以无令状实施。但是，根据日本刑事诉讼法的规定，无令状检查只限定在对人身自由受到拘束的人进行，且只能是身体外表检查。[⑦]

日本刑事诉讼法所规定的"鉴定"是指由具有特别知识经验者根据相关事实定律或将该定律应用在具体事实上，以获得判断报告的行为。[⑧]"鉴定中的人身检查"，则是指为了获取鉴定材料而对人体进行的检查。从检查范围

---

① 日本《刑事诉讼法》第218条第1项规定，检察官、检察事务官或司法警察员，在认为侦查犯罪有必要时，得依据法官所签发的命令文件，实施查封、搜查或勘验。在此种情形下检查身体时，应该依据检查身体的命令文件。参见《日本刑事诉讼法》，宋英辉译，中国政法大学出版社2000年版，第51~52页。

② 日本《刑事诉讼法》第218条第4项规定，检察官、检察事务官或司法警察员在申请人身检查之命令文件时，应指出必须检查身体的理由及受检查人的性别、健康状态或其他法院规则中所规定的事项。参见《日本刑事诉讼法》，宋英辉译，中国政法大学出版社2000年版，第52页。

③ 参见［日］土本武司著：《日本刑事诉讼法要义》，董璠舆、宋英辉译，台湾五南图书出版公司1997年版，第160页。

④ 日本《刑事诉讼法》第137条第1项规定，被告或被告以外之人，无正当理由而拒绝检查身体时，得裁定处十万元以下罚款，并得命其赔偿由于拒绝而产生的费用。第2项规定，对于前项裁定可提起即时抗告。第138条第1项规定，无正当理由而拒绝检查身体者，应处十万元以下罚款或拘留；第2项规定，犯前项之罪，得斟酌并科罚金及拘留。参见《日本刑事诉讼法》，宋英辉译，中国政法大学出版社2000年版，第32页。

⑤ 日本《刑事诉讼法》第139条规定，法院在认为对拒绝检查身体之人处以罚款或科刑仍无效果时，得直接对其实施检查身体。参见［日］土本武司著：《日本刑事诉讼法要义》，董璠舆、宋英辉译，台湾五南图书出版公司1997年版，第160页。

⑥ 参见［日］土本武司著：《日本刑事诉讼法要义》，董璠舆、宋英辉译，台湾五南图书出版公司1997年版，第161页。

⑦ 参见［日］土本武司著：《日本刑事诉讼法要义》，董璠舆、宋英辉译，台湾五南图书出版公司1997年版，第161页。

⑧ ［日］田口守一著：《刑事诉讼法》，刘迪等译，法律出版社2000年版，第69页。

看，“鉴定中的人身检查”既包括体表，又包括体内；从检查方式看，既包括对体重、皮肤表面等身体表面特征的检查，又包括X光照射、胃镜检查、血液及体液提取等。日本刑事诉讼法中规定的鉴定性的人身检查主要分为拘禁鉴定和嘱托鉴定两种，而两种鉴定都必须由法官授权及签发令状之后才能实施。根据日本《刑事诉讼法》第218条第4项规定，该人身检查令状必须明确载明：应检查之身体部位、申请令状之人、犯罪嫌疑人或被告之姓名、罪名及所犯事实之要旨、实施人身检查的必要理由、被检查人之性别、健康状态及其他法院规则所规定之事项。

日本这种将人身检查区分为勘验和鉴定两种且分别适用不同性质令状的做法也给实务部门的操作带来了一定的困难，尤其是一些边界较为模糊的行为，实践中对其适用程序往往存在一定分歧。在日本刑事诉讼法中，勘验一章虽规定了可以使用直接强制的方式对拒绝接受检查的被检查人实施检查，但检查的范围仍限于以勘验（五官感知）的方式进行，即进行身体表面特征检查，而不可对被检查人实施侵入体内的检查措施。在鉴定的规定中尽管规定了可以对被检查人实施侵入体内的措施，但如果被检查人拒绝，因为鉴定的规定并不准用勘验一章中有关强制实施的规定，所以仅能以罚款等间接强制方式进行。因此，在日本传统司法实践中，侦查机关如果需要强制性侵入被检查人身体内部进行人身检查时，通常采用“勘验检查令状”与“鉴定处分许可状”并用的方式进行，也即依据勘验检查身体令状进行直接强制，再以鉴定处分许可状说明其范围包括对身体内部的检查。

但是，日本最高法院在1980年10月23日就警方强制采尿问题作出的

“昭和五十五年判决”[①] 中却认为法院对于此类人身检查应授予搜查、扣押令状，只要由医师依据医学上认为适当的方法实施即可强制进行。该判决在日本招致广泛质疑，日本理论界普遍认为搜查扣押的规定能否适用于人的身体内部物质存在疑问，甚至认为据此实施的强制采尿行为于法无据，而在难以从现行刑事诉讼法得出适当的法律解释推论时，不应当承认侦查阶段可实施强制检查身体的措施。[②] 日本有学者将出现这种问题的成因归结于日本分散规定人身检查的立法体例，并因而提出日本应将人身检查作为一种独立形态的强制措施类型进行单独规定，以解决实务操作混乱局面以及平息理论纷争。[③] 日本理论界围绕人身检查制度展开的讨论也从一个方面反映出该制度在刑事诉讼体系中的重要性及其发展趋势，这点值得我们重视。

（二）行政决定模式

所谓行政决定模式，是指人身检查权的实施不需要经过中立的司法机关进行审查，而由侦查机关内部审查批准进行的模式。这种模式以英国为典型代表。

根据《警察与刑事证据法》（1984）的规定，英国警察实施人身检查措施，无须经过法官授权，经过警察机关内部批准后即可进行。但是直接实施

---

① 在该案中，一名犯罪嫌疑人因贩卖安非他命而遭到逮捕，警方怀疑该嫌疑人也有吸食毒品的嫌疑，因此要求提取其尿液，但遭到拒绝。警方为取得其尿液，在向法院申请检查身体之令状及鉴定处分许可状后，即嘱托医师强制采尿，并由数名警察将犯罪嫌疑人强押于床上，由医师以导尿管插入其膀胱后，采集约100毫升的尿液。该尿液经鉴定后，果然呈现安非他命之反应，犯罪嫌疑人因而被以贩卖安非他命及吸用毒品罪起诉。案件经第一审法院判决有罪后，被告不服提起上诉。第二审法院认为，有关采尿之行为，已明显侵害犯罪嫌疑人之人格尊严，应属违法，但就鉴定意见书而言，其并非严重违反宪法及刑事诉讼法所规定之令状主义的精神，故仍具证据能力，因而肯定第一审所作判决，驳回上诉。最后被告上诉至最高法院，日本最高法院肯定了强制采尿之必要性，认为虽然用导尿管插入尿道行为将使被检查人受有侮辱感等精神打击，但是若以熟习该技术之医师等专门人员实施时，造成身体或健康上损害之危险性较低，同时考虑（侦查机关所为）检证行为的检查身体不可避免都会造成被检查人之侮辱感，因此强制采尿并非不可为之。但日本最高法院也对侦查机关实施强制采尿的程序要求提出了以下要求，即必须考虑该犯罪之重大性、嫌疑之充足与否、该证据之重要性、是否有其他可代替之方法可取得其犯罪之证据等，在充分考虑上述因素的情况下，才能实施强制采尿。转引自［日］土本武司著：《日本刑事诉讼法要义》，董璠舆、宋英辉译，台湾五南图书出版公司1997年版，第162页。

② 陈贞卉：《论侵入性检查身体处分》，台北大学2003年硕士学位论文，第69～73页。

③ ［日］田宫裕著：《刑事诉讼法》（新版），有斐阁2001年版，第118页，转引自陈贞卉：《论侵入性检查身体处分》，台北大学2003年硕士学位论文，第72页。

侦查的警察也不能自行决定，而需要经过警司（inspector）[①] 级的长官书面同意（紧急情况可为口头同意，但是授权警官必须尽快以书面形式加以确认）之后，才能对犯罪嫌疑人实施采样检查。相较于美国、德国、日本普遍实施的司法审查机制，为何英国警察享有这种自行决定权？这和英国的侦查构造有密切关系。

英国侦查机构的首要特点就是警察机构享有强大的权力，警察侦查过程中完全是独立的，不受本系统以外的任何指示，而且在侦查终结后，警察机构可以自行决定案件的处理，即使是需要起诉的案件，也由警察机构直接作出最初的起诉决定。因此，英国警察在刑事诉讼中的地位高于其他任何国家的警察。[②] 进入 20 世纪之后，这种情况表现更为明显，正如英国学者所指出，“20 世纪期间产生了一种近乎普遍的共识：为实现有效的犯罪控制，必须为警察配备控制和监管公民的广泛权力”。[③] 在此背景下，《警察与刑事证据法》（1984）以及根据该法制定的五部实施细则在将警察的侦查活动通过成文法加以调整的同时，又进一步扩大了警察的权力，英国警察机关几乎可以自行决定实施各种侦查行为，而这些行为基本上都不需要法官批准。近年来，英国政府更是进一步支持了警察机关的侦查权力的扩充，如英国内政部 1997 年就明确提出，“进行侦查的侦查人员必须采取所有合理的调查方法，无论上述方法是否有利于犯罪嫌疑人”。[④] 在了解了英国侦查构造的这种特点之后，就不难理解其为何在人身检查实施上采用行政决定程序，而非司法审查程序的原因了。

这种行政决定模式无疑在保证诉讼效率上具有优势，但仅仅依靠内部制约是否能够起到保障公民合法权利不受侵犯的效果？在打击犯罪与保障权利的博弈中，这种运动员兼裁判员的机制能否实现二者的平衡？笔者一直存在

---

① 此处所指的警察长官，至少需具有“Inspector”身份，其官阶一般为“Superintendent”，笔者认为，在我国可能相当于一级警司（县级公安机关负责人）级别的警官。

② 参见孙长永著：《探索正当程序——比较刑事诉讼法专论》，中国法制出版社 2005 年版，第 30～31 页。

③ ［英］麦高伟、杰弗里·威尔逊主编：《英国刑事司法程序》，姚永吉等译，法律出版社 2003 年版，第 50 页。

④ 该句话的英文原文为：“In conducting an investigation the investigator must pursue all reasonable lines of enquiry , whether these point towards or away from the suspect. ” See Mireille Delmas – Marty & J. R. Spencer, European Criminal Procedure, Cambridge University Press, 2002, p167.

这种担忧。尽管英国也建立起了一系列规则来限制警察的侦查权,① 这些限制对于规范传统侦查行为无疑具有重要作用，但就人身检查而言，似乎并未有比较有效的针对性限制措施。根据相关资料显示情况看，英国近几届政府都对扩大本国 DNA 数据库表示出极大的热情，其在加大警察实施采样检查权的推进上几乎可以用不遗余力来形容。②《刑事司法与警察法》（2001）、《刑事审判法》（2003）、《严重有组织犯罪和警察法》（2005）（Serious Organised Crime and Police Act 2005）以及《反恐怖主义法》（2008）（Counter – Terrorism Act 2008）中关于警察采样检查权限的修改，无一不是扩大警方的权力。③而在英国政府的鼓励和支持下，英国警察人身检查的权力几乎处于一种不受限制的状况之下，英国国家 DNA 数据库的规模也随之急剧扩大至世界最大规模。根据英国政府提供的数据显示，截至2008 年9 月，超过7. 39% 的英国公民的 DNA 图谱保留在英国国家 DNA 数据库中。这使英国国家 DNA 数据库（NDNAD）成为了存取 DNA 信息比例最高的国家。④ 值得一提的是，英国这种过度扩大警察机关采样权，不加区别地采集、保留受检者 DNA 信息的做法已经广遭质疑,⑤ 欧洲人权法院更是在 S & Marper v. UK 案中明确地对英国政府的做法提出了批评，裁定撤销英国国家 DNA 数据库。⑥

因此，在这种背景之下，很难评价说是因为这种内部审查决定的审查模式导致了英国警察几乎不受制约的行使人身检查权，还是因为英国政府的纵容使得警察权力过于膨胀，但笔者认为，如果不建立起由中立机构介入的第三方审查机制，对包括人身检查权在内的一系列侦查权的控制必然流于形式。

---

① 根据孙长永教授的归纳，英国警察权主要有五项限制：第一，侦查、羁押和决定起诉权力的相对分离；第二，限定警察对被逮捕人的控制时间；第三，限定警察讯问在押犯罪嫌疑人的时间界限；第四，规范警察对在押犯罪嫌疑人的讯问程序；第五，对于警察违法收集的证据，实行法定自动排除与法官自由裁量排除相结合的原则，而不再完全由初审法官裁量是否排除。参见孙长永著：《探索正当程序——比较刑事诉讼法专论》，中国法制出版社 2005 年版，第 30 ~31 页。

② 王靓：《英国密建国民 DNA 数据库　遭反对党民权团体批评》，http://www. ce. cn/xwzx/gjss/gdxw,2010 – 03 – 03。

③ Kate Beattie, S and Marper v UK: Privacy, *DNA and Crime Prevention*, E. H. R. L. R. 2009, 2, 229 – 238. (2009)

④ House of Lords Select Committee on the Constitution, 2*nd Report of Session* 2008 – 09, *Surveillance: Citizens and the State*. HL Paper No. 18 – I (Session 2008/09), para. 1., http://www. publications. parliament. uk, 2010 – 03 – 03.

⑤ Carole Mc Cartney, "The DNA Expansion Programe and Criminal Investigation", 46 *Brit. J. Criminology* 175, 180(2006).

⑥ S and Marper, ECHR. 1581(2008).

（三）合意模式

所谓合意模式，是指在没有紧急情况、没有事先实施逮捕措施且没有令状的情况下，如果一个人同意让警察对自己进行人身检查，那么人身检查即视为合法，人身检查所得到的证据也得以进入司法程序。从上述国家来看，除日本外，其他三个国家均不同程度、不同形式地建立起了经被检查人同意，即免除侦查机关接受审查义务的规定。究其法理基础，因为“同意”是个人选择的结果，表明公民个人对其权利的放弃。根据西方政治哲学中的“契约理论”，政府之公权源自公民之授权，宪法和法律即可视为授权契约。政府官员超越授权的行为原则上视为非法，但若是基于公民的事先同意，则可理解为公民对国家的特别授权，具有其合理性。何况，仅就隐私而言，当公民自愿公开个人信息或个人空间时，便不成为或至少对被公开者而言不成为隐私。

英国在《警察与刑事证据法》（1984）中规定了采集人体私密性样本、非私密性样本和指纹时，原则上都得获取被检查人的书面作出的“适当同意”，[①] 未取得被检查人同意的情况下，只有在满足法律设定要件的情况下，[②] 才可强制实施检查。而美国和德国的实务界和理论也均认同了一经被检查人同意，即可免除侦查机关接受司法审查的义务。

但是何为“同意”？人身检查的“同意”与其他侦查行为中的“同意”有无不同？两国也存在一些不同见解。就普通搜查中的“同意”而言，美国联邦最高法院在1973年的Schneekloth v. Bustamonte案中确立了同意搜查制度并解释了构成“同意”的要件。Stewart大法官在该案裁决意见书中写到，“要判断‘同意搜查’是事实上的自愿还是被迫的结果，必须结合所有的情况加以考虑……经同意后的搜查不仅给警察的执法带来了便利，而且完全符

---

① 根据《警察与刑事证据法》（1984）第65条（a）~（c）项的规定，“适当同意”的含义是：若涉及年龄已满17周岁的成年人，则指该人的同意；若涉及年龄已满14周岁但未满17周岁的未成年人，则指该人与其父母或监护人的同意；若涉及年龄不满14周岁的未成年人，则同意需要他的父母或监护人作出。参见中国政法大学刑事法律研究中心组织编译：《英国刑事诉讼法》（选编），中国政法大学出版社2001年版，第311~312页。

② 英国《警察与刑事证据法》（1984）在第61条（3）和63条（3）中对于强制检查的要件作出了明确规定：第一，受检查者经逮捕或经法院命令被羁押于警局，此时被告身体受拘束，如果人身自由未受到限制，不得强制检查；第二，必须得到警司以上级别警官的书面同意；第三，被检查者牵扯某项已严重的可捕罪，并且认为提取样本有助于证实或驳斥这种牵连。参见《英国刑事诉讼法》（选编），中国政法大学刑事法律研究中心组织编译，中国政法大学出版社2001年版，第307~310页。

合宪法的要求”。同时，为了防止警察以公民同意搜查为借口而侵犯公民的合法权利，美国也在判例发展中明确对同意搜查作出一系列限制：要求被搜查人的同意必须是自愿的，确实是个人意志自由的选择；如果警察有强迫和欺骗的行为，该同意就是无效的；搜查的范围只限于被搜查人同意或许可的区域或者部位；如果作出同意搜查的公民要求中止搜查，警察就不能继续进行搜查；如果发生了争议，则由法官对警察的搜查是否获得了被搜查人的“同意”进行审查；等等。[①] 但对人身检查这种特殊形态的搜查，美国联邦最高法院在1985年的Winston v. Lee[②] 案中则指出，在衡量警察行为合法性时，“不仅要考虑受侵犯者意愿的表达，而且也要考虑检查行为的特征”，对于被告权利侵害比较严重（如全身麻醉，以获取体内子弹）的行为，被告是否作出同意的表示，并不能免除警察之行为接受法院审查之义务。

德国也对人身检查中被检查人同意的界限进行了界定，被告人同意进行的无令状检查并不包括“特别危险”和“违反公序良俗”的检查方式，对于严重的“侵入式检查”方式，除了得到被检查人的同意之外，也必须得到法官授权才能进行。[③] 在程序要件方面，国家如果借助同意手段来合法化不依法定程序进行的人身检查时，其前提在于弥补国家与个人之间存在的“资讯落差”，以避免国家机关滥用“资讯落差”而规避法律保留所形成的“同意”，这也意味着，同意的自愿性是以被告清楚认识事实状况以及拒绝权利为前提的，因此国家机关必须尽到“告知义务”，告知的内容应当包括拒绝的权利、人身检查措施的危险性等，并且应当给予被检查人一定的考虑时间。此外，被检查人的“同意”有权随时撤回，一旦撤回，国家机关进行的人身检查措施应当立即停止。但是，德国理论界也指出，撤回“同意”并无溯及力，在撤回同意之前所取得的侦查结果的合法性不受影响[④]。

由此可知，人身检查程序中的“合意模式”也并非是被检查人一经授权，就完全免除了侦查机关接受司法审查的义务，其仍然需要受到许多限制，因此将这种“合意”理解为一种“有限合意”可能更为妥当。

三、人身检查的实施要求

人身检查经过审查决定后，即进入具体实施阶段，由于人身检查直接对

---

① 参见王兆鹏著：《美国刑事诉讼法》，北京大学出版社2005年版，第121～129页。

② Winston v. Lee,470. U. S. 753(1985).

③ 参见林钰雄著：《干预处分与刑事证据》，台湾元照出版公司2008年版，第89页。

④ 参见林钰雄著：《干预处分与刑事证据》，台湾元照出版公司2008年版，第90页。

人身体进行，因此其不同于传统的搜查、扣押、羁押等行为，各国也对人身检查的实施提出了特殊的要求。例如，英国《警察与刑事证据法》（1984）就明确指出对于身体私密部位的搜查、提取私密性样本只能由注册医生或注册护士执行，且只能在医院、诊所或其他医疗地点进行；[①] 日本对于勘验性人身检查的实施方式未作具体要求，但认为鉴定性检查是伴随着身体损伤的内部检查，因此需要由专业医生依据医疗准则实施。[②] 而美国和德国的实务和理论部门更是围绕人身检查的实施方式进行较多讨论，并发展出了一系列规则，因此笔者重点介绍这两个国家的实施要求。

（一）美国

美国联邦最高法院在 1966 年的 Schmerber v. California[③] 案中首次提出实施人身检查应当遵循的标准，即人身检查应当采用一种“完全无风险”的方式进行。该案法官在论及合理搜查的相关性时指出：警察指示医生进行的抽血检测是一种非常“普通”（commonplace）的检测方式，而且抽取的血液量非常少，大部分人都不会有任何危险、外伤或痛苦，且被告并非是那种会恐惧、关心健康或宗教信仰而希望选择其他检测方式的人，因此本案警察指示医生对被告 Schmerber 进行抽血检测的行为并无不妥。[④]

而在 1977 年的 United States v. Crowder 案中，哥伦比亚巡回法院的法官又提出了新的标准，即人身检查可以采用“无永久伤害风险”[⑤] 的方式进行。该案法官认为，通过手术取出被告体内子弹的检查行为符合美国宪法第四修正案所要求的合理搜查，因为这种外科手术是比较轻微的，且由技术娴熟的外科医生在考虑到每一个预防措施的前提下进行，是可以避免任何外科上的并发症发生，所以发生“永久伤害”的风险非常小。但是该案判决的出台本身就存在争议，如哥伦比亚巡回法院的法官 Robinson 就在 Crowder 案中持明确反对态度，其主要反对观点即认为外科手术本身带有“麻醉、疼痛及伤口、疤痕”的特点，并非如抽血检测一样属日常一般行为，因此与 Schmerber 案并不相同。而且法院判决的分析过度依赖医学上的分类方式，法院区别“重大侵犯性”（major intrusion）与“轻微侵犯性”（minor intrusion）来决定

---

① 参见《英国刑事诉讼法》（选编），中国政法大学刑事法律研究中心组织编译，中国政法大学出版社 2001 年版，第 453 页。

② 参见陈贞卉：《论侵入性检查身体处分》，台北大学 2003 年硕士学位论文，第 68 页。

③ *Schmerber v. California*, 384 U. S. 757 (1966).

④ *Schmerber v. California*, 384 U. S. 757 (1966).

⑤ United States v. Crowder, 543 F. 2d 312 (D. C. Cir. 1976), at 317。

能否对被告进行人身检查令人难以把握，因为这种“重大”与“轻微”是依据医学上的分类标准，本身并非是一个明确具体的法律标准。Robinson 法官认为法院其实根本没有能力作出这样的区分判断，一旦以此来作为判断人身检查行为是否合法的标准，那么势必会出现比本案范围更大的侵害。[①] 美国学者也对法院在 Crowder 案中以医学上之分类作为判断标准的做法提出批评，并且认为 Crowder 案忽略了 Schmerber 案所一再强调之隐私权与身体完整性，实属不当。[②] 这种担忧和批评并非多余，Crowder 案对美国州法院在判断强迫被告接受外科手术之人身检查的合法性上产生相当大的影响。在 Crowder 案以前，只有佐治亚州同意在仅涉及局部麻醉时，法院可签发命令强制通过外科手术方法取得证据，而在 Crowder 案之后，马里兰州、密苏里州、新泽西州、南卡罗来纳州以及佛罗里达州都主张法院可以核准外科手术行为。[③]

而后，在 1982 年 Winston v. Lee 案的初审中，美国联邦区法院既不以 Schmerber 案提出的“完全无风险”为其判断合理性之基准，也不以 Crowder 案中所提出的“无永久伤害”为标准，而是提出侵犯性的人身检查行为能否实施的主要考虑因素应该超出 Schmerber 案所言之标准，但也不是 Crowder 案所提出的轻微手术与重大手术之标准。该案中，侦查机关不顾被告的意愿，在其身体划一道伤口、刺进肌肉组织，企图从其体内取得证据的行为，并非是为了维护被告生命或健康之必要。在综合考虑侵犯的范围、涉及的风险以及对人身完整性的侵害后，法院认为侦查机关无权进行这种取出体内子弹之手术行为。后该案被上诉到第四巡回法院，第四巡回法院亦赞同区法院之见解，其认为法院的职责不在于依照医学上的规则作出判断，而在于依照现实之所有情况来综合考量。[④]

上述美国法院的判决对人身检查实施方式的合法性似乎并未确立一个比较明确的判断标准，但是从“完全无风险”标准的 Schmerber 案，到有“无永久伤害”风险标准的 Crowder 案，最后到“个案综合判断”风险标准的 Winston v. Lee 案，皆是以“风险”作为讨论之重心。其差异仅在于如何判断“风险”，以及何谓“风险”已高到禁止国家实施人身检查行为而已。

---

① United States v. Crowder, 543 F. 2d 312 (D. C. Cir. 1976), at 321.

② Michael G. Rogers, “Bodily Intrusion In Search of Evidence: A Study in Fourth Amendment Decision Making”, 62 *Ind LJ*, p1181 (1987).

③ Michael G. Rogers, “Bodily Intrusion in Search of Evidence: A Study in Fourth Amendment Decision Making”, 62 *Ind LJ*, p1183 (1987).

④ Winston v. Lee, 470 U. S. 753 (1985).

就实施人身检查的人员而言，美国法院认为对于轻微、无需依赖医疗手段进行的人身检查，非医生进行的也是合法的。① 而对于抽血等需要依据一般医疗规则进行的人身检查，美国则要求应当由医生在符合医事规范的医疗环境中进行，② 而且医生也必须接受专门培训之后才能进行人身检查。对这类医疗执业者（医生和护士）的教育和培训计划由美国急救医师学会（American College of Emergency Physicians，简称 ACEP）和国际法医护士联合会（International Association of Forensic Nurse，简称 IAFN）共同提供，培训涉及内容非常广泛，仅以对性侵害案件中被害人的检查为例，其培训课程包括：多学科小组之合作（即与执法人员、犯罪审判系统、强奸危机处理机构、其他社会机构和非政府组织的合作）、强奸创伤综合症基本要素的认知、性攻击的法医检查过程、被检查人的处理、性暴力的相关法律和证据的收集、审判人员的准则、起诉和辩护策略、犯罪审判程序、伦理问题（包括知情同意、保密性、个人的价值观和信仰等问题）等内容。③ 而对于性侵害案受害女性的检查，则一般只能由妇科医生进行。④ 此外，在人身检查的具体实施上，美国也普遍要求人身检查应当采用一种“最小侵害性”的方式进行。⑤

（二）德国

德国刑事诉讼法不仅对人身检查的实施方式作出了规定，且以人身检查措施对实施对象身体的影响情况为标准将人身检查分为“一般类型的检查”和加重类型的“侵入式检查”。“一般类型的检查”是指对身体的表面或在身体的自然状态下的凹窝及开口处进行检查；“侵入式检查”除上述含义外，还包含着对身体之特定程度下之侵害。如果人身检查措施会导致身体受到伤害（无论轻微抑或严重），如抽血及其他类型的穿刺性检查，都属于“侵入式检查”。⑥ 这种分类之意义在于，以此分类为基础而进行的不同程序设计能够较好地体现比例原则的要求。

---

① United States v. Smith, 470 F. 2d 377, 379 (D. C. Cir. 1972).

② Schmerber v. California, 384 U. S. 757 (1966).

③ ACHQ's Rrport to Congress, "Medical Examination and Treatment for Victims of Sexual Assault: Evidence - based Clinical Practice and Provider Training", http://www.ahrq.gov/research/victsexual, 2010 - 03 - 03.

④ Charles R. Swanson, Neil C. Chanelin and Leonard Territo, Criminal Investigation, 6th ed, The McGraw - Hill Companies. Inc, 1996, p386.

⑤ Sandra I. Barbour, "Constitutionality of Stomach Searches", 10 *U. S. F. L. Rev.* 93, 99 (1975).

⑥ ［德］克劳思·罗科信著：《刑事诉讼法》（第 24 版），吴丽琪译，法律出版社 2003 年版，第 361 页。

根据德国刑事诉讼法的规定，抽血以及其他侵入式人身检查措施只能由医师依照医疗规则进行，而对于一般类型的人身检查则无此项要求。这样规定的目的在于保护被告的人性尊严，同时防范出现不当的人身检查措施，还可避免因外行检查而阻碍事实真相的发现。另据德国学者介绍，德国刑事诉讼法中所称的“医师”是指得到医师开业许可或被允许暂时执行医师业务者，牙科医师通常并非所称的可以进行抽血或其他侵犯性检查的医师。反之，未取得行医资格的医学院系学生或毕业生、医师助理、护士或看护都不是适格的执行主体，最多只能在被告同意或医师的领导、监督并以医师自己名义负责的情形下，进行抽血或其他“侵入式检查”。① 如果涉及特别危险的检查方式，还必须由该领域的专科医师才能实施，如在前文所述的“抽取脊髓案”② 中，为了判断被告中枢神经病变而进行的脑液或脊髓液的抽取与诊断，德国某区法院便下令由慕尼黑大学神经专科医院进行该项检查。除了对执行主体明确要求外，德国刑事诉讼法还规定医师在执行人身检查时还必须遵守在医学界普遍认可的医疗规则，欠缺医疗规则的新型检查方法不被德国刑事诉讼法所允许，正如学者所指出，“被告不是‘白老鼠’，没有义务接受这种带有实验性质的检查”。③

此外，德国刑事诉讼法中也明确规定了对妇女进行人身检查的限制，即对妇女进行的人身检查如果可能触发羞耻感，则应当由妇女或医师执行，但是也规定了在证据有灭失危险的紧急情况下的例外。④ 德国学者认为，刑事诉讼法的这种规定实际上体现的是一种人身检查的“同性原则”，因此对于男性的人身检查也应当由男性或医生来进行。⑤

如上所述，由于人身检查属于一种特殊的侦查行为，其实施的对象为人的身体，即使在法律授权的前提之下，其实施方式亦会影响该行为的合法性，

---

① Vgl. Eisenberg, Beweisrecht der stop, 3. Aufl., 199, Rn. 1633. 转引自林钰雄著：《干预处分与刑事证据》，台湾元照出版公司2008年版，第71页。

② Vgl. BVerfGE 16, 194ff，转印自林钰雄著：《干预处分与刑事证据》，台湾元照出版公司2008年版，第40页。

③ 参见林钰雄著：《干预处分与刑事证据》，台湾元照出版公司2008年版，第72页。

④ 根据德国相关理论：此处所称“妇女”是指已经成长超过童年的女性，对于具体年龄的限制则存在分歧，多数观点倾向于以6岁为标准；所谓“羞耻感”并不是一种主观感受，而是一种客观表现，其最为明显的便是对妇女所进行的全身脱衣检查以及性器官检查，不论该妇女是否同意，也不论其有无受辱的主观感受，皆不应由男性执行。另外德国学说认为，虽然法条中没有明确，但是对男性的人身检查也应当适用“同性原则”。参见林钰雄著：《干预处分与刑事证据》，台湾元照出版公司2008年版，第72～73页。

⑤ 参见林钰雄著：《干预处分与刑事证据》，台湾元照出版公司2008年版，第73页。

基此发展出了具体实施要求，这种立法的精密性对我国人身检查制度的完善不无借鉴意义。

四、被检查人的权利保障

上述国家普遍强调了对受检查人权利的特殊保护，而在其关于人身检查的具体规定中，也都不同程度的给予了受检者对于该项措施的意见表达机制。

美国司法部门认为，一般的搜查令状审查程序不足以保障被检查人的合法权利，因此通过判例形式确定了接受侵犯性人身检查者的事前听审程序。例如，在 Crowder 案，哥伦比亚巡回区法院就认为在进行侵犯性人身检查行为前，应先给予被告人在律师随同下就该行为的实施申请听审以及与政府的医学专家证人进行交叉询问的权利。而在听审之后，进行侵犯性人身检查行为之前，被告人还有就法院之见解提起上诉的机会。[①] 在 State v. Overstreet 案中，密苏里州最高法院就因为被告人事前无听审、未与证人对质以及没有就法院核发之命令提起上诉的机会而认定警方实施的侵犯性人身检查行为不合法。[②] 此外，由于身体样本资料的使用需要经过科学分析，因而在其使用上往往具有高度的专业性，需要专家证人与技术人员参与后才能够使其运用于刑事诉讼的实际运作。但在美国司法实践中，掌握巨大财力、物力优势的检察官和警察往往会通过 FBI 实验室或州的刑事实验室协助而掌握身体样本的分析资料。与此相对，被告人在没有实验室的协助之下，一旦检方在诉讼上提出对身体样本的分析资料与相关的专家证人时，被告人似乎没有任何抵抗的方法，不仅他的律师不能理解检方的专家证人之专业用语，被告人也无法对抗检控方所拥有的庞大资源。针对这种情况，自美国联邦最高法院在 Ake v. Oklahoma 一案中确立了被告人有得到专家协助的权利[③]之后，一旦检方使用了身体样本分析资料且传唤了相关领域的专家出庭作证时，法院必须提供被告人相关专家证人的协助。除了得到专家协助的权利之外，美国理论界还主张赋予被告人另外聘请鉴定人重新进行身体样本分析比对的权利，其理由在于：如果无权申请重新测试，那么被告人根本无法对于检察官所提出的身体样本的分析结果进行质疑。因此，从有效辩护的角度考虑，应该授予被告

---

① United States v. Crowder ,543 F. 2d 312(D. C. Cir. 1976).

② State v. Overstreet,551 S. W. 2d 621(Mo. 1977).

③ Ake v. Oklahoma, 470 U. S. 68 (1985).

人重新测试身体样本的权利，而这也是宪法赋予被告的一种权利。[①] 此外，根据美国卫生组织提出的要求，对未成年人的人身检查还需要遵循以下要求：第一，始终确保被检查儿童的隐私，充分顾及儿童的脆弱性和困窘，如果儿童诉说不舒服或不允许继续检查，则应立即停止检查；第二，通过解释所将进行的检查以及展示所用的仪器，让被检查儿童有心理准备，并应鼓励孩子询问有关检查的问题；第三，如果被检查儿童是懂事的年龄，在进行检查期间，需要询问他们愿意让谁进入检查室，并予以支持。[②]

英国则在《警察与刑事证据法》（1984）中要求进行采样检查的警官明确告知人身检查的目的，在取得被检查人“适当同意”之后才能进行采样检查，若被检查人不同意检查的，可强制对犯罪嫌疑人强制进行“非私密性检查”，但是不能强制进行“私密性检查”。这种规定的实践效果究竟如何姑且不去评价，[③] 但其在立法层面对被检查人意见表达权的重视无疑应当肯定。同样，日本刑事诉讼法关于鉴定性人身检查不能违反检查者意愿直接强制进行的相关规定尽管也给实务工作带来困难，但其法律背后所体现的权利保障理念亦值得肯定。

与上述国家相比，德国所建立的被检查人权利保障机制则更为完善。首先，由于法官保留原则往往伴随听审权的保障，因此除了紧急情形下的检查之外，法官在作出决定前应当先听取被检查人的意见。此外，如果检查身体是依检察官或其辅助人员的命令进行，则被告可以类推适用德国《刑事诉讼法》第98条第2款第2项的规定，申请法官裁判，但此申请并不能阻碍有紧急必要性措施之进行（如抽血之检验）。[④] 而如果检查身体的命令是由侦查法官作出，则被告可以根据《刑事诉讼法》第304条的规定提出抗告；若该案已起诉，人身检查的命令是由受理本案的管辖法院作出的，那么只有当实施

---

① D. H. Kaye, “Who Needs Special Needs? On the Constitutionality of collecting DNA and Other Biometric Data from Arrestees”, 34 *J. L. MED. & ETHICS* 188. 193 (2006).

② Martin A. Finkel, Angelo P. Giardino, Medical evaluation of child sexual abuses: practical guide, 2nd ed, Sage Publications, 2002, pp. 23 – 84.

③ 根据英国学者的调查：在英国的实践之中，受逮捕至警局的犯罪嫌疑人很少有不作出“适当同意”的，其原因在于面对警察权的优势，犯罪嫌疑人处于孤立无援的状态，再加以警察所实施的压力，很难作出否定表示。参见 M. R. Franks, “Your Rights if Arrested in England”, 32 *S. U. L. REV.* 205. 213(2005).

④ 德国《刑事诉讼法》第98条第2款第2项规定：扣押物之所有人，有权随时申请法官进行裁判。详细条文参见［德］克劳思·罗科信著：《刑事诉讼法》（第24版），吴丽琪译，法律出版社2003年版，第361页。

该检查身体命令会对身体或自由造成重大侵犯时，才可依《刑事诉讼法》第305条第1项或类推适用该条第2项之规定提起抗告。① 此外，根据德国刑事诉讼法的规定，被告人被实施人身检查时仅有忍受的义务，但并无积极配合的义务，其在接受检查身体时无须回答任何问题。② 如果需要被告人配合，侦查机关应负特别告知的义务，使被告人基于自主意愿进行，③ 若该检查有严重危害被告人身体健康危险的，则只能依法官的命令进行，同时也应当取得被告人的同意，且被告人有权充分了解该检查对其可能造成何种程度的损害，同时被告人也有权在检查中撤回同意。④ 具有特别危险性的检查则只能有专门医生才有权进行。⑤

五、人身检查样本的处理规则

由于人身检查所采集到的身体样本往往包含着个人独有的生物信息，而这些信息属于个人隐私权的保护范围，因此样本的隐私性特征比较突出。出于保护个人隐私权的考虑，目前许多国家基本都建立起了关于人身检查样本的运用及销毁规则，细化并完善对身体样本及其分析信息的使用规范成为了一个共同趋势。⑥ 在笔者具体考察的四个国家中，英国和德国在这方面的规定比较具有代表性，而两国在该问题上所采取的态度却截然不同。

德国《刑事诉讼法》第81条a第3项规定，检查身体所取得的身体样本包括抽取的血液以及其他身体细胞（如尿液、唾液、精液等）只能用于本案以及与本案有关的其他刑事案件，而不得转为其他目的或用途。如果欲将身体样本的检查结果储存、建档或者作为未来犯罪比对的数据，则应当得到法律所规定的特别授权，这也是1997年后德国刑事诉讼法增加DNA分析、比对相关内容的原因所在。此外，就身体样本的销毁而言，德国刑事诉讼法虽然未像对监听资料那样明确要求检察官负责监督销毁并且制作关于销毁的书面报告，但是德国理论界认为，监听资料销毁的相关规则原则上也应当适用

---

① ［德］克劳思·罗科信著：《刑事诉讼法》（第24版），吴丽琪译，法律出版社2003年版，第361～364页。

② ［德］克劳思·罗科信著：《刑事诉讼法》（第24版），吴丽琪译，法律出版社2003年版，第361页。

③ 参见谢秉锜：《论“我国”检查身体之缺失》，载《军法专刊》2001年第12期，第33页。

④ 参见谢秉锜：《论“我国”检查身体之缺失》，载《军法专刊》2001年第12期，第33页。

⑤ 参见谢秉锜：《论“我国”检查身体之缺失》，载《军法专刊》2001年第12期，第34页。

⑥ 参见唐淑美：《刑事DNA资料库之扩增与隐私权之探讨》，载《东海大学法学研究》2005年第12期，第107页。

于身体样本。[①] 相对于德国对人身检查样本使用的严格规定，英国则在构建全球最大 DNA 数据库动机的推动之下，经历了一个不断扩大国家对公民身体样本信息保存权的过程，以致其遭到了欧洲人权法院的否定性评价。

出于对个人生物信息的保护，《警察与刑事证据法》（1984）详细规定了对身体样本的销毁，即无论是私密性样本或非私密性样本及指纹，如果被检查人未被提起公诉或者被判决无罪，对其提取的身体样本警方应当立即销毁。但是上述规定遭到了实务部门的抵制，同时由于英国政府为了建立国家刑事鉴定 DNA 全自动化数据库，这也使得英国国会在《刑事审判与公共秩序法》（1994）中对《警察与刑事证据法》（1984）人身检查部分的相关规定进行了修正，扩大了英国警察实施人身检查的权力。[②] 在英国政府的推动下，英国于 1995 年建立国家刑事 DNA 数据库。但是，在英国国家 DNA 数据库成立之后，由于实验室之人力不足，造成许多 DNA 检体堆积以及迟延检验，不少嫌疑人在被排除嫌疑后，本应被销毁之检体却被错误地保留下来。而根据《警察与刑事证据法》（1984）第 64 条的规定，嫌疑人在被排除为嫌疑犯之后，警察在取证过程中所搜集到的所有私密性样本、非私密性样本及指纹都必须销毁，但对于恐怖犯罪侦查中所取得的上述样本却无对其销毁的成文法要求。[③] 但是由于警察销毁检体程序之错误，有不少嫌疑人之检体应该被销毁却被错误地保留下来，不过英国法院在大多数案件中都否定了这些保留下来的身体样本在随后的案件中的证据能力，如英国上诉法院在 1995 年的 R. v. Nathaniel 以及 1997 年的 R. v. Weir 两案中都作出了明确否定。R. v. Nathaniel 以及 R. v. Weir 两案中，被告都曾因涉嫌犯罪而被提取了身体样本，但而后又被释放，但警方都未按规定将其身体样本销毁，而置于数据库中留存，并在其后其他案件侦查中通过查询比对确定被告身份，并分别以此对他们提起控诉。案件经一审认定有罪后，两被告分别上诉至英国上诉法院，上诉法院都以警方做法违背了《警察与刑事证据法》（1984）中关于样本销毁的规定为

① 在通常情形下，身体样本一直会保管到判决确定时才予销毁，因为在判决确定之前这些样本都有重新检查（如另送鉴定）的可能性。参见林钰雄著：《干预处分与刑事证据》，台湾元照出版公司 2008 年版，第 74 页。

② 根据《刑事审判与公共秩序法》（1994）第 58 条的修正，曾经被视为私密性样本的唾液以及从人的口腔中获取的物品被重新界定为非私密性样本。依据新法之规定，英国警察只要给予合理理由即可对犯罪嫌疑人进行口腔检查，而警方所搜集之唾液、口腔棉棒甚至是漱口水都可以作为 DNA 检体，进行 DNA 鉴定。

③ John Hatchard, Barbara Huber and Richard Vogler, Comparative Criminal Procedure, B. I. C. L., 1996, p197.

由撤销了地方法院的有罪判决。上诉法院对此的坚决态度遭到了实务部门的不满，认为这样不利于打击犯罪，有放纵犯罪之嫌。[①] 而后，1999 年由英国检察总长提起了非常上诉的“Attorney General’s Reference No. 3 of 1999”[②]一案引起了很大争议，英国上议院就此案的判决迫使英国国会在 2001 年重新对身体采样的相关规定作出修改。

《刑事司法与警察法》（2001）在原《警察与刑事证据法》（1984）第 63 条 A 条款处增加新条款（1C）、（1D）进行“推测性搜查”（Speculative Searches）。所谓“推测性搜查”，是指当公民未被怀疑为嫌疑人，但采样者书面之同意参与推测性搜查的，则该自愿同意参与者所提交的身体样本及结果，将会留存于国家 DNA 数据库用来提供警察日后侦办犯罪案件的交互比对，而自愿参与者先前所缴的同意书不可撤销。2001 年法律修改后，在英国对被逮捕的犯罪嫌疑人以及自愿参与推测性搜查之人所采集到的 DNA 样本及其产生之数据都不再需要销毁，而可用于日后犯罪案件之侦查，因此英国国家 DNA 数据库随之急速扩增。尽管《严重有组织犯罪和警察法》（2005）以及《反恐怖主义法》（2008）对《刑事司法与警察法》（2001）有较多修改，但是对样本的永久保存却仍采取了同样态度。[③]

如上文所提及，英国大范围扩大人身检查的受检对象、不加区别地保留受检者身体样本信息的行为也遭到了较多反对，欧洲人权法院在 S & Marper v. UK 案[④]中更是明确否定了英国政府的做法。欧洲人权法院强调，政府采

---

① Carole Mc Cartney, “The DNA Expansion Programe and Criminal Investigation”, 46 *Brit. J. Criminology*175, 179(2006).

② *Attorney General’s Reference No.* 3 *of* 1999, http://www.publications.parliament.uk/pa/ld200001, 2010-03-03.

③ Kate Beattie, “S AND Marper v UK: Privacy, DNA and Crime Prevention”, *E. H. R. L. R.* 2009, 2, 229-238. (2009).

④ S 和 Marper 都是因为其身体样本被英国政府长期保留而向欧洲人权法院提起上诉的英国公民。第一个上诉者 S 于 2001 年 1 月被捕，其当时只有 11 岁，逮捕他的理由是被指控企图抢劫，他的指纹和 DNA 样本在逮捕后提取，而后其于 2001 年 2 月被判决无罪。第二个被告 Michael Marper 在 2001 年 3 月因骚扰同伴被捕，当时他 38 岁。而在审前，他与他的同伴达成和解，因此警方对他的指控在 2001 年 6 月被正式撤销。两被告都要求政府将警方对他们采集的指纹和 DNA 样本销毁，但均遭到拒绝，警方给出的理由是：根据国家法律，警察局长有权决定保留任何案件中采集到的指纹和身体样本。两被告要求对此进行司法审查，理由是警方在他们无罪的情况依然保留其 DNA 样本和指纹的行为侵犯了《欧洲人权公约》第 8 条的规定。两被告的请求被地方法院在 2002 年 3 月驳回，而后上诉法院在同年 9 月以 2:1 的多数维持了一审判决。而后，两被告的请求又在 2004 年 6 月被上议院驳回。两被告随后上诉至欧洲人权法院。See Kate Beattie, “S and MARPER V UK: Privacy, DNA and Crime Prevention”, *E. H. R. L. R. 2009*, 2, 229-238. (2009).

取的任何措施都应当依法进行，它们应当是“可理解和可预见的”，在行使裁量权时必须公正且明确。法官们几乎毫无疑义的一致认为：不加区别地利用公权力将怀疑为犯罪而实际未被判决有罪公民的指纹、细胞组织和DNA图谱保留在国家的数据库里的行为，构成了对《欧洲人权公约》第8条之“尊重公民隐私权”规定的不当侵犯。因此，欧洲人权法庭中的17位法官一致裁决，英国保留DNA样本与指纹，违反其签署的人权公约保障之私生活权，因此裁定撤销英国国家DNA数据库。[①] 在经历了起初很长一段对该判决的强烈反对后，英国政府表示将就DNA数据的保存方案制定一份白皮书。英国内政部长Jacqui Smith MP在2008年6月对此正式作出回应：“我们将考虑建立一套基于年龄、人身危险性、涉及犯罪性质不同而有所区别的、更加灵活与公平的机制……不满10周岁（刑事责任年龄）的未成年人的DNA将不再被保留在国家的DNA数据库中……对已经保留的，我们将立即采取措施进行销毁。”[②] 英国上议院宪法委员会最近则表示，将通过立法建立国家DNA数据的保存机制，在这套机制中“公民个人能就国家DNA数据库保留其个人信息的决定提出反对性意见”。[③]

客观而言，刑事DNA数据库建立之目的不仅在于解决过去、现在之犯罪，其最终之目的为解决未来之犯罪，因而从犯罪控制的角度讲，构建一个强大的DNA数据库毫无疑问具有重要意义；但面对公民的隐私权，国家又必须尽到对公民隐私信息的保护义务。在这两个方面之间，无疑又是一个国家在打击犯罪与保障人权之间价值取向的体现问题。我国目前正处在构建刑事DNA数据库的初期阶段，各地警方对其表示出的热情也空前高涨，而德国和英国在这个问题上表现的不同态度以及欧洲人权法院对于隐私权保护的彰显无疑都应该引起我们足够关注。

六、人身检查的特殊形式：“撒网采验DNA”

“撒网采验DNA”（DNA dragnets）又称“大规模无令状DNA测试”（Mass Warrantless DNA Identification Testing），是指在未确定犯罪嫌疑人的情

---

① See Kate Beattie,“S and MARPER V UK: Privacy, DNA and Crime Prevention”, *E. H. R. L. R.* 2009,2,229－238.(2009).

② Jacqui Smith MP,“ Home Secretary's speech: Protecting rights, protecting society”, http://press.homeoffice.gov.uk/Speeches/home－sec－protecting－rights, 2010－03－03.

③ Surveillance: Citizens and the State. HL Paper No. 18－I (Session 2008/09), para. 212. http://www.publications.parliament.uk/pa/ld200809, 2010－03－03.

况下，对一定区域内有可能涉案的人群逐一采样并作 DNA 分析，以确认被采样者和本案关系的侦查方式，亦即以 DNA 测试的方法寻找犯罪嫌疑人，这种检查方式常用于强奸（杀人）案的侦查中。尽管这种特殊的人身检查方法在各国侦查实践中都有应用，但从笔者目前所掌握资料的情况来看，各国似乎都没有关于这种特殊人身检查行为的相关立法，其态度都是既未支持，也未明确否定。为了全面了解人身检查措施在国外的应用情况，笔者在此对这种特殊侦查手段作一简单介绍。

（一）“撒网采验 DNA”的应用情况

这一措施的应用始于英国。1984 年，英国医生 Jefferys 发明 DNA 鉴定方法。英格兰中部的一名探员得知这个消息之后，即寻求 Jefferys 利用这项技术协助处理一件使得警方颇为困扰的 Lancestershire 镇奸杀案。当时警方已经逮捕了一名犯罪嫌疑人，但当警方将在命案现场采取的精液连同嫌犯血液样本送交给 Jefferys 化验后，证实两件命案是同一人所为，但并不是警方所逮捕的那位厨师。1986 年警方即基于 DNA 证据而释放该名厨师。因为 Lancestershire 是一个小镇，因此警方怀疑凶手应该就是小镇里的人，所以希望通过对镇上的男性进行抽取血样进行 DNA 比对以查获凶手。警方共收集到该镇成年男性提供的血液样本 3600 件，但这 3600 件血样中并没有发现任何一件之 DNA 图谱与现场所采集的 DNA 图谱吻合，本案似乎陷入无法突破的难局。就在这个时候，警方获得了一个意外的线索：一名面包店的经理在酒吧与她的同事闲聊时得知，酒吧的另一位员工 Colin Pitchfork 曾说服另一位面包师傅代替他验血。警方后来提取了 Pitchfork 的血样。经鉴定，Pitchfork 的 DNA 与现场遗留 DNA 信息一致，Pitchfork 供认了这两件奸杀案，法庭于是在 1987 年判决 Pitchfork 有罪。① 自 Colin Pitchfork 案成功侦破后，英国多次运用这种方式进行案件侦破。而除了英国之外，其他国家也开始将这种措施应用于刑事案件侦查。德国警方为了寻找强奸并杀害了一个 11 岁女孩的凶手，在 1998 年 3 至 5 月间对德国西北部的小镇 Strrück lingen 的 16400 名男性抽血加以 DNA 测试，最终抓获 1 名 30 岁左右的犯罪嫌疑人。② 而在美国，根据美国学者专门的研究报告，截至 2004 年，美国已经公开报道的“撒网采验 DNA”案例就超过 50 例，其中涉及人员最多的一次是 1995 年在佛罗里达州戴得县（Dade

---

① Clare M. Tande, “DNA Typing: A New Investigatory Tool”, 1989 *Duke L. J.* 474. 475 (1989).

② Drobner, “DNA Dragnets: Constitutional a Mass DNA Identification Testing”, 28 *CAP. U. L. REV.* 479 (2000).

County）为查明6名妓女被杀案而进行的检查，前后共有2300人接受DNA检验，但凶手并非是在此次大规模检验中查出的。[①]

（二）对这项措施的讨论

从各国实施情况来看，这种“撒网采验DNA”的侦查方式有以下几个共同点：第一，无法锁定特定个人，检查对象为某一特定范围内的所有怀疑对象；[②] 第二，多为最后的手段，即用其他方法无法发现犯罪嫌疑人时不得已采用；第三，无令状进行；第四，缺乏对个人之个别怀疑。

尽管这一措施在各国都有实施的具体案例，但从笔者目前所掌握资料情况来看，似乎都没有关于这种特殊人身检查行为的相关立法。与立法部门的“低调”形成对比的是，理论界对此讨论却比较热烈。以美国为例，有相当一部分学者就此问题专门展开了讨论，而从各种观点所反映的立场来看，对这项措施不乏坚定的支持者，但更多学者则对此持否定态度。支持者认为，美国宪法第四修正案并未限制警察取得市民同意而协助调查，此种撒网在本质上并不构成第四修正案所规定的搜查或扣押，因此无需置疑这项措施的合法性；[③] 而反对者则认为，美国最高法院已经将警方进行的DNA采验明确为搜查行为，这种无“相当理由”支撑的DNA采验行为构成了不合理搜查，侵犯宪法第四修正案所保护之公民的隐私权，其主要反对理由如下：

首先，虽然警方可能指出足以怀疑犯罪嫌疑人属于某嫌疑群体之中，但并未能指出与犯罪有关之证据（DNA证据）可能在某一具体个人身上发现，此即不符合美国最高法院通过判定所认定的搜查须具“相当理由”（probable cause）其中之“有不法个别怀疑”（individualized suspicion of wrongdoing）之要求；而在Schmerber v. California案，美国最高法院对实施人身检查提出了高于传统搜查行为的实施标准，也即若需侵入身体搜集证据，则必须在证明

---

① Samuel Walker,“Police DNA‘Sweeps’Extremely Unproductive”, http://www.unomaha.edu/criminal justic,2010－03－03.

② 检查人员范围的确定一般是由侦查机关根据既有案件线索来进行判定，如马里兰州护理主管在医院被性侵害之例。1998年美国马里兰州Prince Georges County，一名在Prince Georges County Medical Center工作之护理主管Julia Busken被勒死在医院的办公室内。全身被捆绑并被性侵害。侦查机关在侦查过程中，将医院员工、医生及护理人员、技术人员等共计400多人全部列为嫌疑对象，进行抽血检验。不过，尽管“撒网”之范围往往也是侦查机关依据一定的客观线索所判断，但由于判断的标准完全是由侦查机关自行掌握，因此其“撒网”范围很可能过于扩大化，许多根本没有作案条件、作案时间的人也可能被列为检查对象，因此这项措施也引发了较多争议。参见Sepideh Esmaili,“Searching for a Needle in a Haystack:The Constitutionality of Police DNA Dragnets”,82 *Chi.－Kent L. Rev.* 495.496(2007).

③ Roberto Iraola,“DNA Dragnets—a Constitutional Catch?”,54 *Drake L. Rev.* 15.20(2005).

传统之调查方法无法达成目的时方能使用；而在无令状情况下实施的人身检查则仅限于紧迫情形，且必须符合以下条件才能实施：其一，有急迫情形发生；其二，有明显表征会在体内发现证据；其三，以合理方式取得证据。但在“撒网检验 DNA”的案件中，对于未经逮捕之被告，警方根本无法证明从某个人身上取得证据的相当理由，因此这种措施显然违反了美国宪法的规定。①

其次，尽管被检查人的同意可以免除警方行为受到司法审查的义务，但是实在难以判定被检查的普通公民面对全副武装的警察时，其表示出的“自愿”是否真实。② 有反对者还举出发生在美国路易斯安那州的一起案件来讽刺这种“自愿”。在该案中，警方对一名被检查人开出了两个选项：要么“自愿”接受检查；要么就申请法官签发强制检查的令状，推定他为正在找寻的“连环杀手”，并在报纸上公开警方的“推定”。③ 因此，以被检查人的同意来作为证明警方行为合法性的依据难以令人信服。

最后，这种“大海捞针式”的检查方法不仅严重扰民、成本高昂，而且效率极低。有美国学者对 1986～2004 年美国进行的 18 次大规模“撒网采验 DNA”案进行了对比分析，发现在这些案件中，仅仅有一起是直接通过这种方式查获犯罪嫌疑人的。这种检查方法的实际价值不仅不大，反而会滋生警方的惰性，使其疏于提升其他方面的侦查能力，而过于依赖用这种方法来破案。④

总之，根据笔者所掌握的美国就此相关讨论的资料情况来看，多数学者对警方这种“撒网采验 DNA”措施是持反对态度的。但令人难以理解的是，在美国如此重视个人私权利的国家，对于这种反对声音竟未得到立法或司法层面的任何正面回应，立法和司法机关的这种“冷处理”方式大概是对现实侦查需要的妥协吧。

---

① Jeffrey S. Grand, “The Blooding of America: privacy and The DNA Dragnet”, 23 *Cardozo L. Rev.* 2277. 2290(2002).

② Jonathan F. Will, “Comment: DNA As Property: Implications on the Constitutionality of DNA Dragnets”, 65 *U. Pitt. L. Rev.* 129. 131(2003).

③ Sepideh Esmaili, “Searching for a Needle in a Haystack: The Constitutionality of Police DNA Dragnets”, 82 *Chi. -Kent L. Rev.* 495. 499(2007).

④ Samuel Walker, “Police DNA ‘Sweeps’ Extremely Unproductive”, http://www.unomaha.edu/criminal justic, 2010-03-03.

第三节 非法人身检查的救济机制

由于人身检查对公民个人自由、财产权利和隐私安全构成潜在威胁，因此救济程序的设置保障被检查人合法权利、规范侦查机关人身检查权的正当行使具有重要意义。从考察情况来看，现代大多数国家都建立了不当人身检查行为的监督和补救的相关制度，并且不同形式地规定了侦查人员违法实施人身检查时所要承担的法律责任。

一、非法人身检查的界定

不同国家对非法人身检查的认定标准存在差异，但从各国立法情况看，一般意义上的非法人身检查主要是指以下几种：

（一）违反基本原则进行的人身检查

所谓基本原则，是指贯穿人身检查制度始终、对人身检查行为的实施起着指导性作用的基本准则或要求，人身检查的基本原则可分为与其他侦查行为所共有的原则以及独有原则。前者是指对于侦查行为实施的基本要求，这些共有原则多属宪法性原则，如比例原则、程序法定原则等；后者则是在人身检查制度发展过程之中所形成的，具有其独特的一系列原则，如重罪原则、必要性原则、相关性原则、专业执行者原则等。对于宪法性原则的违反在各国基本都被认定为非法人身检查，而对于独有原则的违反在各国处理情况却不尽一致，其往往需要结合具体情况进行判断。

（二）未经审查批准进行的人身检查

除紧急情况之外，人身检查一般都要求经过中立机构（上级警官）审查批准，取得合法的人身检查令状（行政决定模式中的上级书面同意）许可后才能实施，这是人身检查实施的合法性依据，没有审查批准进行的人身检查自然属于非法人身检查。具体来讲，主要有以下几种情形：一是根本没有取得令状而进行的人身检查；二是令状（书面同意）的形式要件缺乏，如没有核准人签名、核准机关盖章等；三是令状（书面同意）的内容违法，如令状所核准人身检查行为严重影响被检查人的身体健康且明显不具有必要性等。而侦查机关在紧急情形下实施的自行检查如果没有及时获得事后追认，也会被认定为非法人身检查。

（三）非法定主体进行的人身检查

合法的证据必然要求取证主体的合法，而取证主体的合法就表现在主体法定。人身检查作为一种侦查行为，其必须由法定主体进行，非法定主体进行的人身检查行为当然属于非法人身检查。而法定主体也只能在法律授权行为内进行人身检查，超越法定授权的人身检查同样非法。

（四）超越授权范围进行的人身检查

对于人身检查的范围，各国均要求授权令状（文书）必须明确具体地进行确定，而不能以概括授权方式进行。那么在此情况下，不严格依照授权令状（文书）所规定而实施的人身检查自然也属于非法人身检查行为。此外，超越令状授权行为的实质就等于无授权行为，在这种情况下进行的人身检查同样应被认定为非法。

（五）非法逮捕后进行的人身检查

人身检查往往伴随着对被检查人人身自由的限制，如果限制被检查人人身自由的行为违法，那么其后进行的人身检查行为自然也被认定为非法人身检查。例如，美国在 1969 年的 Davis v. Mississippi① 一案中，美国联邦最高法院就以警察的先前逮捕行为不合法为由，认定提取 Davis 指纹的行为非法，排除了其所取得指纹的证据能力。在 1987 年的 Matto v. Wolverhampton Crown Court 一案中，英国皇家刑事法院也是以警方对被告先前逮捕程序不合法为由而否定了警方所取得之呼吸样本的证据能力。②

对于上述非法人身检查行为，各国大都建立了实体和程序共同进行的双向救济模式，但是在具体设置上也存在不同，笔者在下文将从实体和程序两个层面分别进行考察。

二、实体层面的救济机制

实体层面的救济主要通过国家赔偿（行政赔偿）、侵权赔偿以及对违法行为实施者的惩戒等方式来实现，其意义在于通过对被侵权人的赔偿、补偿、救助以及对违法行为实施者的惩戒来恢复被侵害的权利、平复其情绪。由于各国的设置情况也各有不同，因此笔者分别对其进行考察。

（一）美国

如上所述，人身检查在美国属于联邦宪法第四修正案所规定的搜查行为，而美国仅对违反宪法第四修正案的行为存在三种法律救济措施：第一种救济

---

① Davis v. Mississippi ,384 U. S. 757(1966). 关于美国联邦最高法院的“非法逮捕的污染”原理的叙述，可详见 Brown v. Illinois 422 U. S. 590 (1975).

② Matto v. Wolverhampton Crown Court, [1987] R. T. R. 337 DC.

手段是预防性措施，即要求侦查人员从中立法官处取得令状后才能执行，即令状制度，其意义在于把握实施搜查的法律标准、排除警察错误的风险，以起到防患于未然的作用；第二种救济手段是对违宪搜查的侵权诉讼，它允许人们用非法搜查所引起的侵犯隐私权利的实际社会成本来衡量对非法搜查的制裁；第三种救济手段则是非法证据排除规则，它规定非法搜查所发现的证据和证据线索不得用做对搜查目标所进行的刑事审判中的证据，以使侦查机关承担违法搜查所引起的法律之否定性评价。① 从实体层面来看，1961 年以前，损害赔偿制度几乎是美国许多州对违法搜查行为的唯一救济途径。然而由于造成违法搜查的原因很多，涉及的伤害也错综复杂，因此缺乏一个客观的标准来对损害进行评估，也很难对损害进行精确的计算。损害赔偿制度存在的另一个问题就是使侦查人员在损害赔偿制度中处于惩罚与奖励不对称的窘境：如果行为违法，得照章赔偿，而行为得当，也无法因此受到实质性的奖励，这样不仅会打击侦查人员工作的积极性，甚至会使侦查人员因担忧承担过于沉重的赔偿责任而连合理的任务也不去执行。此外，仅仅规定损害赔偿制度尚不足以保障公民合法权利不受国家权力的滥用而带来的侵害，美国联邦最高法院 Weeks v. U. S 案中即指出：“（吾国）倘若仍沿袭英国传统旧制，仅以违法搜证自己执法人员以刑事责任，或赋予被害人民事损害赔偿请求权，资为法律上之救济方法，而仍容认不法取得之证据具有证据能力，此实不足以有效遏制执法人员之违法取证行为，唯有采行较为激进而务实之手段，亦即，从根本上将违法取得之证据予以排除使用，如此方能彻底铲除执法人员违法搜证之根本诱因，使人民应享有之宪法基本权利真正获得确保。”② 1961 年，美国联邦最高法院在 Mapp v. Ohio 一案中将证据排除规则扩及适用于美国各州法院管辖的刑事案件，从此证据排除规则成为对非法搜查的最重要救济措施。

（二）英国

与美国通过严格的证据排除规则来实现对违法人身检查的救济不同，英国建立起的主要是一套实体性的救济机制。在英国的普通法中，证据的取得方式与可采性无关，这就使得违反法律规定所获得的证据具有可采性，但这项古老的普通法原则在 20 世纪的后半叶受到了挑战，并有所松动。英国虽然

---

① 参见［美］理查德·A. 波斯纳著：《法律的经济分析》，蒋兆康译，中国大百科全书出版社 1997 年版，第 895～897 页。

② 林辉煌著：《论证据排除——美国法之理论与实务》，北京大学出版社 2006 年版，第 8 页。

在《警察与刑事证据法》（1984）制定之后，建立起了一套法定排除与（法官）裁量排除相结合的证据排除模式，但从实践情况来看，在英国因为警察取证程序违法而排除所取得证据资料之证据能力的案例非常少，至少笔者目前尚未发现一起因为警察非法取样而被排除身体样本证据能力的案例。究其原因，和英国的司法传统有关。英国人相信，通过用非法证据排除规则之外的其他处理方式也能防止警察非法搜查等取证行为。多年以来，英国公众对警察违反职权的行为主要是通过提起诉讼、使其承担民事责任或刑事责任来寻求救济，并以此来抑制警察的违法行为。例如，英国《警察法》（1964）即对警察的侵权行为承担方式作出规定，“警察局长要对在其指挥和控制下的警察在行使职权或意欲行使职权的过程中所实施的侵权行为负责，判处的损害赔偿金应从警察基金中支出”。除了承担民事责任外，违法的警察还会受到纪律惩处以及刑事指控；对某个警察的指控可以向该警察的上司提出，并将报告呈送检察官，由检察官决定是否对该警察提起诉讼。[①] 当然，由此也只能说实体救济是英国对于违法侦查行为的主要救济方式，其亦有通过证据排除来实现对非法人身检查进行救济的案例，也即程序性制裁方式依然存在。例如，在上文所述之 1987 年的 Matto v. Wolverhampton Crown Court 案，英国皇家刑事法院就因为警方对被告先前逮捕程序不合法为由，否定了警方所取得之呼吸样本的证据能力。[②]

（三）德国

从实体层面来看，德国受到人身检查影响的公民可以要求对人身检查行为的合法性进行司法审查：如果该行为是依司法令状进行的，那么被搜查者可以向地区法院提起上诉；如果该行为是由检察官或警察命令进行，那么被检查者可以要求事后进行司法确认。例如，德国联邦宪法法院在 20 世纪 50 年代发生的一起案件的判决中，就保护了公民的这项权利，该案在德国文献中被广泛引用。在该案中，被告因为犯背信罪而被德国某区法院命令进行人身检查，以便确认其责任能力。区法院法官指定的医师认为，为了进一步确定病情，除了必须进行血液检测之外，还要抽取脑、脊髓液来化验，才能诊断出结果。而此项体液抽取必须以长针针管穿刺进入脊髓管道间，穿刺点会落在上腰部脊髓（腰椎穿刺术）或者头皮与上颈椎间的枕骨脊髓（颈椎穿刺

---

① 杨宇冠著：《非法证据排除规则研究》，中国人民公安大学出版社 2002 年版，第 167、179 页。

② Matto v. Wolverhampton Crown Court, [1987] R. T. R. 337 DC.

术）。由于本案被告拒绝接受这种穿刺手术，因此该区法院在1958年11月11日依照德国《刑事诉讼法》第81条a中关于人身检查的授权规定，以裁定形式命被告接受慕尼黑大学神经专科医院之上述检查。本案被告不服裁定，最后向德国联邦宪法法院提起了宪法诉讼。德国联邦宪法法院认为尽管本案犯罪的澄清具有公共利益存在，但对公民基本权利的重大侵犯手段必须以存在重大的公共利益来正当化，以避免过度的侵犯。由于本案仅涉及轻微的财产犯罪，而所欲进行的体液抽取措施却是重大的、侵犯性的身体侵犯，因此德国联邦宪法法院最后以违反比例原则为理由，撤销了区法院的裁定。[①] 而从近几年的情况来看，德国联邦宪法法院更是实质性地扩展了事后司法确认的适用范围，规定受侦查行为影响者有合理的权利要求对侦查行为的合法性进行事后的事实确认。[②]

（四）日本

日本法制深受德国影响，其对于侦查机关的非法取证行为也是采取实体和程序两个层面。从实体层面来看，日本通过建立抗告制度来保障被检查人的异议权，以实现对其救济。具体而言，被检查人如果认为对其进行人身检查的裁定不当时，可以就此提起抗告，抗告的内容既包括针对法院对拒绝接受人身检查的人所作出或赔偿费用的裁判决定提起的“即时抗告”，[③] 也包括针对法院作出的鉴定留置裁判提起的“准抗告”。[④] 此外，对于因为非法检查而造成其权利受到侵害的，也可就此提起赔偿。

三、程序层面的救济机制

程序层面的救济主要是通过非法证据排除规则来实现，其意义在于否定违反人身检查程序所取得之证据的证据能力，从而给予侦查机关制裁。在笔者所考察之国家中，美国和德国的证据排除规则设置比较有特色，因此笔者重点对这两个国家进行介绍：

（一）美国

美国最高法院在1952年的Rochin v. California案中，即以侦查人员的取

---

① 转引自林钰雄著：《干预处分与刑事证据》，台湾元照出版公司2008年版，第40页。

② ［德］托马斯·魏根特著：《德国刑事诉讼程序》，岳礼玲、温小洁译，中国政法大学出版社2004年版，第114页。

③ ［日］松尾浩也著：《日本刑事诉讼法》（下卷），张凌译，中国人民大学出版社2005年版，第206页。

④ ［日］松尾浩也著：《日本刑事诉讼法》（下卷），张凌译，中国人民大学出版社2005年版，第209页。

证手段“冲击良心道德”为由排除了侦查人员所取得之认定被告有罪的证据。[①] 联邦最高法院 Frankfurter 大法官书写该案判决的多数意见时称，本案中获得有罪判决之手段已过分超越打击犯罪之要求及个人感情。并直言，插入胃管之行为“冲击良心道德”（shocks the conscience），违法侵犯 Rochin 隐私的行为、强行打开他的嘴巴并除去其嘴里东西的行为以及强迫取出他胃里的内容物之行为无一不是“野蛮粗暴行为”，因而违反了宪法第十四修正案的正当程序之要求。[②] Douglas 大法官亦发表协同意见（concurring），赞同多数意见，并指出：“未经被告同意而从被告口中得到供述，或从被告胃里取出胶囊以及从被告血管里抽取血液的行为所得之证据，都是违反宪法第四修正案第 5 条规定，因而不具证据的可采性。”[③] 同样，人身检查前置程序的不合法也会导致人身检查资料的证据能力被否定，如在 1969 年的 Davis v. Mississippi[④] 案中，美国联邦最高法院就以警察的先前逮捕行为不合法为由排除了其所取得指纹的证据能力。美国联邦最高法院认为：单纯为了取得指纹目的而逮捕被告仍然应当受到宪法第四修正案的限制，本案警察既无逮捕令状、

① 三名洛杉矶治安警官于 1949 年 7 月 1 日上午进入 Rochin 的家里。治安警官因外门开着而直接进入其房屋内，并强行打开 Rochin 房间的房门。开门后，发现坐在床边的 Rochin 以及床头柜上有两颗胶囊，当治安警官问“胶囊是谁的?”时，Rochin 抓起床头柜上的胶囊吞了下去。三名治安警官“冲向他”并试图拿出他嘴里的胶囊，因而双方发生扭打，但警方仍未获得被 Rochin 吞入口中的胶囊，随后 Rochin 被铐上手铐带至医院。在其中一位治安警官的指示之下，医生在违反 Rochin 意志的情况下，用胃管强行灌食呕吐剂，这使得 Rochin 当场呕吐，而在其呕吐物中发现吞下的两颗胶囊，后经证实含有吗啡。Rochin 因此被洛杉矶郡立高等法院判其有罪，有罪判决之主要证据就是那两颗胶囊。Rochin 对此有罪判决不服，提起上诉，而加州第二区上诉巡回法院（the District Court of Appeal for the Second Appellate District）驳回了 Rochin 的上诉，之后加州最高法院亦驳回 Rochin 之听证程序申请（petition for a hearing），Rochin 因而上诉至美国联邦最高法院。参见 Rochin v. California，342 U. S. 165 (1952).

② Rochin v. California, 342 U. S. 179 (1952).

③ Rochin v. California, 342 U. S. 179 (1952).

④ 1965 年 12 月 2 日，一名犯罪嫌疑人实施入室抢劫后逃离现场，而被害人除了对犯罪实施者种族及大概年龄的描述外，并未提供任何其他特征。因此，警察布下广大的侦查网，并在之后 10 天内分别在警局、学校及街头等地讯问了四五十名黑人青少年，并要求其按捺指纹。Davis 亦为其中 1 名。Davis 在案发隔天即被带往警局讯问，留下指纹后释放。在之后的几天内，警察在 Davis 的家中、车上或警局多次对其进行讯问，并将 Davis 带往被害人住院的病房中，让被害人加以指认，但被害人仍无法指出 Davis 是否为攻击他的人。1965 年 12 月 12 日，警察将 Davis 带往距城市 90 英里外的 Jackson 监狱监禁了一整夜，并为其做测谎，后被带回 Meridian 监狱。在监禁期间，被告 Davis 于 12 月 14 日做了第 2 次指纹样本采集。FBI（Federal Bureau of Investigation）将 Davis 第 2 次采集的指纹及其他 23 名嫌疑人的指纹一并与犯罪行为人在侵入被害人家中在窗户上所留的指纹与掌纹进行了比对，发现 Davis 之指纹与案件现场所留指纹一致，后警方据此起诉 Davis 涉嫌抢劫罪。See Davis v. Mississippi ,384 U. S. 757 (1966).

又无相当理由，因此其对被告 Davis 之逮捕行为并不合法，由此而取得之被告指纹亦不得作为本案证据使用。

此外，由于人身检查的实施、人身检查资料的保管具有特殊性，因此如果实施程序、保管程序不规范，同样会导致所取得证据被排除。例如，在著名的辛普森案件中，辩方胜诉的一个重要原因就在于对控方 DNA 样本获取及保管程序合法性的质疑得到了法庭的认同。辛普森的“梦幻律师团”以现场取证的警官取证时没有按操作规定戴橡胶手套、让技术级别不够的助手操作取证、血样没有及时送检、在高温车内放置过久无人看管以及从犯罪嫌疑人辛普森身上采集的血样减少等为由指出血液样本获取程序不合法，而这一观点后来被法庭所采纳，该血液样本及其后的鉴定结论被法院排除。[①] 同样，人身检查获取的身体样本保管链间断，也将导致其无效。[②]

但从实践情况来看，随着社会背景的不断变化，美国联邦最高法院在对非法收集到的身体样本的态度上也发生了变化。在上文所述 1952 年的 Rochin v. California 案中，美国联邦最高法院认为强迫灌入催吐剂催吐的做法“违法收集证据的情节过于暴力”、“冲击良心道德”、“严重侵害人权”，因此排除了以此所得之证据。当时，美国联邦最高法院也借助于该案使得非法证据排除法则在各州的刑事审判中得到适用。而在 1966 年的 Schmerber v. California[③] 案中，美联邦最高法院的态度却发生变化，其在该案裁决中指出：“附带抽血检验可有效率地测出被告有无酒精反应，且其实际上对于被告并不会造成任何的危险和痛苦，而被告的呼吸中含有酒精的味道也清楚地暗示被告的血液内必定含有酒精，而警察是因为在车祸现场且需将被告迅速送往医院，其没有时间向法院申请令状，因此警察附带抽血检验行为合法，所获证据不应予以排除。”此后，在 1985 年的 Winston v. Lee[④] 案中，美国联邦最高法院又表明了对人身检查的基本态度，即人身检查的合理性取决于个案的权衡，也即权衡各种不同利益之间的重要性，而其中既包括个人隐私权、身体完整权和人身安全的保障，又包括政府在追诉犯罪时的公共利益，而衡量人身检查资料是否有必要排除时需要结合上述因素综合判断。

---

① 林达著：《历史深处的忧虑：近距离看美国之一》，生活·读书·新知三联书店 1997 年版，第 232 页。

② ［美］华尔兹著：《刑事证据大全》，何家弘译，中国人民公安大学出版社 1993 年版，第 365～431 页。

③ Schmerber v. California, 384 U.S. 757 (1966).

④ Winston v. Lee, 470. U.S. 753(1985).

笔者在查阅了大量资料之后发现，20世纪90年代以后，与警察非法人身检查有关的案例在美国比较少。警方在试图取得被告身体样本之前，往往都会通过法官签发相关的搜查令状，即使特殊情况下实施的无令状检查也能很容易满足法律的相关规定，[①] 因此美国在实务上目前似乎是很少发生排除人身检查资料证据能力的情况。此外，美国联邦最高法院关于搜查和扣押的理论极为复杂、琐碎，正如美国联邦最高法院前任大法官斯图尔特在退休前将美国联邦最高法院搜查、扣押理论描述为“和在任何一个法学理论领域一样的，对规则、例外和精细理论的复杂描述”，然而“回头看，排除规则似乎有点偷工减料——就像一个过山车的轨道是在过山车运行的过程中修筑的一样。每一个新的一截轨道都是匆忙安装的，与先前轨道的衔接也不完美，仅仅是及时阻止过山车摧毁，但是没有时间测量前面的弯度和坡度，或者预先考虑前面必然存在的转弯。事后来看，当然有可能批评关于排除规则的判决意见，因为其对先前判决的错误适用或者错误解释，以及因为未能考虑一个特定的决定将对法律未来发展产生影响”。[②] 因此，很难系统了解美国在对待非法获取的人身检查资料上的稳定态度和立场。

（二）德国

从程序层面来看，德国对于非法人身检查所获取的证据资料也是采取否定态度，但其与英美法系非法证据排除规则理论有所不同，德国所形成的是一套具有特色的证据禁止理论。德国的证据排除理论是以“证据禁止”概念为出发点，其包含“证据取得禁止”与“证据使用禁止”两个方面：前者乃证据取得合不合法的问题；后者则是证据能不能使用（即有无证据能力）的问题，二者之间并无“等号”关系，也即非法取得的证据未必不能使用，其仍须依证据使用禁止理论判断其证据能力之有无。[③] 因此，在论及对非法人身检查资料的态度问题之前，有必要先对德国的证据理论略作介绍。

以证据之取得是否违反“证据取得禁止”规定为标准，德国法上的证据使用禁止理论可分为两种类型：“非自主性之证据使用禁止”和“自主性之证据使用禁止”。“非自主性之证据使用禁止”主要是就国家侦查机关违反证

---

① 美国通过判例确认了紧急情形下无令状人身检查的合宪性，规定了构成此种情形的三个要件：（1）警察有相当理由相信证据存在；（2）附随于合法逮捕之后且情况紧急来不及申请搜查令状；（3）实施手段须合理。参见 Schmerber v. California, 384 U.S. 757（1966）.

② 参见［美］克雷格·布拉德利著：《刑事诉讼革命的失败》，郑旭译，北京大学出版社2009年版，第51页。

③ 林钰雄著：《刑事诉讼法》（上册），中国人民大学出版社2005年版，第432页。

据取得禁止规定是否会产生禁止法院使用该违法取得之证据之问题而言，如果有禁止使用之效果，因该效果是“依附于”违法取证而来，因此又称为“依附性使用禁止”。而“自主性之证据使用禁止”是另一条与依附性禁止论相平行发展的理论，它是指国家机关取得证据过程并未违法，但基于宪法上更高价值、目的之维护，法院亦会禁止使用该证据。[①]“非自主性使用禁止”主要价值在于抑制侦查机关滥用侦查，而至于何种违法取证行为能够产生使用禁止之效果，标准何在？则是证据禁止理论的核心问题。关于该问题的探讨，主要有以下三种代表性理论，即“权利领域论”、“违反法律目的论”和“权衡论”。[②]权衡理论出现后，成为德国法院在判断一项证据是否得以禁止的重要依据。受其影响，德国对非法取证所获取之证据资料也形成了相对禁止和绝对禁止两种情形的区分。

从德国法院相关判例显示的情况来看，在以下情形下所取得的人身检查资料虽然符合证据取得禁止的条件，但是并不完全否定其证据能力：（1）违反管辖权的人身检查，即检查的命令由没有管辖权的法官作出；（2）违反令状原则的检查，即在没有足够理由的情况下认定为有迟延危险，而直接由检察官或其辅助机关实施的采样行为；（3）违反告知义务，即未告知被告有拒绝检查的权利，而在被告同意下的检查；（4）刻意情形下所实施的不合理或不适宜的检查。上述几种情形所取得的人身检查资料，虽然是违法取得，原则上应当排除，但是基于权衡原则的考虑，当这些人身检查的资料对案件事实认定“至关重要”时，这些资料及其分析结果仍然可以作为法官认定事实的基础。[③]而以下两种情形下所取得的人身检查资料，在德国则属于绝对禁止，不能成为法官认定事实的基础：（1）没有法官、检察官、辅助机关命令的强制检查；（2）刻意情形下实施的不合理或不适宜的检查。这两种情形下之所以会产生绝对禁止的法律效果，其原因在于这两种行为的侵权性相对较

---

① 林钰雄著：《刑事诉讼法》（上册），中国人民大学出版社 2005 年版，第 431 页。

② “权利领域理论”由德国联邦最高法院在 1951 年的“拒绝证言权案”中所提出，主要是以公民的重要权利是否受到不当侦查行为侵犯为标准来判断；“规范保护目的理论”是由违反讯问被告之告知义务规定应否招致证据使用禁止之案例而生，认为违反法规而取得的证据能否使用取决于该项被违反法律的立法目的，只有在取证过程中侵害了立法目的，而且如果使用该行为所取得的证据会加大对法律目的的破坏时，证据才被禁止使用；“权衡论”指任何违反取证规定的行为，都需要个案衡量，权衡国家追诉利益与个体权利保护之必要性。本部分内容参见林钰雄著：《刑事诉讼法》（上册），中国人民大学出版社 2005 年版，第 436～439 页。

③ 参见许恒达著：《科学证据的后设反思——以刑事程序上的 DNA 证据为例》，台湾大学 2002 年硕士论文，第 141～142 页。

强。强制性人身检查属于一种严重侵犯公民基本权利的侦查行为，其原则上只能根据法官的命令进行，而只有在紧急情形下，检察官及其辅助机关才能命令实施，除此之外，任何机关不得命令实施强制采样，这也是对公民基本权利保护的一个底限，因此，违反这项规定所取得的身体样本必然招致法律的否定评价，而第二种情形下的采样之侵权意向也非常明显，由此也被视为必须予以排除的情形。①

从上述考察可知，每个国家针对非法人身检查都建立了符合本国特色的救济机制，但无论从实体还是程序两个层面来看，其所规定的法律责任并不具有独立性特征。从实体保障层面来看，与其他非法侦查行为的侵权救济并无区别；从程序层面来看，各国也并未建立起一套对于人身检查资料独特的证据排除规则理论，而是依据传统的证据排除理论去衡量是否需要对非法取得的证据进行排除。究其原因，是在于任何一个国家在面对新型侦查行为、新型证据时，其思考的切入点都是从原有的诉讼模式和诉讼传统中发展出来的理念与构想，也正是通过这一套构想，形成了该国设置人身检查救济机制的基本思路。

第四节　考察结论及其启示

在谈及比较法研究的意义时，德国著名法学家鲁道夫·冯·耶林曾有一段精彩的论述，他指出，“接受外国法律制度的问题并不是一个国家性的问题，而是一个简单明了的合目的性和需要的问题。任何人都不愿从遥远的地方拿来一件在国内已有同样好的或者更好的东西，只有傻瓜才会因为金鸡纳霜不是在自己的菜园里长出来的而拒绝服用它”。② 诚如斯言，比较法考察之意义正在于通过对不同国家制度规定背后共同规律及发展趋势进行归纳，以对本国立法之完善提供有益的借鉴。就本书而言，尽管仅对上述国家考察的确难以反映这一制度的全貌，得出的结论也未必准确，但作为两大法系的主要代表国家，上述国家在立法中所体现的理念和规律还是能够反映这一制度在国际上的整体情况和发展趋势。因此，笔者欲对上述国家和地区的人身检查制度中的共同特征和规律进行总结，以期为我国立法完善提供启示。

---

① 参见许恒达著：《科学证据的后设反思——以刑事程序上的 DNA 证据为例》，台湾大学 2002 年硕士论文，第 142～143 页。

② 转引自［德］K. 茨威格特、H. 克茨著：《比较法总论》，潘汉典等译，法律出版社 2003 年版，第 24 页。

一、考察结论

通过对美、英、德、日四个有代表性国家的人身检查制度考察可知，由于诉讼模式以及立法传统的不同，上述国家在人身检查制度的立法模式、实施程序以及救济机制的具体规定上各具特色，但在这些差别背后仍然可以总结出一些共同的规律和特征：

（一）在授权依据上，普遍遵循法律保留原则

所谓法律保留原则，简而言之，就是国家机关实施对公民权利影响重大的事项时，只能由法律进行授权。就人身检查制度的设计而言，上述国家普遍遵循了法律保留原则，对人身检查的实施主体、权限、对象以及救济途径等都在法律中明确予以规定。

具体而言，法律保留原则首先意味着授权基础的明确性问题。“授权明确性”在人身检查制度中具有特殊的重要性，其原因在于对大多数刑事诉讼措施的行使而言，法律容许其侵犯公民基本权利的手段及内容比较特定。例如，逮捕就是强制性地暂时剥夺被追诉人的人身自由，从其术语就可以明确获知法律允许其侵犯公民权利的内容，而人身检查措施的方式则具有多样性，从对公民基本权利影响极小的提取指纹到中度影响的抽血，再到危害健康的手术开刀或抽取脊髓液，可以说人身检查是刑事诉讼中最具“发展性”的一种措施，因此，在法律的规定上要根据对基本权利侵害的不同程度分别进行授权，而不能流于一种简单的概括授权。为了贯彻法律保留原则，上述国家通过立法或判例将人身检查措施进行分类细化规定，并且随着人身检查技术的发展而不断修改相关法律。例如，美国通过判例阐释了“一般侵权的人身检查”与“重大侵权的人身检查”之区别，并界定其不同的启动标准；英国通过成文法明确对非私密性身体样本、指纹与私密性样本设置不同的提取程序；德国在法律层面则将一般性人身检查和加重形态的“侵入式检查”、对被追诉人的检查与对第三人的检查进行区别，并在立法层面进行了不同设计；日本也根据实施方式、目的的不同将人身检查分为勘验性和鉴定性两种分别加以规定等，这些都是法律保留原则在各国人身检查制度设计中的体现。

此外，法律保留原则也意味着对人身检查不能进行类推使用，法律若没有明文授权可以进行人身检查的情形，则不得类推使用法律所规定的人身检查手段。例如，法律如果只授权司法警察对“拘捕到案”犯罪嫌疑人进行人身检查，那么对于“自愿到场”的犯罪嫌疑人，则不能以类推适用方式对其

进行人身检查。[①]

（二）在启动审查上，普遍由中立的司法机关进行

人身检查作为一项对公民身体权和隐私权影响至深的刑事诉讼措施，如上所述，各法治国家在承认其适用必要性的同时，除英国外，都普遍要求人身检查的实施需要接受公正、独立的中立机关对其进行司法审查，以防止侦查机关对这项权力的滥用，而司法审查的主要形式是事前审查，即通过签发令状的形式授权侦查机关使用该项措施。

从几个较具代表性国家的立法状况来看，基本都在立法上对人身检查措施设置了司法审查程序，在此简单回顾：美国将人身检查归为搜查措施，适用搜查的规则都普遍适用于人身检查，即原则上都需要经过司法审查，并根据人身检查措施对公民权利影响程度的不同设定了不同的实体要件，对于公民权利影响较大的人身检查，法院在决定是否核发令状时，除了审查相当理由外，还必须考虑取得证据必要性的因素。例如，对于通过手术方式从犯罪嫌疑人身体内采集子弹行为的实体要件最高，利用呕吐剂从嫌疑人胃里或通过泻剂从肠道里获取证据行为的实体要件居其次，而采血、采尿行为的实体要件最低。[②] 此外，由于和普通的搜查相比，人身检查对公民权利侵害的程度更加严重，立法对其作出了特别的规定，如美国联邦最高法院确认，“强制侵入他人身体必须被作为第四修正案中的搜查，如果缺乏可能事由与令状，又不属于已被确定了的少数例外情形，强制采集唾液、尿液、血液甚至呼吸气体的行为均属于违宪性搜查”。[③] 在德国，人身检查原则上也只能依据法官的命令才能进行，且对于严重的人身检查措施采用的是绝对法官保留原则，即除法官外，任何机关无权决定这种措施的使用。另外，德国法院相关判例也进一步明确：法官的命令必须明确，重大之侵犯应说明其必要性、不可侵犯性，且法官亦有义务说明是否出于《刑事诉讼法》第 81 条 a 所规定的“为确定诉讼上重要事实之必要”目的。[④] 如果出现依法官命令或紧急情形下由检察官或其辅助人员所进行的检查或抽血检验，如果应当接受人身检查的人拒绝检查时，法官有权依照刑事诉讼法的相关规定对其处以秩序罚或强制

---

① 参见林钰雄著：《干预处分与刑事证据》，台湾元照出版公司 2008 年版，第 30 页。

② Jay A Gitles, “Fourth Amendment – Reasonableness of Surgical Intrusions”, 76 *J. Crim. L. & Criminology* 116. (1985).

③ Miehael G Rogers, “Bodily Intrusion in Search of Evidence: A Study in Fourth Amendment Decision making”, 62 *nd, L. J.* 1181. 1182 (1987).

④ 《德国刑事诉讼法》，李昌珂译，中国政法大学出版社 1995 年版，第 23～24 页。

措施，但若对拒绝接受人身检查的人有实施直接强制必要时，只有当其已被处以罚款而仍拒绝接受检查，且有法官的特别命令时，才可以行使。① 日本的人身检查分为勘验性人身检查和鉴定性人身检查两部分，原则上两者都必须接受法官审查签发令状后才能使用，但由于两者对公民侵犯强度不同，法官所签发令状的种类亦存在差别，对于无须侵入身体的勘验性人身检查签发的是许可票性质的人身检查令状，而对于身体进行穿刺的鉴定性人身检查则签发的是命令票性质的人身检查令状。②

当然，有原则必有例外。由于人身检查的多样性特征，不同的人身检查措施的强度、对公民权利的影响程度差别较大，也并非是所有的人身检查措施都需要经过司法审查。对于强度较小、对公民基本权利影响较小的人身检查措施，并非完全需要经过司法审查。例如，日本对于“提取指纹或足型”、“测定身高或体重”或“拍照”等对公民权利影响较小的人身检查措施，侦查机关无须获得司法授权即可采用。③ 此外，由于侦查活动通常具有及时性、紧急性的特点，因此对于紧急情形下侦查机关的无授权检查，各国立法均持一种包容态度，但为防止其滥用，也设置了很多限制，如德国规定人身检查通常根据法官的命令进行，检察官及其辅佐人仅在紧急情形时才能采取这种措施。由于检查身体至少会造成被告人人身自由受限制，因此所谓紧迫情形，仅存在于法官命令无法行使或可能来不及行使时，才可由检察官或辅佐人进行，而严重的检查身体措施则完全由法官保留；④ 美国通过判例也确认了紧急情形下无令状人身检查的合宪性，但是也规定了此种情形的三个要件：⑤（1）警察有相当理由相信证据存在；（2）附随于合法逮捕后且情况紧急，来不及申请搜查令状；（3）实施手段须合理。

需要特别指出的是，并非所有的国家或地区都能充分认识到人身检查措

---

① 参见［德］克劳思·罗科信著：《刑事诉讼法》（第24版），吴丽琪译，法律出版社2003年版，第323页。

② 前文已述，在日本刑事诉讼程序中，由法官所签发之令状，其性质可区分为命令文件性质及许可票性质。就前者而言，必须予以执行；就后者而言，是否实施及如何实施需得到法官许可之行为，则由执行者裁量。参见［日］土本武司著：《日本刑事诉讼法要义》，董璠舆、宋英辉译，台湾五南图书出版公司1997年版，第134页。

③ 参见［日］土本武司著：《日本刑事诉讼法要义》，董璠舆、宋英辉译，台湾五南图书出版公司1997年版，第161页。

④ 参见［德］克劳思·罗科信著：《刑事诉讼法》（第24版），吴丽琪译，法律出版社2003年版，第323页。

⑤ Schmerber v. California，384 U.S.757（1966）.

施的侵权程度之深，英国对于人身检查措施的实施实行行政审批模式就是一个明例。在英国，警察所实施的人身检查措施无需经过司法审查，无论是非私密性检查抑或私密性检查都只需获得警司以上级别警官的批准即可进行，尽管立法上设置了被告“适当同意”的实施要件来进行弥补，但其往往流于一种形式，难以有效保障被追诉者的合法权益，这种程序设计在英国国内也遭到了诸多批评。① 而我国台湾地区在新修订的“刑事诉讼法”中尽管也引入了对于侦查阶段搜查措施的采用的司法审查机制，但是对于比搜查措施潜在侵权程度更大的人身检查却无需获得法官审查，甚至还创设了司法警察在非紧急情形下的采集尿液等身体样本的权限，因而这种法律设计模式被学者批评为“价值失衡”。②

（三）在实施要求上，普遍体现了比例原则的要求

所谓比例原则，具体而言，就是要求国家立法、行政和司法机关在实现其法定职能的过程中如果为了保护国家和社会公益而不得不对公民个人权利加以限制或剥夺的话，要尽可能选择对公民个人权利损害最小的手段，并且其行为对公民个人造成的损害不得大于该行为所能保护的国家和社会公益。在刑事诉讼过程中，国家权力易被滥用，而公民的合法权利也因此易被侵犯，基于刑事诉讼这一基本特性的认识，许多国家和地区都对刑事诉讼中比例原则的适用作出了严格的要求。③ 比例原则与人身检查措施具有特殊的关联性，这是由人身检查的方式和手段的“多样性”所决定。人身检查的多样性特征在前文已有所分析，从简单的提取指纹到严重的抽血甚至手术开刀都有，因此在立法上有必要按照比例原则来设置不同人身检查类型的启动门槛，但由于具体个案的差异，司法实践中能否正确贯彻比例原则则成为防止国家过度干预侵犯公民权利的重要防线所在，正如有学者所指出，“在采集证据方面，由于嫌犯本身亦是证据方法，因此对嫌犯精神和身体完整性的尊重促使该等手段必须遵从为实现诉讼目的而确实必须和适当的准则（必须和适当是指禁止采用过度的手段）”。④ 由于比例原则是由“适当性”、“必要性”、“相称性”三个部分的内容构成，因此其在人身检查制度设计中的落实也是通过这三个方面来实现。

---

① Carole Mc Cartney, The DNA Expansion Programme and Criminal Investigation, 46 *Brit. J. Criminology*175, 179(2006).

② 林钰雄著：《干预处分与刑事证据》，台湾元照出版公司2008年版，第54页。

③ 参见陈永生著：《侦查程序原理论》，中国人民公安大学出版社2003年版，第132~133页。

④ 参见陈永生著：《侦查程序原理论》，中国人民公安大学出版社2003年版，第147页。

"适当性"的基本含义是要求国家机关所实施的每一职权行为都必须以实现宪法或法律所规定的职能为目标，并且有利于其法定职能和目标的实现。例如，针对盗窃案件的犯罪嫌疑人进行指纹和脚印提取，并将其与案发现场的遗留指纹和脚印进行比对以判断其是否到过案发现场的侦查行为，显然符合适当性原则；反之，如果超过这一目的以外的其他检查，如随意抽血或提取尿液，便超过了本案追诉目的而不符合适当性原则的要求。德国《刑事诉讼法》第 81 条 a 第 3 款就是将这项原则立法化的一个典型代表。①

"必要性"又称"最小侵害性"，其基本含义是要求国家机关在实现某一职能时如果必须对公民权利加以限制的话，应当选择对公民权利损害较小的手段。也即，如果对于实现某一职能目标，同时存在多种可以选择的手段，这些手段都能同样地实现法定的目标，但其对公民权利损害程度各不相同，那么国家机关就应当选择对公民权利损害较小的手段。例如，对于体内藏毒的毒贩，服用药物促其排出毒品的方式和开刀手术取出毒品的方式都是取出体内毒品同样有效的手段，但是开刀手术显然是一种过于严重的人身检查手段，选择通过药物排毒的方式显然对公民身体健康影响就小得多。就立法层面来看，英国《警察与刑事证据法》（1984）中也体现了这项原则的要求，即如果"毛发的提取是以 DNA 分析为目的（而不是以进行如视觉比对为目的），应允许嫌疑人对提取哪一部分的毛发进行合理地选择。如果毛发是拔除的，那么应当单个地拔除，除非嫌疑人愿意采取其他方式，而且不应多于拔除人认为构成充分标本所必要的限度"。② 德国判例则指出人身检查只能在无法找到可替代性措施时方可使用，"根据犯罪案件的严重性、存在嫌疑以及该证据极为重要和取证的必要性、无法找到替代手段等情况存在时，在判定为侦查犯罪确实不得已时，应作为最终手段。在遵循正当的法律程序上，对犯罪嫌疑人身体安全及其人格给以充分保护后实施"。③此外，另需指出的是，最小侵害性的判断标准仅限于"同等有效"手段之间的比较，如吐气测试和抽血检测血液中的酒精浓度。从对公民权利的侵犯程度来看，当然是前

---

① 德国《刑事诉讼法》第 81 条 a 规定："被告所抽出的血液或身体标的，仅容许基于该抽取目的或另依独立刑事程序，不再使用时，应立即销毁。"参见［德］克劳思·罗科信著：《刑事诉讼法》（第 24 版），吴丽琪译，法律出版社 2003 年版，第 323 页。

② 中国政法大学刑事法律研究中心组织编译：《英国刑事诉讼法》（选编），中国政法大学出版社 2001 年版，第 479 页。

③ 陈光中主编：《中德强制措施国际研讨会论文集》，中国人民公安大学出版社 2003 年版，第 179 页。

者较为轻微，但问题在于吐气测试的准确度和可靠性与抽血检测不具有“同等有效”的作用，因此选择抽血来替代吐气测试并不会违反最小侵害原则的要求。

“相称性”本质上是一种利益衡量，也即国家机关在实施职权行为过程中，必须考虑对公民权利造成的损害（成本）与其所保护的国家和社会公益（收益）之间的比例关系，也就是说即使国家机关采取了合适且在当时条件下对公民权利侵害最小的手段，但如果该手段对公民基本权利造成的损害与其所保护的国家和社会公益不相符合，那么该手段之实施仍然违反了比例原则的基本要求。具体在人身检查措施的使用中来看，所采取的人身检查手段对公民基本权利侵犯的严重程度必须与欲达到的目的进行权衡，林钰雄将权衡时的参考因素归纳为三个，即“本案追诉犯罪的种类”、“被告犯罪嫌疑的程度”和“运用该手段对本案案情厘清的重要性”。[①]例如，上文所引之德国“抽取脊髓案”。[②] 在该案中，德国联邦宪法法院最后以违反比例原则为理由撤销了区法院的裁定，而宪法法院在本案中进行权衡的两个主要因素就是人身检查手段的严重性与所追诉犯罪的轻微性。同样，美国联邦最高法院在上述 Rochin v. California 案的态度上，也体现了基于上述权衡因素的考虑。

（四）在侵害补偿上，普遍建立了实体与程序双向救济的机制

上述国家都建立了对违法人身检查行为的监督和救济的相关制度，以实现对被非人身检查者的权利补偿。从规定情况来看，在各国违法搜查的法律责任中，除了有民事责任和行政责任的规定外，其中最重要的是几乎都不同形式地确立了非法证据排除规则。这种救济机制的双向性不仅体现了事后的补救，又能对未来之违法行为产生约束。究其原因，损害赔偿的根本目的在于对被非法人身检查行为侵犯者利益的补救和恢复，而非对侦查官员的约束。从预防未来之非法人身检查行为发生的角度来看，虽然赔偿制度的存在客观上会使侦查官员有所克制，但正如刑罚并不能消除犯罪一样，当面临更值得追求的利益，如控制犯罪或个人私利的时候，侦查官员在利弊权衡后往往敢于冒违法的风险。因此，各国都建立了实体上的补偿与程序上的非法证据排除规则，尽管这些机制在具体规定上存在差异，但不可否认的是，各国都致力于通过制度保障来恢复被侵害者的权益、预防未来不法行为之发生。

---

① 林钰雄著：《干预处分与刑事证据》，台湾元照出版公司 2008 年版，第 39 页。

② Vgl. BVerfGE 16,194ff，转引自林钰雄著：《干预处分与刑事证据》，台湾元照出版公司 2008 年版，第 40 页。

（五）在立法发展上，普遍呈现分类细化的趋势

从各国立法发展情况来看，人身检查制度在各国立法中均呈现出一种分类细化的趋势。在早期立法中，各国都未严格区分不同人身检查措施的实施程序，一般都是设计统一程序要求来规范人身检查措施的使用。但随着科学技术的发展，人身检查措施的种类逐步多样化后，各国开始认识到不同种类的人身检查措施对公民权利影响程度所存在的不同，因此在立法中开始对人身检查进行分类，并在其基础上分别细化其实施程序。例如，美国联邦最高法院在1977年United States v. Crowder案对于“一般侵权的人身检查”与“重大侵权的人身检查”不同之处的指出以及在此基础上对于根据人身检查措施对公民权利影响程度不同而适用不同标准的观点的论证；英国在《1984年警察与刑事证据法》则根据对公民隐私权侵犯的程度为标准，将身体样本分为非私密性样本、私密性样本和指纹样本，在此基础上分别提出了不同的程序要求，之后出台的《刑事司法与警察法》（2001）、《刑事审判法》（2003）、《严重有组织犯罪和警察法》（2005）、《反恐怖主义法》（2008）等法律又对人身检查制度的相关内容作出了更加具体的规定；而德国一般形态的人身检查和加重形态的“侵入式检查”、对被追诉人的检查与对第三人的检查以及日本勘验性人身检查、鉴定人身检查的区别设计，也呈现出这种人身检查制度分类化、细化规定的趋势。

二、对我国的启示

通过上述考察和分析，我们至少可以得到以下几点启示：

第一，在指导理念上，需兼顾打击犯罪与人权保障的双重目标。我们必须看到，犯罪控制与保障人权之间的关系并不是一成不变的，两者存在着此消彼长的互动关系，同时又要保持一个最低限度的平衡。尽管人权保障观念目前已经深入人心，但也不难发现，上述国家在设计其人身检查制度时，无一不重视刑事法律的社会控制功能，都致力通过制度设计来寻找打击犯罪与保障人权之间的平衡点，这种立法的指导理念值得我国借鉴。实质化刑事诉讼法中的权利保障功能无疑一直是我们在推进我国刑事程序法治化的主要着力点所在，但我们也必须正视我国刑事犯罪的高发案率与相对低下的破案率之间的矛盾，因此在制度设计时不能忽略刑事诉讼法之打击犯罪功能，应当尽量去寻求一种既有利于保障刑事诉讼活动顺利进行，又有利于保障人权的双向平衡的制度模式。

第二，在权力运行模式上，需实现人身检查决定权与执行权的适度分离。

在上述国家中，除了英国之外，各国都建立起了一套以司法权制约侦查权的权力运行模式，即将人身检查的决定权赋予法官，侦查人员享有的仅仅只是一种执行权而已。而英国所建立之高级警官审查批准机制制约效果未必理想，但是可以看出，就其实现决定与执行权相分离的制度设计初衷来看，与其他国家也并无二致。这种将决定权与执行权分离设置之初衷即在于希望通过权力的制衡实现“以权力制约权力”，从而防止人身检查权的滥用。尽管从目前看来，在我国全面建立起对强制侦查的司法审查机制之难度较大，但采用一种分阶段推进的方式建立起适合我国刑事诉讼运作情况的审查批准机制也不失为一个解决问题的思路。

第三，在制度设计上，需建立区别性程序规定。如上所述，由于人身检查方法的多样性，很难对其用一个统一的标准来进行规范。程序要求过高，则对于侵权程度较低但实施必要性、及时性要求较高的（如采集指纹、呼吸样本等）人身检查措施带来较大不便，影响侦查活动的顺利进行；程序要求过低，则难以保障侵权程度较为严重的人身检查措施行为实施的规范性，也难以体现这类检查措施实施的慎重性。因此，我们在进行制度设计时，必须要采用一种分类设计、细化规定的立法模式，即根据对于被检查人权利影响大小不同以及被检查人承担诉讼义务不同进行分类，并在这种分类之基础上，分别设计不同的程序规则，以体现比例原则在刑事诉讼中的要求。

第四，在救济机制上，需完善相关配套制度。救济机制的建立，要求一系列制度的整体推进。而建立救济机制的关键在于事前、事中和事后三个阶段都需要建立起被检查人权利保障机制：从事前讲，被检查人有权了解实施人身检查的目的，并有权作出异议表示；从事中讲，在人身检查的实施过程中需对被检查人提供必要的程序保障，赋予其对抗不法检查的权利及途径；从事后讲，违法人身检查发生后，不仅要保障合法权利受到侵害者的补偿请求权，同时也要从实体和程序两个层面建立起对违法行为实施者的责任承担机制。

总之，上述所归纳和总结的其他国家和地区人身检查制度的一般规定和共同做法在一定程度上讲，不仅可以作为评价我国现行人身检查制度的标准，也可以成为设计未来改革措施的方向。

第三章　我国人身检查制度的立法和实践现状

基础理论的剖析和比较考察只是学术研究的工具，其运用意义在于使我们能够更为清晰地解释、分析我国人身检查制度的现状，其本身非学术研究的目的，不论是历史考察还是比较研究，最终的落脚点都只能是中国的现实问题。基此，笔者将在基础理论和域外考察的基础上，认真审视我国人身检查制度的现状特别是其存在的问题，并力图给出合理、全面的分析与解释。

毋庸置疑，任何一种制度设计都是在本国诉讼文化和诉讼理念的影响和支配下所作出的特定选择，既有其自身存在的合理性，也有其局限性，人身检查制度亦不例外。新中国刑事诉讼的历史与整个国家的法治进程、现代化进程密切相关，并深受政治、经济、文化大环境的影响，与其他国家和地区有较大差异，因此笔者将从立法和实践两个层面对我国人身检查制度进行考察分析，以期全面了解我国人身检查制度的现状。

第一节　我国人身检查制度的立法现状

一、我国关于人身检查制度的立法

我国 1979 年刑事诉讼法已设置了人身检查制度，该法在第 2 章“侦查”的第 3 节“勘验检查”中对人身检查和勘验作出了规定，[①] 尽管该法将人身检查与勘验并列规定在同一节中，从法律规定体系来看，两者仍明显是相互独立的两种侦查行为。1979 年刑事诉讼法颁布之后，由于法条规定极为概括

---

① 客观而言，这种立法规定与当时刑事科学技术水平尚不发达有直接关系。在 1979 年刑事诉讼法制定时，DNA 技术尚未被用于刑事司法活动，指纹比对技术也相当落后，立法时难以对采样性人身检查的普遍使用有足够预期，因此彼时之立法未能详尽具体自当能够理解。

和模糊，人身检查的范围究竟包括哪些，实践部门难以把握，法律颁布不久即面临操作层面的障碍。为了弥补立法的不足、指导实务部门的操作，最高人民检察院在1988年颁布的《人民检察院法医工作细则（试行）》中对“活体检查”的概念和范围作出了明确的规定，该《细则》第13条规定：“活体检查主要是对被害人、被告人的某些特征、损伤情况、生理状态、病理状态和各器官、系统功能状态等进行检验、鉴定。一、个人特征：查明性别、年龄、检查血型及生理、病理特征。二、检查人身是否有伤和损伤程度，推断损伤性质、受伤时间、致伤工具等。三、检查有无被奸、妊娠、分娩以及性功能状态，协助解决有无性犯罪方面的问题。四、查明人体有无中毒症状和体征，检查体内是否有某种毒物，并测定其含量及人体途径等。五、检查有关人的精神状态，确定有无精神病及其类型，并断定其辨认能力或责任能力。”

1996年，我国对刑事诉讼法进行了修正，这部法律无论从理念层面还是制度层面都较1979年刑事诉讼法有了很大进步，但是由于这次刑事司法改革是以审判方式改革为切入口，刑事诉讼法修正的主要目的在于矫正法官在庭审中包揽过多、控辩职能萎缩，尤其是庭审走过场的弊端，因此新刑事诉讼法在吸收了当事人主义诉讼中的部分理念后，对我国刑事审判程序进行了改造，使得原来具有浓厚职权主义刑事诉讼模式特征的审判方式得以改观。但受多方面因素的影响和制约，我国的侦查制度并未有实质性的改革。就人身检查措施的适用而言，新法完全沿袭了旧法的立法体例，除了将1979年刑事诉讼法第75条规定中的“被告人”改为“犯罪嫌疑人”之外，其他几乎完全一致。现行刑事诉讼法仍将人身检查与勘查并列规定于侦查一节中。最高人民检察院《人民检察院刑事诉讼规则》第169条以及《公安机关办理刑事案件程序规定》第198条对此也均有所规定，但基本上没有增加新的内容。整体来看，我国现行人身检查制度主要涉及以下内容：

第一，人身检查的对象和目的。人身检查的对象是“犯罪嫌疑人和被害人”，对其检查的目的是“确定某些特征、伤害情况或者生理状态”（参见《刑事诉讼法》第105条，《公安机关办理刑事案件程序规定》第198条）。

第二，人身检查的权限。人身检查由侦查人员进行，必要时可请有专门知识的人在侦查人员的主持下进行（参见《刑事诉讼法》第101条）；人民检察院在审查案件的时候，对公安机关的检查，认为需要复查时，可以要求公安机关复查，并且可以派员（参见《刑事诉讼法》第107条）参加，而对于检察机关要求复查的，公安机关则应当及时进行复查，并通知人民检察院派员参加（参见《公安机关办理刑事案件程序规定》第 201 条）。由此可见，人身检查的启动在我国是由侦查人员所决定，且不同于搜查、侦查实验等侦查行为，人身检查措施的启动无须申请、无须经过批准，具体办案的侦查人员只要认为“有必要”，即可决定实施。对人身检查的监督权，由检察机关行使。

第三，人身检查的程序。我国现行刑事诉讼法对人身检查的程序性规定主要表现在以下几个方面：（1）人身检查由侦查人员进行，必要时可请有专门知识的人在侦查人员主持下进行检查（参见《刑事诉讼法》第 101 条）；（2）侦查人员进行人身检查必须持有人民检察院或者公安机关的证明文件（参见《刑事诉讼法》第 103 条）；（3）检查妇女的身体由女工作人员或者医师进行（参见《刑事诉讼法》第 105 条）；（4）犯罪嫌疑人不同意检查的，可以强制进行（参见《刑事诉讼法》第 105 条）；（5）人身检查的情况应当写成笔录，由检查的人和见证人签名或者盖章。《人民检察院刑事诉讼规则》和《公安机关办理刑事案件程序规定》也只是对这些执行性规定的进一步明确而已，并没有增加具体内容。

二、我国人身检查制度立法的缺陷

与上述主要法治国家的人身检查制度立法相比，不难发现我国现行人身制度立法所存在的问题：其一，仅从法律规范数量而言，相比西方主要发达法治国家的立法，我国人身检查制度的立法显得过于单薄，不仅条文偏少，在内容上也过于粗疏、抽象，且缺乏司法解释和补充规定，实践部门不得不通过部门规定或地方规定的形式进行补充。① 这种立法混乱状况在客观上造成人身检查的实施缺乏统一性、规范性，而立法供给不足也必然导致在实际

---

① 从笔者所掌握的资料情况来看，我国实务部门目前对人身检查措施的执行多是依据公安部和地方公安机关的规定来进行，如 2008 年 1 月 1 日开始施行的《公安机关指纹信息工作规定》对指纹的提取进行了规定；《辽宁省 DNA 鉴定检材提取、保存和送检规范》、《福建省公安机关刑事案件现场勘验检查规范》、《河北省公安机关刑事案件现场勘验检查规定》等也都分别对人身检查作出了相关要求。此外，最新颁布的法律、法规中也对人身检查作出了规定，如 2008 年 6 月 1 日《中华人民共和国禁毒法》第 32 条第 1 款规定：“公安机关可以对涉嫌吸毒的人员进行必要的检测，被检测人员应当予以配合；对拒绝接受检测的，经县级以上人民政府公安机关或者其派出机构负责人批准，可以强制检测。”2009 年 1 月 1 日开始施行的《道路交通事故处理程序规定》第 25 条第 2 款规定：“车辆驾驶人有饮酒或者服用国家管制的精神药品、麻醉药品嫌疑的，公安机关交通管理部门应当按照《道路交通安全违法行为处理程序规定》及时抽血或者提取尿样，送交有检验资格的机构进行检验……”也由此而授予了公安机关在处理行政违法案件时，抽取违法嫌疑人血液和尿液样本的权力。

工作中产生两种不良现象：一方面是滥用人身检查权力，侵犯公民合法权利；另一方面则导致了部分侦查人员心存顾虑，在侦查工作中不敢使用必要的人身检查措施。[①] 其二，从法条规定的内容来看，现行人身制度的立法存在明显的缺陷，许多与人身检查紧密相关的问题规定粗疏甚至没有涉及，缺少权利保障性规定，具体来看，主要表现在以下方面：

（一）启动条件模糊

我国刑事诉讼法未对启动人身检查措施设置一个实体门槛，侦查人员在实施人身检查时几乎不受任何制约，既无犯罪性质要求、也无证据要求。这意味着侦查机关办案的需要成为了至高无上的理由，无论何种对象、无论何时，只要侦查机关“需要”即可使用人身检查措施。此外，强制性人身检查中之“必要的时候”这一标准如何判定？谁来判定？根据该条文，判定的机关是执行检查的侦查机关自身。换言之，侦查机关可以自我授权实施人身检查和强制采样。在此前提下，即使设定了实体门槛，其制约效果亦值得怀疑。反观其他国家和地区，几乎对人身检查程序的启动都进行了限定，仅以对犯罪嫌疑人的强制采样为例，大多数国家和地区都对实施采样的案件类型作出了规定：英国、奥地利、斯洛文尼亚实施强制采样的对象为触犯“列为登录之犯罪案件”的犯罪嫌疑人或被逮捕者；德国、芬兰、丹麦、瑞士、匈牙利、法国则为犯严重罪行或实施性侵害的犯罪嫌疑人；[②] 我国台湾地区“刑事诉讼法”尽管没有明确，但是也通过特别规定对此作出规定。[③]

就刑事诉讼程序运行而言，启动程序无疑是其第一道门槛，启动条件规定的模糊在客观上使得该项措施随意使用、缺乏程序规制。从司法实践情况

---

① 实务部门的同志撰文提出了这方面的困惑，“在建立刑嫌档案过程中，我们需要对犯罪嫌疑人和刑嫌分子捺印指纹、提取毛发、照相。这些人如果是在我们帮教、监督的范围内，工作就容易开展，但有些刑嫌分子我们并不掌握其犯罪的前科和证据，如果他们不配合我们的工作，不同意建刑嫌档案，我们就没有权力强行建立。有些鉴定会伤害到嫌疑人的身体，如交通肇事案件的酒精度测定，强奸案的 DNA 鉴定，都需要采血，如当事人不同意采血，我们是否可以强行采血？采血鉴定后，如果否定了其犯罪，当事人是否可以要求赔偿？这些都没有相应规定，工作不好开展”。参见陈洪波、王军朋：《当前刑事技术存在的问题与思考》，载《山东公安专科学校学报》2004 年第 3 期，第 107 页。另据笔者在实务部门挂职工作期间了解到的情况，越是重大敏感案件的执法活动，侦查人员的风险意识就越强烈，在法律没有为其划定界限的情况下，一旦发生了意外的结果，负责人和直接办案人员总是难辞其咎，因此在这种情况下，“不为”的成本显然低于“为”。

② 唐淑美：《刑事 DNA 资料库之扩增与隐私权保护》，载《东海大学法学研究》2005 年第 12 期，第 106 ~ 107 页。

③ 根据我国台湾地区《脱氧核糖核酸采样条例》第 5 条的规定，强制采样的案件类型被限定为性犯罪和重大暴力犯罪案件。

来看，为了破获大案要案、查明案件真相，侦查机关往往不惜一切代价，实施大规模的诸如抽取血样之类的人身检查。犯罪嫌疑人、被害人，甚至包括与案件无关的第三人在内的被检查人都随时可能承受基本权利被侵犯的危险。

（二）未对人身检查进行必要分类

如本书第一章所述，人身检查措施涉及种类较多，不同种类的人身检查对公民基本权利的侵犯程度亦不相同，因此存在不同的程序要求。对于诸如身体外表特征检查、指纹采集、毛发采集这类对公民基本权利侵犯程度较低的人身检查，其程序要求显然就低于诸如抽血、抽取体液以及利用手术方式提取体内证物之类的人身检查。对人身检查进行必要分类，并根据其实施强度以及对公民基本权利影响程度的不同设置不同的启动门槛和程序要求，无论是从规范侦查行为的角度出发，还是从保障公民基本权利的角度来看都具有重要意义。从对其他国家和地区的考察情况来看，德国对一般形态的检查与加重形态的“侵入式检查”的划分、英国对非私密性检查与私密性检查的划分以及日本和我国台湾地区对勘验性检查与鉴定性检查的划分，其目的无外乎此。

与此对比后不难发现，我国人身检查立法缺乏对人身检查措施的必要分类，[①] 仅对人身检查作出笼统规定，无论是身体外表检查还是抽取血液等侵入人身检查，皆可理解为《刑事诉讼法》第 105 条规定之应有之义，这种“一刀切”的规定模式导致各种人身检查都要适用同样的人身检查程序和实体要件。这既有违比例性原则要求，又在客观上直接导致侦查机关任意进行人身检查，从理论上讲只要侦查需要，不分种类地采用各种人身检查措施都是法律所允许的。正如我国有学者指出，这种立法模式“实际上是对所有的强制性人身检查措施的一个笼统的授权，使大量的严重侵犯个人基本人权的行为披上了合法的外衣”。[②]

（三）实施人身检查的对象规定不科学

人身检查作为一种证据调查手段，其不仅适用于犯罪嫌疑人和被害人，在必要时还可能涉及第三人。例如，在无法对犯罪嫌疑人进行人身检查（犯罪嫌疑人逃匿）的情况下对其直系亲属的人身检查、在性侵害案件中为确定

---

① 当然，如果说我国刑事诉讼法中所规定的人身检查制度完全没有分类显然也有失偏颇，因为从该法第 105 条的规定中还是可以看出自愿检查与强制检查、男性检查与女性检查这种区别，但这种分类相对宽泛，且未在具体程序设计上体现出其分类之实质意义。

② 李皓、高峰：《比较法视野中的人身检查措施》，载《广西政法管理干部学院学报》2007 年第 2 期，第 43 页。

侵害事实而对受害者产下之婴儿的人身检查等，这些在国内外司法实践中都经常发生，因此域外立法机构在设计人身检查制度时，往往将第三人也规定进人身检查的对象范围，只不过对于第三人的人身检查与对犯罪嫌疑人和被害人所进行的人身检查之条件和程序要求皆有所不同而已。例如，德国《刑事诉讼法》第81条a第1、2、3项对被告（包括犯罪嫌疑人）的人身检查作出了比较详细的规定，而在第81条c第1、2、3项又对第三人的人身检查作出了规定。二者在授权基础、实施条件方面存在较多不同。而根据我国刑事诉讼法及其相关司法解释的规定，人身检查措施只适用于犯罪嫌疑人和被害人，没有将第三人纳入被检查的对象。但从司法实践来看，有必要对犯罪无关的第三人进行检查的情况经常出现，在缺乏法律授权和规制的情况下，必然使得这类人处于法律保护的空白之地，从而有违刑事诉讼中人权保障的基本理念。

（四）实施程序封闭化，无中立机关介入

通过对域外人身检查制度立法状况的考察不难看出，人身检查在各国和地区都被作为一项对公民基本权利影响较大的侦查行为来对待，基于对侦查机关滥用该项权力的担忧，上述几个具有代表性的国家和地区几乎都建立了由中立的司法机关对强制性人身检查行为进行司法审查的机制，英国尽管没有设置人身检查权的司法审查机制，但也在立法中明确规定了由警司级别以上警官批准方能实施人身检查的这种批准机制，无论其实际效果如何，在立法中多设置一道监督门槛显然能够降低这种措施被滥用的风险。

而在我国，人身检查手段与其他侦查措施一样，几乎完全控制在侦查机关之下，不受中立的司法机关审查，被检查人难以获得向中立司法机关申请救济的途径。人身检查措施的实施完全由侦查机关（主要是公安机关）自主决定，整个检查过程完全呈封闭状态，从人身检查的启动、执行、结束到人身检查资料的处理等都是由侦查部门自己实施，责任也由其自行承担，其他部门无权参与和干涉，除了自我约束和自我监督外，不受任何机关的监督和审查，甚至无需经过上级批准。封闭、秘密的人身检查既无法从外部进行抑制，也缺乏具体的内部约束程序，属于典型的“超职权主义”侦查行为。侦查机关自身预防、追诉利益的需要和方便几乎左右了整个人身检查程序的实施。在某种意义上可以说，被检查人的各种权利获得与否完全取决于侦查人员自身的利益取向，缺乏一定的确定性和可预期性。

（五）缺乏被检查人权利保护机制

与国外普遍重视人身检查过程中对被检查人权利的保护相比，我国对被检查人权利的保护明显薄弱，在立法上难以找到对被检查人权利保障的实质性规定，更没有涉及侵权机关的赔偿义务。在实施人身检查时，侦查人员无需征求被检查人的同意，只要认为“有必要”就可以强制实施、多次实施检查。被检查人即使认为检查手段不合法，也没有提出异议的权利和条件，被检查人在整个人身检查的过程中既无获得信息权、拒绝检查权，又无异议提出权、律师帮助权，而上述权利的缺失显然不利于对公民基本权利的保护。即使人身检查实施不当，被检查人也没有申请事后审查和救济的法定权利和渠道。而对于实施人身检查所采集到的身体样本及收集的信息应该如何处置，我国法律更是没有涉及，使得这一部分完全处于无序状态。从实施机关到被检查人，由于缺乏人权保障意识，都不会在乎样本、信息的后期处理问题，其很有可能被随意放置、丢弃，甚至非法重复使用。

此外，实施人身检查还涉及一个限制人身自由的问题，对于被拘留或逮捕等已被采取羁押措施的犯罪嫌疑人、被告人进行检查当无疑问，但是对被害人、第三人以及尚未被采取刑事强制措施的被追诉人进行人身检查时限制人身自由是否应当有一个时间限制？立法却缺乏设计，而立法规定的空白必然会带来实践中的一系列问题。

（六）证据规则配套不足

人身检查作为一种证据调查手段，对其所获取证据资料之证据能力的判断无疑是一个非常重要的问题。如上所述，我国目前仅规定了人身检查笔录这种证据方法，通过人身检查获取样本由于其微物证据的特性往往需要转化为鉴定结论方能进入诉讼程序中使用。但是无论是人身检查笔录还是对身体样本进行鉴定所形成的证据结论，都忽视了一个重要问题：对人身检查笔录以及身体样本本身真实性的审查，也即对“路径材料”——人身检查见证人、身体采样笔录等此类证明人身检查资料来源真实性的证据之审查机制没有建立。例如，在凶杀现场被害人卧室提取的一个烟蒂，经DNA鉴定，烟蒂内唾液的DNA结构与犯罪嫌疑人身体中提取的DNA一致，而犯罪嫌疑人与被害人不熟悉，正常情况下不可能进入该卧室，这一烟蒂无疑是个很重要、很有力的证据材料。但是，如果没有现场勘查笔录、提取笔录和随案移交清单等路径材料来证实该烟蒂来源于现场，怎么能排除该烟蒂不是办案人员在提审犯罪嫌疑人时让其吸烟而取得的？在DNA技术高度发展的今天，许多种类的身体样本中都可以成为DNA鉴定的检材，如果不注重路径材料的审查，其真实性难以保障。人体的DNA样本可能无意散落在很多地方。例如，早晨刷牙漱口后，DNA检体将可滞留于牙刷上；梳头发后，DNA检体于发刷上发现；性行为后，配偶身上、卫生纸或床单上可采集到DNA检体；不慎流血时或月经来潮时，DNA检体更可能散布于许多地方。一旦遭到他人故意取得而设陷，在对DNA证据本身证明力普遍高度推崇的情况下，[①]“跳进黄河也洗不清”之情况就很有可能出现。因此，形成链式结构的路径材料是认定相关证据具有合法性，进而认定客观性的必要条件，而我国目前却缺乏对这类路径材料的审查机制。

此外，就证据排除规则而言，我国只有对非法言词证据的规定，对于像人身检查等类似手段获得的实物证据之排除尚属立法空白，即使立法增加了对实物证据的规定，由于法律没有对非法证据证明的启动主体、阶段、证明责任分配、证明标准等作出具体规定，非法证据排除规则最终也将成为一纸空文，证据配套规则的不足在客观上使得对侦查机关侦查权的程序制约难以有效实现。

第二节　我国人身检查制度的实践现状

在社会科学的研究过程中，如果没有深入实践进行“田野调查”，就很难产生真正的问题意识，对相关问题的研究于实践而言都有可能成为一个“伪问题”，得出的研究结论也缺乏实践指导意义。刑事诉讼法学作为一门应用性极强的学科，更是如此。为了尽可能真实全面地了解我国人身检查制度的运行状况，笔者采用了案例分析和小范围内的社会调查相结合的考察方法：案例主要来源于我国官方媒体所报道的相关典型案例；调查对象主要为一线侦查人员；所在范围既有省（直辖市）市级公安机关，[②]又包括南方发达城市的主城区以及西部农业县的基层公安机关，一定程度上保证了调查结果的代表性，调查则主要采用非正式座谈形式进行。

一、人身检查的主要方法及适用案件类型

从司法实践中的情况来看，勘视性人身检查（查看体表特征、伤痕）及

---

① 我国有学者对北大法律数据库中收录的1998年至2008年288起涉及DNA鉴定的案件中，被告人对DNA证据没有异议并认罪的案件有275起，占95.49%。在这些定罪案件中被告人的辩护人几乎都未就DNA证据的真实性提出辩护意见；被告人完全否认犯罪行为的有13起，占4.51%，但均未得到法院支持。DNA证据在刑事案件事实认定中的作用由此略见一斑。参见陈学权：《刑事诉讼中DNA证据运用的实证分析》，载《中国刑事法杂志》2009年第4期，第109～110页。

② 由于人身检查措施在我国主要是由公安机关进行，检察机关则基本上只是文书复检，一般并不会直接进行人身检查，因此笔者的调查主要在公安机关内进行。

采样性检查两种人身检查手段在我国侦查实践中都在使用，具体来看，主要有以下几种常用方法：

（一）体表伤情查验

体表伤情查验是指对身体表面伤情、皮肤瘢痕的查看，它不同于伤情鉴定或伤残等级鉴定，而是在侦查阶段所实施的一种初步检查活动，其目的在于确定损伤存在与否、判断损伤类型、推定致伤物以及推算损伤时间。从实践运用情况来看，体表伤情查验主要运用于故意伤害案件中，且检查对象多为被害人。从C市S区公安分局在2009年1月至9月进行检查的37例案件情况来看：以被害人为检查对象的案件为29件，其中故意伤害案19件、抢劫案3件、抢夺案7件（抢夺耳环致伤的有5件）；以犯罪嫌疑人为检查对象的案件为8件，其中故意伤害案6件，盗窃案2件。一般而言，这类检查的目的主要是通过人身检查笔录的方式对体表伤情进行记录，以保全证据（由于诉讼过程的历时性，身体表面伤害往往会迅速痊愈），从而为下一步诉讼活动的顺利进行提供帮助。

（二）特殊体征查看

特殊体征查看是指对身体表面具有个人识别性的特征（如痣疣、文身）的查看，其目的在于人身同一性识别。从实践情况来看，这种检查方式的对象多为犯罪嫌疑人，案件类型主要为抢劫案和强奸案，因为这类案件的被害人与犯罪行为实施者有近距离接触，对其特殊体征有了解。因此，侦查机关能够根据这类案件被害人的描述情况，通过查验和比对重点犯罪嫌疑对象，以查获犯罪行为实施者。这种人身检查方法在刑事案件侦查工作中发挥了重要作用。[①]

（三）私密部位检查

私密部位检查是指对人体私密部位（如生殖器、乳房等部位）进行的检查，这种检查主要运用在性侵害案件的检查中，其目的主要在于确定被检查人的受侵害情况。这类检查的对象主要是被害人，但有时也可用于犯罪嫌疑人（如对身体抓痕的检查）。从实践情况来看，性侵害案件中的被害妇女往

---

① 以一起典型案件为例：2000年至2002年，“胸膛上有老虎文身”的男人让重庆开县妇女谈“虎”色变。“恶虎”横行开县，频繁实施抢劫、强奸案件，一时间闹得人心惶惶。2002年9月，重庆开县公安局在另一起盗窃案的侦破中，通过对犯罪嫌疑人胸膛上文身这一体貌特征的查验，终于发现系列强奸、抢劫案的犯罪嫌疑人，从而成功破获系列案件，除掉了危害社会的毒瘤。参见俞往：《重庆开县警方擒“恶虎”，一举破获系列抢劫、强奸案》，http://www.mps.gov.cn/n16/n1237/n1402/101352.html,2010-03-03。

往顾虑较多、心理压力较大，因此公安机关在对其实施这类检查时通常都能够充分顾及被检查者的感受，有些地方甚至制定了针对此类检查的比较明确的专门规则来规范这项检查活动的实施。例如，我国南方某市公安局就明确规定在实施此类检查时，必须征求受害人或其监护人的同意，并明确向其告知检查所获取的任何证据均可能提交法庭调查、可能会就此检查结果接受法庭询问等事项。被检查人同意检查的需签署书面同意书，其书面同意书的格式如下图：

人身检查同意书

__________（填写检查人员的姓名）已经向我说明了检查的过程、证据的收集，允许将检查所见公开给警察/法庭。

我__________（填写被检查人的姓名）同意下述内容：

（每一项前标记✓为申请）

- ☐ 检查部位包括生殖器和肛门。
- ☐ 收集标本用于人身检查以诊断任何身体问题。
- ☐ 收集标本用于犯罪的调查。
- ☐ 摄像。
- ☐ 提供口头或书写报告给警察或其他调查者。
- ☐ 治疗任何确诊了的医学状况。

被检查人（或监护人）的
签字及画押________
证人的签字________
日　　期________

图1　人身检查同意书

该局同时也明确规定，如果受害人不同意接受检查的，不得强制进行，但需对其说明拒绝检查可能对其造成的不利后果。从实践情况来看，很少有受害人不配合侦查机关检查的，在该市2008年进行检查的26例案件中，仅有一例被害人拒绝了检查。

（四）指纹采集

提取指纹进行同一性比对作为一种传统的侦查手段，在我国刑事司法实践中一直大量使用，也对案件侦查起到了非常重要的作用，尤其是近年来数字化指纹信息数据库建立后，在刑事侦查中利用指纹比对破获了大量案件。如上所述，根据相关数据显示，利用指纹信息系统，我国每年破案10万余起，平均每天破案300多起，[1] 一些悬案也由此得以告破。[2] 因此，我国侦查机关（主要是公安机关）目前非常重视对指纹样本的提取，公安部2008年1月1日专门出台实施了《公安机关指纹信息工作规定》，对我国公安机关指纹提取工作进行规范。根据该规定，经人民法院审判定罪的罪犯，依法被劳动教养、收容教养的人员，依法被行政拘留或者因实施违反治安管理或者出入境管理行为被依法予以其他行政处罚的人员（被当场作出治安管理处罚的除外），依法被强制戒毒的人员，依法被收容教育的人员，依法被拘传、取保候审、监视居住、拘留或者逮捕的犯罪嫌疑人，依法被继续盘问的人员共7类人的指纹信息必须强制提取并保留至指纹信息库，而这种提取并不需要经过批准程序。从实践情况来看，许多地方甚至将指纹采集数量作为考核工作业绩的一项指标。仅以西部某市为例，该市公安局每年会根据下辖区、县的总人口数、平均打击人头数、违法人员数几项指标给各区、县下达了必须完成的指纹采集数，平均每个民警1年要完成40个指纹采集任务，仅2008年全市共采集指纹样本13572个，主要采集对象为犯罪嫌疑人和行政违法人员，其中行政违法人员的指纹提取约占60%。

（五）DNA检材采集

尽管我国的DNA鉴定技术相对西方发达国家来说发展迟缓，但对这一技术在排查和锁定犯罪嫌疑人方面的独特价值却早有深刻认识。20世纪90年代中期以后，DNA技术在国内得到迅速发展，公安部门和部分高校相继建成了各自的DNA分析研究室，其分析技术包括DNA指纹分析技术、PCR－STR符合扩增技术，DNA测序技术等。[3] 进入21世纪后，DNA技术在我国刑事侦查工作中的重要作用更加凸显，各地DNA实验室、DNA数据库建设也得到了较快发展。截至2009年4月，全国公安机关已经拥有DNA实验室236个，承办着全国范围内各类案件人体生物检材DNA检验和DNA数据建设应用工

---

① 孙春英：《公安刑事侦查改革十年：磨剑树神威》，http://news.xinhuanet.com/legal/2007－12/10/content_7223974.htm，2010－03－03。

② 1993年6月，海南省儋州市那大镇先锋路一居民房发生了重大盗窃案，给屋主配发的公务用枪被窃贼盗走（警方在案发现场提取了一个陌生的指纹，该指纹为今后破案起到了关键的作用），而儋州市公安局调派大量的警力对此案进行调查，却一无所获。2004年，在全国指纹破案会战中，通过对有前科的犯罪嫌疑人进行指纹比对，警方发现11年前盗枪嫌犯有可能在罗牛山监狱服刑，经警方提审，该犯对案件供认不讳，该案遂得以告破。参见洪宝光：《指纹会战破悬案，11年前盗枪疑犯落网》，http://news.sina.com.cn/s/2004－03－24/09022125004s.shtml，2010－03－03。

③ 参见公安部政治部编：《生物物证学》，中国人民公安大学出版社2008年版，第241～245页。

作，年检验检材数近90万份，全国公安机关DNA数据库已存储270余万份DNA信息。[①]

从运用DNA技术侦察的案件类型来看，DNA比对主要集中在性侵害、故意杀人以及盗窃几类案件上。笔者对我国南方某沿海城市公安机关2008年利用DNA技术所侦查的案件情况进行了统计：[②] 该市公安机关在2008年运用DNA检材提取措施侦破了108起案件，其中故意杀人案19起，抢劫强奸案（即在一案中同时实施抢劫、强奸两种行为）68起，轮奸案7起，盗窃案14起，其分布比例见图2：

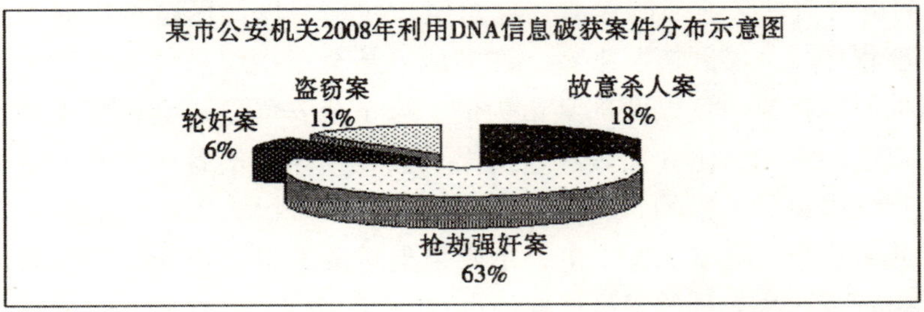

图2　某市公安机关2008年利用DNA信息破获案件分布示意图

从上图显示情况可知，在DNA技术运用的几类常见案件中，又以在性侵害类案件的侦查中运用最多（综合比例占69%），单纯的盗窃案最少（仅占13%）。其原因主要在于性侵害案件的现场或被害人体内遗留有生物样本（毛发、精斑、唾液等），只要刑事侦查人员及时赶赴现场，往往能从现场采集到与犯罪嫌疑人相关的生物学证据，如犯罪嫌疑人遗留的血痕、精斑、唾液、毛发等，而通过对所提取的检材进行DNA技术鉴定分析比对后一般能在第一时间快速定位（排除）犯罪嫌疑人。

DNA技术在刑事案件侦查实践中发挥了巨大作用，其在迅速锁定犯罪嫌

---

① 李晓萍：《全国公安机关拥有DNA实验室236个》，http://news.jcrb.com/gongan/200904/t20090409_204386.html,2010-03-03.

② 该数据来源于笔者在该公安机关工作的一位同学，出于保密原因，在此隐去具体地名。

疑人、[①] 串并案、[②] 防止错案[③]等方面更显现出了其他传统侦查手段所不能代替的重要功能。据公安部所提供的数据显示：目前利用 DNA 技术，全国每年破获 5000 多起案件，其中不少是久侦未破的疑难大案。[④] 而与此形成鲜明对比的是，有关 DNA 检材采集的专门法律目前在我国还未予以规定，现行刑事诉讼法关于人身检查的规定成为 DNA 采样的唯一法律依据，立法的粗疏在客观上导致了实践中的任意使用。除公安机关在个案调查中大量使用 DNA 采集措施外，以构建 DNA 数据库为目的进行的 DNA 检材采集在司法实践中大量运用。由于 DNA 数据库发挥作用的前提在于入库的样本必须达到一定数量，

---

① 从近年国内媒体报道的案件来看，利用 DNA 技术侦破案件的案例不胜枚举，如 2002 年 3 月 11 日，太原市公安局尖草坪分局刑警大队在尖草坪区×××线铁道 1 公里处的涵洞内，发现一具腐烂女尸。经法医鉴定，受害人系机械性窒息死亡，死前有过性行为。经确认，死者是 15 岁贵州籍少女伍某某。经公安人员多方侦查，发现在尖草坪区某木器厂打工的某村村民李某某有重大嫌疑，公安人员密切监视李某某的行踪，并进行了秘密侦查和取证工作。通过对李某某提取血液进行 DNA 鉴定后表明，李某某是杀害伍某某的真凶，公安人员立即将李某某刑事拘留，李某某很快交代了其犯罪事实。参见张敦平：《DNA 技术解开杀人案谜团》，http://www.sxmu.edu.cn,2010-03-03。

② 以发生在上海的一起案件为例：2001 年 11 月 16 日晚，被害人张某下班途经某隧道时，从旁边绿化带中窜出一人抢劫其背包，并把她强行拉入绿化带强奸了两次。案发后，"法庭科学 DNA 数据库"留档了罪犯遗留的精子 DNA 基因型。事隔半年后的 2002 年 5 月 23 日 23 时 30 分左右，某区发生一起拦路抢劫强奸案，被害人袁某被劫手机一部及现金 900 余元。留档罪犯遗留的精子 DNA 基因型，并通过 DNA 数据库查询比对后发现，上述两起抢劫强奸案为同一人所为。2002 年 8 月 5 日，被害人夏某在某村荒地遭到抢劫强奸。案发后，提取了被害人的阴道拭子检验和分析，并在"法庭科学 DNA 数据库"存留数据中进行比对，认定该被害人阴道拭子中的精子与上述两起抢劫强奸案中的精子为同一人所留，即三起抢劫强奸案为同一人所为。"法庭科学 DNA 数据库"的串并为侦查员提供了侦查方向，并于 2002 年 8 月 17 日抓获涉嫌抢劫强奸的犯罪嫌疑人方某，DNA 检验结果表明，上述三起抢劫强奸案正是犯罪嫌疑人方某所为。参见陈连康等：《上海市公安局"法庭科学 DNA 数据库"介绍》，载《刑事技术》2003 年第 5 期，第 6 页。

③ 2000 年 4 月 3 日晚，山西省大同市新荣区某乡中学两名住校的女学生在宿舍里被一名歹徒强奸。案发一周后，新荣区公安分局刑警队开始立案侦查，办案民警根据校方和受害学生提供的线索分析，此案犯罪嫌疑人对学校环境熟悉，不排除内部作案的可能。经过 20 多天的侦查，警方逐渐将目标锁定在李某某身上，并认定李某某有重大作案嫌疑。警方认定李某某作案的主要证据有：李某某系该乡中学的民办教师，对学校情况及周围环境熟悉；案发当日白天，李某某曾到过女生宿舍附近；李某某的血型为 A 型，与受害女学生被子上所遗留的精斑物质血型一样。李某某拒不认罪，但仍被刑事拘留。其后，应李某某所委托律师的坚持要求，该案精斑被送到公安部物证鉴定中心进行 DNA 技术鉴定。两次鉴定后，终于真相大白：被子上的两处精斑不是李某某所留。李某某在被错误羁押长达 341 天之后，最终依靠 DNA 鉴定技术洗刷了自己所受的不白之冤。参见马兴：《一位民办教师的 DNA 鉴定历程》，载《中国社会导刊》2005 年第 11 期，第 10～12 页。

④ 孙春英：《公安刑事侦查改革十年：磨剑树神威》，http://news.xinhuanet.com/legal/2007-12/10/content_7223974.htm,2010-03-03。

因此各地公安机关对于DNA检材采集[①]的热情非常之高，各地纷纷出台采集DNA样本的硬性规定，采集对象范围非常宽泛。以南京和广州为例：南京市公安局出台规定，对于“七类人”[②] 必须采集DNA样本，其他条件人员则“尽量采集”，并且通过多种方式鼓励民警的采集热情，“市局还大力宣传、表彰因工作负责、采样及时而导致破案的基层民警，对凡因采集DNA突破大要案件的，市局都直接奖励到最初采集的民警。上述举措不仅强化了基层民警利用DNA数据库破案的意识，也较大调动了基层民警的采样积极性，在全局范围内形成了‘多采多破案、破难案’的良好氛围”。[③] 广东则在2009年8月开始对辖区内娱乐场所的从业人员全部进行照片、身份信息、指纹、DNA和笔迹“五提取”，而后再对没有违法犯罪前科的人员发放《娱乐服务场所从业资格证》，并持此证上岗。目前仅白云区下辖的棠景派出所就已对辖区内118间公共娱乐服务场所和特种行业的4233名从业人员进行了“五提取”。[④] 这种大规模的、几乎不需要理由的DNA采集行为，与国外对DNA样本采集的严格限制形成了鲜明对比。

从整体来看，体表伤情查验、特殊体征查看、私密部位检查等勘视性检查方法由于其对公民权利影响不大，[⑤] 强制性不明显，因此我国理论界和实务界对于这种人身检查手段的实施没有什么争议。而从指纹采集和DNA检材（常见检材为血液）采集来看，这两类人身检查方式尽管目前都在司法中经常使用，指纹采集由于对人的基本权利侵害比较小，且采集、保管技术相对成熟，尽管采集范围比较大，但是问题并不突出。而DNA检材的采集则暴露出许多明显问题（下文将对这些问题作出具体分析）。除了上述主要人身检查手段之外，我国刑事侦查实践中也曾常用以血型鉴别为目的进行的血液提取，但是由于血型识别误差率较高，在DNA技术出现后，其已逐渐为DNA

---

① 根据笔者所了解的情况，尽管DNA鉴定的生物源物证主要有血迹、血液、毛发、精液、精斑、组织等所有含人体有核细胞的生物源物证，但是由于鉴定技术的原因，各地公安机关目前基本上都是采集血液进行DNA鉴定。

② 所谓“七类人”是指：人民法院审判定罪的罪犯；依法被劳动教养、收容教养的人员；依法被行政拘留或者因实施违反治安管理或者出入境管理行为被依法予以其他行政处罚的人员（被当场作出治安管理处罚的除外）；依法被强制戒毒的人员；依法被收容教育的人员；依法被拘传、取保候审、监视居住、拘留或者逮捕的犯罪嫌疑人；依法被继续盘问的人员。

③ 宋敏：《南京市DNA数据库的建设》，载《中国刑事警察》2008年第2期，第21页。

④ 王普：《广州娱乐场所从业者提取DNA后方可上岗》，http://www.gd.chinanews.com.cn/，2010-03-03。

⑤ 笔者调研中所接触的侦查人员以及受检对象基本都认为：只要对女性检查时注意隐私保护，这项措施几乎不会对被检查者产生影响。

采样所取代。此外，在我国侦查实践中也采用了齿痕提取、X 光透视检查、尿液测试等方法。[①] 虽然我国目前人身检查手段种类相对较少，但可以预期，随着科学技术的发展，越来越多的技术手段会被引入到刑事案件的侦查中来，人身检查的手段也会更加多元化。因此，我们完善人身检查制度时，不能仅仅局限于这几种常见方法的运用，而是要具有一定的前瞻性，应当充分预期到未来可能采用的多种类人身检查手段。

二、人身检查程序的启动

（一）人身检查的启动条件

人身检查作为一项侦查行为，从法理上讲，其启动必须具备一定实体要件，如涉嫌犯罪性质、证据要求等，如果实行侦查程序采用的是程序性启动机制，则实施侦查行为还必须具备程序性要件。[②] 我国侦查程序启动实行的是立案制度，侦查程序是立案程序的后续程序，因此立案标准也就间接成为人身检查程序的启动标准。但是由于我国的立案程序并没有针对特定对象，仅为国家权力在特定领域从无到有的扩张过程，其结果仅仅是国家权力在侦查领域的启动，并不必然导致国家权力对公民权利的压制，因此其成立条件相对较为宽松（有犯罪事实发生，需要追究刑事责任），立案程序因而对侦查行为启动之影响非常有限。[③] 通过与侦查人员座谈交流，笔者发现司法实践中侦查人员启动人身检查程序很少考虑“条件”，仅仅关注“目的”，而其目的可归结为收集证据和查获嫌疑人。

由于我国整套刑事诉讼体制都是建立在信任国家权力、相信侦查人员的预设前提下，侦查人员因此也承受着道德负担，其启动人身检查行为时，通常也需要以下两个原则：一是具有正当的人身检查目的和善良的动机；二是要求侦查人员本人确信人身检查行为具备实现预设的人身检查目标之可能性，不能毫无根据地浪费侦查资源。就人身检查行为实现预设目标的可能性而言，笔者在调查中并没有发现明确的标准，几乎所有被调查侦查人员都或多或少

---

① 参见张泽民著：《科学神探：来自警方实验室的报告》，中国人民公安大学出版社 2003 年版，第 224～228 页。

② 从目前世界主要国家和地区立法来看，侦查启动模式分为两种：随机型启动模式与程序型启动模式。前者以获悉犯罪消息为前提，一旦侦查机关通过各种途径获悉有犯罪消息，在不需要经过特别的案件处理程序就立即启动侦查程序加以调查；后者排斥侦查程序在启动上的随机性而强调程序性，通常必须经过专门的开启程序之后，才能正式启动侦查程序。

③ 参见王志刚：《我国侦查启动程序之反思》，载《广西大学学报》（哲学社会科学版）2009 年第 1 期，第 79 页。

地提出：个案情况不同，作出的判断也不一样。一般而言，侦查人员只能依据本身经验进行判断，有时可能根据现有证据证明有人身检查必要，有时则纯粹依靠推测甚至直觉。因此在实践中，侦查人员在决定是否人身检查问题上拥有极大的自由裁量权，尽管他通常不会依据纯粹想象来决定进行人身检查，对一般刑事案件的人身检查，常需依靠案件类型、现场遗留证据情况、犯罪嫌疑人的交代、知情人的举报等因素来综合判断，但在特殊任务（如为DNA 数据库采集样本）的压力下，人身检查启动的"必要性"就让位于完成任务的功利性目的了。

（二）人身检查启动的审批程序

我国人身检查程序的启动无须经过任何审批程序，基本上只要侦查人员认为有必要即可启动。通过上文对主要法治国家人身检查立法状况的考查可知，除英国之外，基于"权力分立"、"权力限制"和"权力有限"等法治原则，其他各国都将人身检查的决定权和执行权分开，交给不同的机关行使，原则上人身检查的决定权属于法官，侦查机关只有在特定情况下才能决定人身检查，而且还要接受法官的事后审查，应该说，这种权力分立机制已经成为法治国家人身检查制度的一般法理和原则。与此不同的是，我国现行刑事诉讼法以及相关解释并没有对人身检查的申请和签发作出明确的规定，对其申请也无具体和明确的要求。如上所述，人身检查的启动完全被委于侦查人员自由裁量决定执行。这种自我决定、自我执行的机制既有违法理，在实践中又带来较大问题。

从诉讼理论上看，为了实现惩罚犯罪与保障人权这一刑事诉讼目的，现代刑事诉讼中重要的程序问题和实体问题原则上都需要通过权力的互相制约和监督来进行决定，以在二者之间寻求平衡。由侦查机关同时拥有人身检查的决定权和实施权，其他机关既不能对侦查机关的这项权力进行有效的制约，也无法监督人身检查活动是否合法，在客观上必然导致侦查活动侧重于对犯罪的控制和惩罚、忽视对人权的保护，这显然不符合现代刑事诉讼的规律。而这种由侦查人员既当"裁判员"，又当"运动员"的身份错位机制，则不可避免地在实践中产生两种倾向：

一种是只要有需要即可使用人身检查措施，无论为了具体案件侦查，还是仅仅为 DNA 数据库采集样本。例如，《南方都市报》就报道了这样一个案例：

2008 年 11 月 21 日晚，住在广东省深圳市宝安 19 区的张先生和几个老乡正在家看 CBA 篮球赛时，二三十名警察、巡防员还有保安员冲了进来，要求他们到派出所去一趟。张先生和几个老乡随警察步行六七分钟赶到了镇南派出所，被要求填写一个表格，并且被照相、抽血、资料录入及捺指纹。由于被带到派出所的有几百人之多，张先生直到昨日凌晨4时左右才回家，在派出所待了约7小时，整个过程中，警方既未告知理由，也未解释检查的目的。[①]

在上述案例中，不难看出，警方夜间大规模入室将被检查人带至派出所集中进行人身检查，既未告知任何理由，又未征求被检查人同意，在此情况下人身检查措施的使用显然缺乏约束，因而既不符合比例原则，也未体现令状原则的要求。

另一种则表现为过于相信自己的经验判断，对于应当检查的对象不及时进行检查。如上所述，由于法律对哪些案件可以启动人身检查，哪些案件不需要启动人身检查缺乏规范，人身检查措施的采用是由侦查机关自行判断的，因此司法实践中存在着某些侦查机关，尤其是基层侦查机关轻视人身检查措施的使用，对应当进行人身检查的犯罪嫌疑人不及时进行人身检查情况，从而造成了不可弥补的后果。例如，震惊全国的杨新海系列杀人案就是一个血的教训，杨新海曾因盗窃、强奸被2次劳教、1次判刑。2000年出狱后，他连续在河南、安徽、河北和山东4省疯狂作案25起，杀死67人、伤10人、强奸23人，直到2003年11月才在河北沧州被抓获，作案时间跨度长达3年。对此，北京市公安局法医检验鉴定中心刘雅诚教授就指出：

“杨新海并不是什么高智商的犯罪分子，基本上每次作案时都因受害者反抗留有血迹、毛发等物证，更不用说在强奸时留下的证据。如果公安机关在杨海新以前就建立他的DNA档案，而办案人员又能对犯罪现场证据及时准确地进行DNA分析，并且有全国联网的数据库，那么许多无辜者就会幸免于难。”[②]

这样两种倾向都客观存在于我国的司法实践中，笔者在调研中，一位长期从事侦查技术工作的法医一席话道出了其中的问题所在，“法律规定空白给侦查机关留下的空间过大，怎么把握何时该使用、何时不该使用？一句话，看主要领导重视不重视，领导重视，使用就比较多；反之，则能推就推”。仅以西部某市为例，2008年该市采集样本最多的一个区采集样本共1300多

---

① 刘春林：《在家看球赛，警察闯进来》，载《南方都市报》2008年11月23日，A10版。

② 转引自李虎军：《DNA数据库：更有效地识别犯罪》，载《南方周末》2004年12月3日，第7版。

个，而最少的一个县则只采集了40多个，如此大的差异显然不是地域、技术等原因所能解释得了的。

三、人身检查的对象

我国《刑事诉讼法》第105条将人身检查的对象限定为“犯罪嫌疑人”和“被告人”，也即人身检查只能对这两类人实施，但从实践情况来看，人身检查的对象完全没有受到该范围的限制，只要侦查机关需要，任何人都有可能成为人身检查的对象。除了上述南京市那种“多采多破案、破难案”的“群众运动式”的大范围进行人身检查获取DNA信息之外，近年在一些重大案件中大范围地进行人身检查的现象也较为常见。尤其是在恶性案件的侦查工作陷入困境，没有侦查方向、侦查手段匮乏时，迫于破案压力，通过较大范围的进行人身检查采集DNA样本揪出犯罪嫌疑人成为了警方常用的一种方式，[①] 侦查工作的现实需要与法律规定再次脱节。因此，笔者在此欲对这种现象进行专门分析。

“撒网采验DNA”这种查找犯罪嫌疑人的特殊方式尽管在我国法律中找不到任何依据，但在实践中却在经常使用。通过上网搜索，笔者发现，仅媒体公开报道的我国侦查机关利用“撒网采验DNA”方法侦查的案件（1999～2008年）就超过50起，涉及人员众多。而这种报道多是正面评价警方此方法的“神威”效果（未经报道的不成功案例估计也不在少数），笔者在此仅摘选几个案例：

案例1：1999年，浙江省余杭市连续发生多起强奸杀人案，持续时间达半年之久，当地群众一度非常恐慌。此案后来的顺利告破得益于人身检查措施的适当运用：警方在一名受害人的胸部提取到犯罪嫌疑人的牙齿咬痕、在现场提取到少量脚印和毛发，警方利用对周边地区近百人提取牙齿咬痕的方式圈定了重点对象，然后提取血液查验DNA的方式最终抓获“劫色杀手”——浙江省余杭市仓前镇通义村21岁的男青年李明，此案顺利告破。[②]

---

① 据笔者所了解情况，接受这种检查的被检查人几乎都不是自愿接受的，之所以最终接受检查，一部分人是急于证明自己的清白，而另一部分人则是在侦查人员的诸如“你不接受检查就证明你心中有鬼，我们可以对你进行留置讯问”等语言强制下“配合”接受了检查。这也与我国的诉讼法律文化传统有关，在公法活动的领域内，我国对公民更多强调的是其服从的义务，而非协商的权利，因此公民很难对此发表异议。

② 参见张泽民著：《科学神探：来自警方实验室的报告》，中国人民公安大学出版社2003年版，第224～228页。

案例2：2000年，黑龙江省孙吴县一名12岁少女被强奸后勒死，经过一段时间的侦查，警方对该案束手无策。2005年该案出现转机，警方对案发现场周围符合作案条件的约300名中青年男性全部进行抽血检测DNA，后来终于抓获犯罪嫌疑人邢加友；① 2003年，湖北警方为侦破一起恶性强奸杀人案，深入91个村逐村逐户逐人排查15万人，从中确定重点对象1748人，之后又给其中的1262人做了常规血型检测。②

案例3：2008年4月至12月，黄石市街头先后发生10余起强奸、猥亵幼女案件，歹徒在傍晚跟踪独行小女孩，以帮助指路为由，将被害人诱骗至偏僻无人处施暴。受害者年龄在9~12岁。黄石警方成立20人侦破专班，专班民警在全市对10万余人抽取血液进行DNA鉴定，仅DNA排查一项就花费60余万元。2009年4月，终于发现其中有一份妇女的DNA与案犯现场遗留精液的DNA较为接近，经查，该妇女有3个儿子，其41岁的儿子张某某，曾因抢劫、故意伤害、盗窃，分别被判5年、13年和3年有期徒刑，有重大嫌疑，而警方进行大规模抽取血液进行DNA排查时，该人正在接受劳教，因此当时并未直接抽取到他的DNA样本，后对该人抽取血液进行DNA鉴定后，发现DNA与案发现场留下精液的DNA完全吻合。③

案例4：2008年6月15日早7时许，在辽宁省鞍山市千山区笔管堡村一窖头房外，一名12岁小女孩被人强奸后杀死。经对笔管堡村16~60岁的近千名男性抽血排查，进行现场生物物证DNA比对，很快锁定该案系村民孙某所为，但孙某在被采血样后当天畏罪潜逃。④

……

这种“撒网式”大规模采集样本的案例近年出现较多，而且越是重大、

---

① 黑龙江生活报：《五年后267份DNA检出杀人嫌犯》，http://news.sohu.com/20051220/n241040580.shtml，2010-03-03。

② 参见张先国、傅君清：《流窜作案的“杀人淫魔”张光旗在湖北被抓捕归案》，http://news.xinhuanet.com/legal/，2010-03-03。

③ 饶纯武：《湖北男子强奸16名幼女 警方通过母亲DNA找真凶》，http://news.sohu.com/200904281，2010-03-03。

④ 马琳：《凭一滴血破了5市“一号公案”》，载《辽沈晚报》2009年9月2日，C14版。

破案压力大的案件，侦查机关越是不惜代价地进行大范围的“抽血排查”。[①]客观而言，侦查机关实施这种大范围的排查是一种不得已的选择，仅从上述案例反映情况来看，确实也对案件的最终侦破起到了重要作用。但笔者对警方这种“撒网采验 DNA”方法一直持质疑态度，因为这种侦查方法存在的缺陷非常明显：

第一，不利于保障人权，有违刑事诉讼法的基本理念。

刑事案件侦查的对象只能适用于特殊人群，即有证据证明存在犯罪嫌疑的人，而不能将犯罪嫌疑泛化理解为：只要具备作案条件（强奸案中的男性或者生活在案发现场周边区域内就被视为犯罪嫌疑人）者皆有嫌疑。虽然侦查机关在破案初期可以把怀疑对象的范围划得大一些，但同时亦承担着不断缩小怀疑对象范围的责任，应当尽量避免给很多的人带来骚扰，在直接实施侦查措施时更加应该慎重，不能轻易启动。如果仅仅为了查找一名犯罪人就进行大规模的 DNA 检测，就侵犯了不特定多数无辜公民的基本权利，打扰其正常生活，明显对人权造成了侵犯，也违背了程序法治的基本理念。一位名叫万光武的中学老师在经历了这样一次检查后，在其博客上以“采血记”为名如实记载了他被检查的经历以及心情：[②]

今年春节，我居住中学的附近发生一起强奸杀人案。警察号召群众举报可疑人员。但张贴的协查通报中也没有太多对嫌犯的体征描述。转眼半年过去了，人们渐渐把它淡忘，像以往很多无头案一样，我也没有想象还有什么意外发生，生活开始归于平静。

事件是这样开始的：那天早上，我快到学校大门口时感觉气氛不对。见大门外拉了一条白线，还有警察和警车。传达室边闹哄哄围了一堆在院里住的男老师和男家属，一些人正埋怨对面一个便衣男子，便衣人不耐烦：“急也没用，平时的耐心都哪儿去了！配合点儿，这点儿时间算啥！”这时，便衣旁边的校长叫住了我：“等会儿再走，等着排查！”见我不明白，解释了一下，说还是年初那个案子，派出所决定对附近居住的成年男性进行逐个排查，方法

---

① 据笔者在调研中了解到的情况：2009 年春，西部某市震惊全国的“哨兵被杀案”发生后，因该案性质非常恶劣、社会影响较大，公安机关对于该案非常重视。由于案发现场遗留弹壳上采集到案犯遗留的 DNA 物质，因此 DNA 排查也是该案侦查的一项重要工作，该市公安局最初规定本范围内凡是 17 岁以上 50 岁以下的男性全部都要采集血液进行 DNA 鉴定，但是在对某职业中学采集时遭到师生的抵制，该情况反馈到市公安局后，市公安局才决定不再对在校生进行排查，而将范围重点确定在社会闲散人员、前科人员上，截至 2009 年 8 月，该市就此案已对 3 万余人进行了排查。

② 万光武：《采血记》，http://blog. sina. com. cn/s/blog_5311cc9c0100dtxr. html,2010 - 03 - 03。

就是抽血化验 DNA。“为保一方平安，配合一下警察同志!”这句话是对着大家说的。“可也得有时间观念呀，采血的也不跟车一块儿来?”一位眼镜还在抱怨。

我借机看了一下便衣手中的名册，见上面列着校家属院居住的成年男性名单，左上角写着“××中学片区”，再上是“××乡排查人员名单”字样。我斗胆问便衣：“这一共得抽多少人的血啊?”“一两千吧!”我吃惊，“一两千人都成强奸嫌疑犯了?”我有被侮辱的感觉。“这还算多大委屈?谁都跑不了!”便衣人有些不耐烦。旁边有老师笑话我，我只好不说话了。

陆续有人加入我们的队伍，热热闹闹像赶集。便衣人接完一个电话后跟校长耳语几声，校长吩咐门卫把传达室收拾一下，人群骚动起来，“总算等到了!待会儿我第一个查啊!”“听说当时就能查出血型，我得看看我什么血型!”说话间，一辆摩托车载着一个中年男警察到了，同校长寒暄几句就提着药箱进了传达室。校长忙招呼大家：“排好队一个个来，效率高一点啊!”中年警察见我进来，用下巴点了一下椅子，示意我坐他跟前。边翻名册边问：“姓名?”听到答复后就在我名字上打了个钩，然后扳过我的头，拿出器械准备扎耳朵，又放下，想起什么似的拿个棉球擦了擦要扎的部位。然后我就觉得耳垂猛然一下子被扎得很疼。他挤挤，觉得血量不够，冷不丁同样位置又被扎了一下。我叫苦不迭，心想这肯定是临时培训的。这时屋里挤满了人，烟雾缭绕，人们都在相互打趣，“喂!这下看你这个披着教师外衣的色狼往哪躲!”“不做亏心事，不怕鬼敲门。这位老弟完事我第二个抽。哎!往后缩什么?心虚是吧!”谈笑间我的检查已结束，后面的人蜂拥而随。血样被分别装进一个小纸袋，上面写上了名字和住址。听说采样全部结束后，血样要统一送省城做 DNA 鉴定，而结果出来之前，人员外出都要登记备案。

就这样我被放了出来，发了一个棉棒按住耳垂。待一会儿会有更多捏着耳朵的路人，该是街上一景吧!

直到现在，这件事不再被任何人提起，就像大家经历的诸多平常事中的一桩，但它对我来说，却日渐感觉是一个不平常的大事件，特别是那痛与羞辱堆积的瞬间，还有不以为然的人们，更让我无法忘记。

第二，成本高昂且成功概率不高。

由于进行 DNA 检测需要一定人员以及相当条件的硬件支撑，因此其实施需要一定的投入，而“撒网采验 DNA”由于涉及面大，其成本投入自然较高，如在由顾永忠教授无罪辩护成功的河南省郑州市“黄新故意杀人案”[①]之侦查过程中，郑州警方为了查获真凶，于2002年7月底至2003年初期间进行了数次大规模的“撒网采验DNA”，凡是案发前后在案发现场附近居住过的可疑男性，无论是本地人还是外来打工者，或出差旅游到此的，均被抽血检查。警方为这种罕见的大海捞针式的取证核查投入了大量警力和财力，先后有5000余人被抽血化验，每个人的验血费为200多元。仅此一项，警方就耗资100余万元之巨，但仍未寻获真凶。而上述2008年黄石警方进行的排查中，仅DNA排查一项也花费60余万元。因此可以说，“撒网采验DNA”是一种代价高昂的侦查行为。但其效果未必理想，尽管上述公开报道的案例都是以成功告破而终结，但笔者认为，肯定还有相当一部分案件，以此方法并未奏效。其原因很简单，在这种排查方式中的偶然性太大，即使抽血检查了1万人，恰恰犯罪嫌疑人本人侥幸漏过了检查或检查结果出现了技术偏差，那么就意味着整个检查活动宣告失败。例如，在“杀人恶魔”杨新海案侦查过程中，河南警方以临颍县纺车刘村案发现场遗留的DNA生物痕迹为线索，对临颍县、西平县、上蔡县近万人进行了抽血检查，但就因为杨新海本人流窜至外地躲过这一系列排查而使整个检查前功尽弃。更值得一提的是，杨新海的父亲也接受了多次抽血检查，但就因为DNA分析技术出现了误差，检查中竟然没有发现杨父DNA样本与现场遗留DNA的遗传谱系关系，反而据此排除了出门在外“打工”的杨新海之作案嫌疑，这种情况使我们不得不质疑这种侦查措施的科学性及必要性。

四、人身检查的执行

（一）执行主体

根据我国《刑事诉讼法》第101条规定，我国人身检查的主要执行者是侦查人员，“必要时”才可以在侦查人员的主持下，请有“专门知识”的人进行，但现行法及相关解释都未对有“专门知识”人的资格进行明确规定。如上文所述，人身检查措施是一项技术性较强的侦查行为，尤其是采样性人身检查常常需要采用医疗手段进行，人身检查尤其是采样性检查由专业资格的人来实施是法治国家对侦查机关实施人身检查的最基本要求。例如，美国联邦最高法院在Schmerber一案的判决中即指出：“当一个人受到使用医学技

---

① 此案的详细介绍可参阅《郑州市人民检察院诉黄新故意杀人案》，载《中华人民共和国最高人民法院公报》，2003年第3期，第23~24页。

术的搜查时（a search involving use of a medical technique），即使是最基本的行为也必须由专业的医护人员实施，因为“如果允许非医学专业之人或非在医学专业环境下（other than medical personnel or in other than a medical environment）所进行，将可能引起个人违法遭受感染及痛苦的危险。”[①] 美国威斯康星州法律对于采集血液样本的人员也在资格上作出了明确的限制规定，只有登录之护士（registered nurse）、取得执照之执业护士（licensed practical nurse）、医师（physician）、研究所实验室技师（graduate laboratory technician）才能进行此类人身检查。德国刑事诉讼法也规定，抽血及其他侵犯性人身检查，只能由医师遵循医术准则进行，而此处所称的医师，是指得到执业许可或被允许暂时执行医师业务者而言，未得到执业许可的医学院学生或毕业生、医师助理、护士或看护等，都不是适格的执行主体。[②] 英国也规定了除了唾液、尿液之外的采样检查一般应由具有“合格资格”的人进行，而所谓“合格资格”的人则是指注册医生或护士。[③]

由于我国未对人身检查的执行主体的资格进行明确规定，实践中也造成了人身检查执行主体的随意性。据调查了解，从执行机关来看，我国人身检查的主要执行机关是公安机关；从执行人员来看，对于勘视身体、提取指纹等措施一般都是有普通警员来进行，而对于提取 DNA 检材（如抽取血液、体液）的措施，在有条件的公安机关是由专门的侦技人员（并不一定具有法医资格）进行，而在没有条件的地方，其执行主体则可以是任何一个侦查人员，或者侦查人员所指派的其他人员。[④]

（二）执行方法

笔者在调查中了解到，多数侦查人员对法律上明确规定的诉讼程序、侦查步骤比较重视，也都能够按照所属机关具体考核指标的规定实施侦查行为，但对于法律规定过于原则、操作方法不明确且所属部门又没有作出进一步具体规定的，办案过程中就会出现重实体、轻程序的现象，甚至采取借用行政强制措施、钻法律空子等方法达到某种目的。就人身检查的具体执行来看，

---

① Schmerber v. California, 384 U. S. 757 (1966).

② 林钰雄著：《干预处分与刑事证据》，台湾元照出版公司 2008 年版，第 71 页。

③ 参见中国政法大学刑事法律研究中心组织编译：《英国刑事诉讼法》（选编），中国政法大学出版社 2001 年版，第 453 页。

④ 据笔者了解，由于构建指纹和 DNA 数据库提取检材需要，在许多地方，所有涉嫌刑事犯罪的人都要被提取指纹和抽血，由于这类人群数量较多，部分公安机关甚至将这项“体力活”交给在公安机关实习的学生进行。

由于我国立法中没有明确执行程序、执行期限等问题，各地对人身检查的执行要求并不一致。一般而言，对于勘视性人身检查都没有明确规定操作流程，对于采样性检查则普遍通过一些部门规定或地方的指导性规定来进行。[①] 指纹采集一般是通过侦查人员打指模或指纹采集仪的方式采集，而身体样本的采集方法却不尽一致：硬件配置好、人员素质高的地区一般都将这类检查措施交给本公安机关的专门侦查技术人员进行采集，采集后用专门方法封存、送交专业鉴定结构（一般都是公安机关所设）进行分析；而硬件配置、人员素质等方面不高的地区则通常是由普通侦查人员进行或委以医务人员进行后将样本送交检验。由于我国目前地区经济水平发展的差异，加上各地公安机关对于人身检查措施重视程度不同，使得我国在人身检查的执行水平具有较大差异。如果人身检查执行操作不规范，将导致人身检查既难以保障被检查人的合法权利，又影响“真实发现”目的的实现。[②] 这个问题在DNA样本的采集、保管上表现比较突出，采样程序不规范除可能危及身体健康外（如使用未经医学消毒的采血工具采血），也可能影响案件事实的发现。具体来看，目前人身检查的执行在实践中主要暴露出以下三个突出问题：

第一个问题是提取程序问题。随着DNA检测技术的灵敏度的提高，提取、保存、移交、鉴定每个环节都有可能使生物检材污染、变质，如果不严格遵照程序要求由具有相关职业资格的专业人员提取、保存与送检，就有可能将提取到的犯罪嫌疑人之身体样本破坏，也就得不出科学有效的DNA鉴定结论，从而使犯罪分子继续逍遥法外，甚至可能冤枉无辜。例如，2003年湖北鄂州就发生了一起离奇的“民警导演强奸案”：

2003年6月5日晚，农妇王某在家被人强奸后报案，湖北省鄂州市某区分局派出所接到报案后为获得犯罪证据，竟策划在该农妇家蹲守，准备等案犯再次实施完强奸行为后再进行抓捕，以便“万无一失”。6月6日晚上，犯罪嫌疑人果然再次到来，匪夷所思地从容实施了强奸行为后在蹲守警方的眼皮下全裸逃脱。该案发生后，警方根据DNA鉴定结果抓获了“犯罪嫌疑人”李某某，李某某“供认不讳”。而在2003年11月，当该案在鄂州市某区法院

① 如2008年1月1日开始施行的《公安机关指纹信息工作规定》、《辽宁省DNA鉴定检材提取、保存和送检规范》、《福建省公安机关刑事案件现场勘验检查规范》、《河北省公安机关刑事案件现场勘验检查规定》等。

② 相关调查显示，由于DNA鉴定不规范而导致结论错误，进而误导侦查方向的案件在我国司法实践中已经多次发生。参见徐俊文著：《解密侦查失败》，中国人民公安大学出版社2008年版，第303～306页。

开庭时，李某某当庭翻供，要求重新进行DNA鉴定，重新鉴定的结果却显示李某某的DNA图谱与强奸案现场遗留精斑的DNA图谱完全不一样，再次鉴定后结果仍是如此，李某某被排除犯罪嫌疑。后经调查，问题出在侦查过程中。警方对李某某的血样提取后，在保存、移交程序中出现操作不慎而导致鉴定结果错误。后经证实：该抽血检查是由该镇卫生院一名没有执业医师资格的护士在没有警方在场情况下进行的，而且采完血样后没有严格封存，因此产生了掉包或搞混的可能，而李某某的“供认不讳”则是在警方刑讯逼供下作出的。①

随着DNA技术的发展，人体许多物质都可以成为DNA的检材，而其中很多物质都可能不经意地散落在某个案发现场。例如，唾液、脱落的毛发、上皮细胞等，如果在提取样本环节没有严格的程序限制，缺乏对提取过程的记录和审查，就很容易出现错案。

第二个问题是在样本的保管上存在问题。在很多案件中，由于原始检材提取后没有得到妥善保管，关键证据遗失，致使案件事实最终难以认定。下述案件就是一个典型的例子：

2001年8月19日23时左右，海南省万宁市某农场发生一起强奸案，几名男青年将“迷药”放入女青年蓝某茶水中致其昏迷，其中两人将其强奸。派出所接到报案后出警抓捕4名犯罪嫌疑人，并到现场调查取证。然而派出所所长符某某经不住几名嫌犯家属的求情，出面协调，以8000元私了该起强奸案。2005年，海南省检察院开展“开门大接访”，使这一沉寂4年之久的“私了强奸案件”浮出水面。但是，由于当年派出所从被害人体内提取的精液、所做笔录和证据不知去向，嫌疑人又拒绝承认强奸蓝某，法院在2006年3月20日开庭审理后以“缺乏直接证据”为由，将该案退回检察机关要求补充材料，这起因“缺乏直接证据”的强奸案件一时陷入困局。②

精液作为认定强奸案的关键证据，在提取之后本该遵守严格的保管程序，而由于在我国目前司法实践中，缺乏对身体样本提取的保管意识，也缺乏相关程序进行规范，使得这个环节出现了较大问题，这显然不利于刑事诉讼活动的顺利进行。此外，基于构建DNA数据库样本收集量的考虑，我国目前对于提取的DNA信息采取的是一经录入即永久保存的原则，如前文所述，生物

---

① 成功：《鄂州众民警导演强奸案续：拿到DNA证据也抓错人》，http://news.qq.com/a/20040730/000288.htm，2010-03-03。

② 门君诚：《派出所所长2.9万私了强奸案》，http://paper.people.com.cn/jnsb/html/，2010-03-03。

信息作为个人隐私的一部分，属于隐私权的保护范畴之内，而我国目前在实践中却全无这种意识，对于提取的生物样本以及经过鉴定分析后录入DNA数据库的信息，任何一位能够进入该库的人员都能自由查询，不受任何限制，这显然不利于人权保障。

第三个问题是DNA鉴定缺乏期限限制，难以保障诉讼活动顺利进行。根据笔者了解，从技术角度讲，目前对一个送检的身体样本进行鉴定到作出结论一般在7小时至8小时就完成，但是由于我国目前没有关于DNA鉴定期限的限制，加上硬件方面的限制（DNA实验室数量少，而送检样本较多），往往一个身体样本从提取到鉴定结论的作出需要很长时间。以西部某市为例，因为该市目前仅仅只有一个DNA实验室（设在该市公安局刑警总队），该实验室承担着全市40个区县公安局送检的DNA鉴定任务，从公安分局提取犯罪嫌疑人身体样本到最终结论的作出往往需要3周至4周时间。这在实践中就产生了一个明显的问题：我国现行刑事诉讼法规定的拘传时间是12个小时，一个公民被拘传后如果需要对其进行DNA检查，在鉴定结论作出之前，该公民就处于一种既不能排除怀疑又不能被认定的不确定状态，而鉴定结论又显然不能在12个小时内作出，这也就使侦查机关陷入一种要么严格遵守刑事诉讼法关于拘传期限的规定及时放人（但是可能放纵罪犯）、要么超期羁押被检查人直至鉴定结论作出（但是违法）的两难境地之中。这两种情况在司法实践中都真实发生过，以重庆市为例：

2003年，重庆市某区公安分局在侦办一起重大盗窃案时，在案发现场发现了一个遗留的矿泉水瓶，后从该矿泉水瓶瓶口提取出DNA成分。警方在排查时因怀疑公民马某实施了犯罪，将其带至派出所提取血液样本后送至市公安局DNA实验室进行鉴定，1个月后拿到的DNA鉴定结论排除了马某的嫌疑。在此期间，马某一直被羁押在看守所内。而在2005的一起案件中，重庆市某区城郊一带连续发生了三起强奸案，警方提取了一名怀疑对象的血液进行鉴定，由于鉴定需要时间较长，警方于是将此人放走，而当DNA鉴定结论证明该嫌疑人与案发现场DNA图谱完全一致、警方去抓捕此人时，此人已不知踪迹。

从上述案例不难看出，在我国没有建立鉴定留置制度的情况下，缺乏期限限制的检查程序显然既难以保障公民的合法权利，也不利于打击犯罪目的的实现。

总之，人身检查证据资料的发现、提取、移交以及鉴定程序的规范合法性直接关系到其结论的科学性、正确性，而这又将直接影响案件事实的认定，因此可以说，人身检查的执行程序事关正义能否得到实现，正如我国学者在谈及规范采样程序的重要性时指出，“强制采样遵循法定程序既是程序公正的内在要求，也是实现案件实体公正的前提，其重要意义不容低估”。[①]

（三）执行中的权利保护

笔者在上文分析中已经指出，人身检查主要涉及公民的两项权利保护：其一是人身权，尤其是健康权；其二是隐私权。

从前一项权利保护情况来看，尽管我国目前司法实践所采用的人身检查手段相对单一，检查范围也比较有限，尚未出现有明显影响身体健康的人身检查案例出现，但随着刑事科学技术的发展，人身检查手段将会出现一种多元化的趋势，而如何在人身检查执行程序中构建起被检查人的权利保护机制也是我们必须思考的一个问题。从当今主要法治国家的规定情况看，“无损健康”是各国对人身检查执行所提出的一项基本原则，其含义是指法律所允许的人身检查，不得对被检查人的健康造成不可恢复的或延迟至后的侵害。这是人身检查制度的独有原则，因为刑事诉讼其他措施的使用通常不会对身体健康直接造成影响，但人身检查却直接以人的身体为权力行使对象，因此立法者一方面需要授权公权机关对此项权力的行使，但另一方面又必须通过以不得损及健康的界限来划定授权的范围。应当说，“无损健康原则”是人身检查制度中的一个核心原则，因为人的健康权在公民基本权利体系中居于核心地位，对其权利侵害的最严重形式莫过于对其身体健康的侵害。但从我国实践情况来看，执行人身检查措施时所应具有的健康保护意识在我国明显缺乏，几乎所有受访的侦查人员都不认为人身检查可能危及身体健康。

而从隐私权保护情况来看，在对女性进行人身检查措施时，侦查人员还是具有隐私权保护意识，一般都能够严格执行同性（医生）执行的原则，笔者没有发现关于这方面的异议案例。但是，对于男性被检查人则普遍缺乏隐私权保护意识。在调研中，笔者了解到一个令人瞠目结舌的真实案例：

西部某农业县的一个偏远乡镇在20世纪90年代末期发生了一起强奸案，该乡派出所民警在案发后不久就把犯罪嫌疑人抓获归案，但该嫌疑人拒不认罪。无奈之下，警方决定“用事实说话”，即提取犯罪嫌疑人的精液样本与遗留在案发现场的擦拭物上的精斑一起送到鉴定机构进行比对。在提取该犯罪嫌疑人精液样本时，警方不知是出于“教训一下”该嫌疑人的原因，还是

---

① 孙长永主编：《侦查程序与人权保障：中国侦查程序的改革和完善》，中国法制出版社2009年版，第273页。

全然没有隐私保护意识，竟强令犯罪嫌疑人站立在派出所院内（开放性空间）以自慰方式采集精液。

不知当地警察利用这种方法提取到样本没有、提取到的样本又“用事实说话”了没有，但这种完全漠视犯罪嫌疑人权利，有违良俗、有伤风化的人身检查执行方式足以令人“震撼”了。本案是该县公安局一位警员作为一个笑话讲给笔者听的，当笔者对讲述案例的警员指出该案严重侵害了该犯罪嫌疑人的权利时，该警员的抱怨也许能够代表相当一部分侦查人员的心声，“我们既没打他，又没骂他，怎么就算侵权了？如果这都算侵权，那么到底怎样才不算是侵权呢?”也许这位警员的话也有一定道理，在目前“打人、骂人”（刑讯逼供）问题都难以得到根治的情况下，去谈略显“奢侈”的隐私权保护问题确实显得有些“不切实际”。尽管这只是个案，但也从中反映出一部分侦查人员在执行人身检查措施时的权利保护意识的淡漠，也更加体现了我们完善人身检查制度的迫切性。

五、人身检查权的制约机制

通过上文对主要法治国家人身检查制度的考察情况不难发现，各国都以不同的形式建立了对侦查机关行使人身检查权的制约体系，这个制约体系既包括体制层面对决定权与实施权进行分散配置以实现权力制约，又包括设置程序性规范和原则性规范以控制具体实施以及建立非法证据规则以保证实施程序的合法性等。但从我国实践情况来看，侦查机关行使人身检查权自启动至实施，监督和制约明显缺位：既无有效的外部监督，也无任何内部审查；既没有在事前进行合法性审查，也没有在事后向有权单位或部门汇报，完全不受任何监督。采用何种人身检查手段、对谁采用人身检查，完全由侦查机关的具体办案人员自我授权、自主决定，“任意化”倾向较为突出。

据笔者在调研中了解到的情况：在一般刑事案件的侦查中，只要办案人员认为需要对相关人员进行人身检查，都有权自行作出决定，不需要经过任何批准程序。对于检查结果，如果能够作为认定犯罪事实的证据使用，则直接将其结论放入案卷，而对具体检查过程则不需要任何记录文书；如果排除了被检查人的作案嫌疑、检查结论对案件认定没有任何直接作用，办案人员则无须向任何人、任何部门告知检查情况。客观而言，我国侦查机关权限过大、强制性侦查行为普遍缺乏有效外部监督等问题是侦查程序中的共同问题，但是像人身检查这种对公民权利影响甚大的侦查行为从启动、执行到结束，完全由办案人员来自行掌握的情况仍是比较少见。

尽管我国检察机关是宪法规定的法律监督部门，它既可对整个侦查程序进行一般性监督，在发现侦查人员有违法或不当侦查行为时有权向公安机关提出纠正意见，也可以对公安机关以非法手段获得的几种言词证据予以排除，从而对公安机关的侦查活动进行制约。但由于我国刑事诉讼程序特殊的制度设计，整个侦查程序都处于国家权力单轨运行的秘密状态，并不易于监督。而在人身检查领域，由于最重要的监督权即人身检查启动的审批权被赋予了侦查机关，作为法定监督机关的检察机关可以使用的监督方式相当有限，且缺乏相应的保障措施，因此往往只能流于形式。我国刑事诉讼法尽管也规定了检察机关对于侦查机关人身检查结果有异议的，可以要求侦查机关重新进行检查，也可以派员参加，但由于这种监督仅侧重于结果审查，因此实践中“异议”情况较少出现，派员情况更几乎没有。笔者在西部一个基层检察院的侦查监督部门挂职工作了一年时间，在该院近5年来对公安机关侦查活动提出的近60份《检察建议书》中，没有一例涉及人身检查行为。此外，从理论上讲，法院在审判阶段有权决定证据的取舍，因而得以间接制约侦查机关的人身检查行为，但在我国目前的证据规则体系下，法院仅仅有权排除“非法言词证据”，而人身检查行为所获取的却并非言词证据，因此法院对侦查机关的人身查行为实际上无从制约。

六、非法人身检查的救济

笔者在上文比较法考察部分对违法人身检查的主要形态进行了介绍，但由于我国现行人身检查制度立法中，程序性规定和原则性规范都相对欠缺，侦查机关行使权力时的裁量余地较大。例如，侦查人员在对无具体犯罪嫌疑人的案件进行侦查时，可以自己划定犯罪嫌疑人的范围，因而从理论上讲，任何人都可能被纳入这个大网，即使对一定范围内不特定多数人全部抽血检查，甚至对不配合的人（实际上无辜公民）强制进行检查的情况，在目前这种法律体系下，显然不能认为侦查机关就违法，最多会被上级认为是实施这项措施不够慎重而已。因此可以说，我国侦查机关实施人身检查时“违法”的机会本身比较少，最多只不过是一个合理不合理的问题了。在此前提下，公民合法权利即便受到公权力侵害，对于正当目的遮盖下“合法不合理”的人身检查行为是难以寻求到救济途径的。即便如此，在实践中仍然可以发现明显的违法人身检查的案例，其形式通常表现为违反法定程序实施的人身检查。例如，对被害人实施的强制检查、一人检查、无见证人的检查等。在上述案例中我们其实已经看到，非法进行的人身检查不仅使被检查人的人身自由遭受不当限制、人格尊严被侮辱、隐私权被严重侵犯，还有可能导致检查结论错误而致使冤假错案发生，如上述湖北的“民警导演强奸案”就是一个典型的案例。但即使是造成冤假错案，被检查人遭受了巨大损失，在真相大白后他可能就案件整体提起冤狱赔偿，①但一般不会单就获取认定犯罪关键证据的人身检查手段本身提出异议；如果没有造成严重后果，对于违法进行的人身检查，权利被侵害者往往会选择沉默。笔者曾对一名在侦查机关大规模抽血检查中的被检查者（李某，19岁，男，小学文化程度，农村进城务工人员）进行了一次访谈，以下为访谈记录：

[笔者]：听说你被警察抽血检查过？什么时间发生的？

[李某]：对，那是2008年10月份的事了。

[笔者]：为什么呢？

[李某]：警察也没具体说，听别人说是为了破获那年夏天附近发生的一起强奸杀人案，周边这几个建筑工地的男人全部都得被抽血检查。

[笔者]：听说你当时晕了过去？

[李某]：我见到血有点犯晕。不分青红皂白就来抽我的血，针头那么大，还扎了我好几次，可能也和当时心里有点生闷气有关系，但我一直也没敢吭声。

[笔者]：想过投诉没有？

[李某]：没有，再说我也不知道谁管这事，何况投诉等于不听话，哪敢得罪他们呢？还是算了吧。

从上述对白可以看出，对于违法人身检查行为，我国公民一般会选择以“忍耐”和“沉默”进行回应，这种态度尽管与中国民众传统的“畏官”心理有关，但和人身检查制度设计本身也密不可分。分析其根源，上述对白之“不知道谁管这事”说明了缺乏对权利进行救济的渠道；“投诉等于不听话”则说明有限的救济程序还可能给本人带来更大的不利影响。因此，笔者在实践中没有发现一个就违法人身检查行为本身寻求救济的案例，而这显然不能得出我国侦查实践中没有违法人身检查行为发生的结论，而只能说明对于这项侦查措施的救济意识淡薄、救济渠道狭窄。

---

① 如在河南省驻马店市上蔡县发生的一起强奸案件中，因警方进行人身检查时违反法定程序进行人身检查（未按规定提取、保存血样），而法院以血型化验结论认定该村公民张保银为该案犯罪行为人，致使张蒙冤入狱6年。后经调查发现，该案现场遗留生物痕迹的血型为O型，而张的实际血型为AB型，不排除警方对所采血样进行掉包的可能性。参见丁洁：《男子以强奸罪名坐6年冤狱，索赔102万元》，http://news.sina.com.cn/s/2009-10-22/053118880952.shtml,2010-03-03。

尽管缺乏对非法人身检查行为寻求救济的具体案例，但从我国司法实践中对一般违法侦查行为的救济状况仍可略见一斑。从笔者在实践中了解到的情况来看，我国公民如果认为对其实施的侦查行为不合法时，一般会通过两种途径寻求救济：一个途径是直接向侦查人员所属的公安机关告发，要求“给一个说法”，这种情况所占比例较大。在接受告发之后，通常是由该公安机关的法制部门出面向侦查部门领导、案件承办人了解案情以及侦查行为的实施状况，而侦查机关的行为绝大多数都会被法制部门认定为在合理范围之内；如果遇到明显违反法定程序进行的侦查行为，只要没有造成严重后果的，公安机关领导一般也仅会对直接办案人员进行口头批评，而对告发公民则以“案情保密”为由不告知具体情况。另一个途径是以信访形式向党政部门、检察机关反映，但这些部门往往都不会直接进行调查，而是由接访部门的领导签署意见，要求侦查人员所属的公安机关调查。层层批示下来之后，侦查部门通常也会有一定的压力，但至多会采用批评教育形式进行处理，并将这种处理结果上报。而对实施该侦查行为的侦查人员来说，这种批评教育只是一种形式，最多只是在目标考核时对其扣分而已。除此之外，即使查明侦查行为违法也并不会对侦查人员每月的工资、奖金、补贴以及晋升造成任何实质性的影响。由上不难推知，对于非法人身检查行为，即使公民就此寻求救济，其结果仍不容乐观。

从程序救济层面来看，对于非法人身检查，西方主要法治国家一般都确立了非法证据排除规则来保护嫌疑人的程序权利，但我国也没有建立这种程序性救济机制。尽管我国通过司法解释明确了非法收集的言词证据不能作为证据使用，但人身检查获取的证据资料（人身检查笔录、身体样本）都不属于言词证据的范畴，这就意味着无论侦查人员如何违反法定程序实施人身检查，其获取之结果都不会被否定。因此可以说，我国对于非法人身检查行为，既未建立实体救济机制，又未建立程序救济机制，被非法检查者的合法权利难以得到有效保障。

第三节　我国人身检查制度的主要问题及评价

一、我国人身检查制度存在的主要问题

通过上文对我国人身检查制度立法状况的考察，不难发现人身检查在我国刑事案件侦查中的作用日益显现，但是由于现行立法存在的缺陷，又使得

这项权力在行使过程中出现了一系列问题。就其存在缺陷而言，笔者认为可以用“立法授权不明”、“权力制约缺位”、“权利保障不足”三个关键词来予以概括和总结，下文笔者将以这三个关键词为主线展开剖析。这种剖析从两个层面进行：第一，将我国现行法律规定与西方国家人身检查制度加以对比，以探讨人身检查制度的合理构成；第二，对人身检查在实践中的具体运用状况进行整体分析，既指出实践中某些具体做法的非规范性，也分析其是否存在实践的合理性，以实现保留合理性因素、排斥非理性因素的目的。

（一）人身检查的法律授权不够明确

根据权力行使的一般理论，凡是对公民权利造成影响的公权力行使，必须获得宪法（法律）的授权，“法无授权皆禁止”，禁止无授权或超越授权的公权力行使，以防止公民合法权利遭到第二权（行政权）及第三权（司法权）的非法侵犯。① 刑事诉讼作为“国家对公民发动的一场旨在控制、镇压犯罪的战争”，② 其无疑是国家公权力与公民个体权利冲突最为明显的一个领域，因此在法律层面明确、具体地规定国家刑事诉讼权力行使的限度成为保护公民合法权利最有力的一道屏障。通过上文对主要法治国家的人身检查的立法情况的考察已可看出，各国对于侦查机关人身检查权的行使都实行严格的法律保留原则，在法律中对人身检查作出了明确、具体的规定，从实施主体到适用条件，从实施对象到适用范围，在其立法中几乎全面涵盖了人身检查可能涉及的种种问题，以期通过明确具体的授权限定权力实施的限度，从而防止人身检查权被滥用。如上文所述，美国通过判例阐释了“一般侵权的人身检查”与“重大侵权的人身检查”之区别、通常情形与紧急情形的区别，并明确了侦查机关在不同情形下实施人身检查的权限；英国通过成文法明确对非私密性身体样本、指纹与私密性样本设置不同的实施权限；德国在法律层面将一般性人身检查和加重形态的“侵入式检查”、对被追诉人的检查与对第三人的检查进行区别，并在立法层面进行了不同设计、不同授权；日本根据实施方式、目的的不同将人身检查分为勘验性检查和鉴定性检查两种分别加以授权等，这都充分体现了这些国家的立法者在人身检查权实施上的慎重态度，即力求通过尽量明确具体的授权模式来规范侦查机关人身检查措施的实施。

而从我国实际情况来看，由于现行人身检查制度的立法显得过于单薄，

---

① ［英］马丁·洛克林著：《公法与政治理论》，郑戈译，商务印书馆2002年版，第355页。

② 陈瑞华著：《刑事诉讼的前沿问题》，中国人民大学出版社2002年版，第3页。

不仅条文偏少，内容上也过于粗疏、抽象，且缺乏司法解释和补充规定，因此呈现一种概括、模糊授权的状态，我国侦查机关行使人身检查措施时自由裁量余地很大，采用何种人身检查手段、对谁采用人身检查，完全由侦查机关的具体办案人员自我授权、自主决定，既无需事前取得合法性审查，也无需在事后向有权单位或部门汇报，实施人身检查的“任意化”现象较为突出，基本上只要侦查机关认为“有必要”，即可启动这种侦查措施。在我国现阶段的司法实践活动中，即使法律有明确、具体规定的情况下尚不能避免“刑事程序失灵”① 的现象发生，这种缺乏明确具体授权的权力实施状况就可想而知了。但正如前文所述，也正是由于法律授权的模糊性，使得我国侦查机关行使人身检查权时，“越权”、“违法”的机会比较少，实施成本非常低，客观上助长了侦查机关实施这项措施的随意性。根据笔者在调研中了解到的情况，多数侦查人员对法律上明确规定的诉讼程序、侦查步骤比较重视，办案人员也能够按照本机关具体考核指标的规则严格办案，但是对于法律规定过于原则，操作方法不明确的条款，有关部门又没有作出进一步具体规定的，办案过程中就会出现重实体、轻程序的现象，甚至采取借用行政强制措施、钻法律空子等方法达到某种目的。这种情况说明多数侦查人员在进行侦查行为时，都会积极地在个人利益与工作任务之间进行衡量，天平往往都会很自然地倾向于个人利益，大多数人都不会冒违反法律规定的风险去进行侦查行为，因此往往是在规范不严格，或是规范不系统、不完善的领域，容易诱发权力运行的失范。

（二）人身检查权的行使缺乏有效制约

从前述主要法治国家的人身检查制度立法来看，侦查机关行使人身检查权主要受到以下几个方面的制约，即立法层面的严格限权、司法层面的事前审查以及事后合法性评价。对于立法层面的限权，笔者前文已有分析。司法层面的事前审查是由中立的司法机关对侦查机关启动人身检查措施的合法性与适当性进行审查，而事后的合法性评价则是根据“司法最终裁决原则”，通过非法证据排除规则的建立，由法院排除违法侦查所获得证据之证据能力的形式来否定违法侦查行为，这既是对违法侦查行为的惩戒，也是一种救济途径。由于事前司法审查是国外人身检查权制约的核心环节所在，因此笔者

---

① 所谓“刑事程序失灵”，是指立法者所确立的法定程序在刑事司法活动中受到了规避和搁置，致使刑事诉讼法的书面规定在不同程度上形同虚设。参见陈瑞华著：《刑事诉讼的中国模式》，法律出版社 2008 年版，第 296 页。

在文中重点以此为例阐述国外主要法治国家人身检查权的制约状况。

人身检查作为一项侦查措施，其启动必须具备一定的实体要件和程序要件。实体要件，是指人身检查的启动必须具备相关证据支撑下的合理理由，其目的在于证明侦查官员提出人身检查申请的合理性及司法官员作出人身检查决定的适当性；程序要件，是指对人身检查启动理由的审查，原则上只有经过审查批准后方可启动该措施，其目的在于保证人身检查启动理由的客观性。从上述主要法治国家的考察情况来看，尽管其表述方式、内涵不尽一致，但都设定了启动人身检查的理由，而这种理由是由案件侦查中已经获知的证据、线索等情况综合判断得出，侦查人员的主观判断因素所占比重较小。在对启动理由的审查上，各国基本都要求人身检查的实施需要接受公正、独立的中立机关对其进行司法审查，以防止侦查机关对这项权力的滥用，而其主要形式是事前审查，即通过签发令状的形式对侦查机关授权使用人身检查措施，对于公民权利影响较大的人身检查，法院在决定是否核发令状时，除需审查启动理由外，还必须考虑取得证据有无必要性。如果说立法层面对与人身检查权的行使进行明确界定是对公民权利保护的“静态之屏”的话，那么这种司法审查就是保障公民权利的“流动之盾”，西方这种将人身检查启动权与实施权进行分离的体制是由于民众和立法机构对侦查机关权力行使持有戒心，对中立的司法机关——法院则寄予厚望，希望通过法院对侦查机关行使这项措施的适当性和必要性的审查来控制侦查权在合法、理性的限度内实施，以保证其不被滥用。应当说，西方这种对人身检查权的制约体系是由其依法限权、以权制权的立法传统所决定，而这种立法传统有其深厚的理论基础。简单溯源，无论是古代的亚里士多德还是近代的洛克、孟德斯鸠等，都对权力分立、制约的理论有所论述。

反观我国，侦查机关人身检查权的行使明显缺乏制约：既无有效的外部监督，也无任何内部审查；既没有在事前进行合法性审查，也没有在事后向有权单位或部门汇报，完全不受任何监督。对谁采用人身检查、采用何种人身检查，几乎完全由侦查机关的具体办案人员自我授权、自主决定，“任意化”倾向较为突出。就人身检查的启动来看，我国主要依靠侦查人员的“经验判断”等因素决定，而这种经验判断往往会受到侦查人员的专业知识、经验和良心等方面的影响。在一般刑事案件的人身检查，侦查人员尚能依靠案件类型、现场遗留证据情况、犯罪嫌疑人的交代、知情人的举报等因素来综合判断，而在特殊任务（如为 DNA 数据库采集样本）的压力下，启动人身检查的“合理根据”则通常还会被完成任务的功利性动机所取代，这与上述国家启动人身检查的实体理由显然会有差距。而从程序层面来看，我国人身检查实行的侦查机关（侦查人员）自行决定制，完全由侦查人员自行判断、自行决定何时实施人身检查措施，即无需向其他机关事前汇报，也无需接受事后审查，只要侦查人员认为“有必要”即可启动人身检查措施，且更无需向任何机关汇报检查过程，检查后也没有任何实体或程序层面制约的机制。因此可以说，我国侦查机关人身检查权的行使整体上处于一种制约缺位的状态。

尽管在我国侦查机关权限过大、侦查行为普遍缺乏有效制约是侦查程序的共同问题，但是像人身检查这种对公民权利影响甚大的侦查行为从启动、执行到结束，完全由具体办案人员来自行掌握的情况仍是少见。

客观而言，我国这种由侦查机关自行掌握人身检查权行使这种权力运行模式固然可以提高诉讼效率，便于侦查人员通过人身检查的方式获得查明案件事实的线索，及时收集、固定证据，但这种机制是建立在对侦查机关及其办案人员乐观信任的基础上，既相信他们的业务素质水平，也相信他们能够严格自律、“依法办事”，不会滥用权力。就其本质而言，这种权力运行模式是一种高度信任侦查机关（人员）的制度。“徒法不足以自行”，无论设计再完美的法律、再先进的法治理念，最终还是依靠人（执法者）这个因素来实施、落实的，相信侦查人员这个因素本身并没有错，但问题在于，如果将某种权力过度集中在一个权力行使的主体身上，这项权力之行使就难以避免其在运行中有失范情况发生。

罗素曾将权力欲视为“人类无限欲望序列中居首位的欲望”；[①] 马克思·韦伯也指出，“权力乃处于某种社会关系内放人一个行动者能够不顾抵制而实现其个人意志的可能性，而不论这一可能性所依赖的基础是什么……一个人所有的品质及环境的一切组合都可能使他在某种特定情况中强施其意志”。[②] 不论这些观点妥当与否，但权力欲的确是人类的重要欲望之一，有了这种权力欲，“一个被授予权力的人，总是面临着滥用权力的诱惑，面临着逾越正义与道德界线的诱惑”，[③] 再加上其自身“代表着能动而易变的原则”，

---

① ［英］罗素著：《权力论》，靳建国译，东方出版社 1988 年版，第 3 页。

② ［美］E. 博登海默著：《法理学——法律哲学与法律方法》，邓正来译，中国政法大学出版社 2004 年版，第 370 页。

③ ［美］E. 博登海默著：《法理学——法律哲学与法律方法》，邓正来译，中国政法大学出版社 2004 年版，第 376 页。

或者“被比作自由流动、高涨的能量”的权力,[①] 就易于使权力拥有人滥用权力，甚至可能在有界限的地方超越界限，导致权力运行的失范，而我国这种权力配置模式的缺陷正在于没有意识到任何失去约束的权力实施者必然走向滥用权力。“每一项制度，只有当处于其中的人是好的时候，它才可能是好的”,[②] 尽管不可否认我国侦查人员群体中的主流都是值得信任的，他们实施侦查行为时也基本都是基于良好的动机出发而实施的，但是由于个人经历不同、专业素养不同、判断能力不同，而参差不齐的人员素质显然不能保障一项建立在“相信人”基础上的权力行使模式能够规范行使。一旦权力在某些人手中运行失范，这种本应该成为维护社会安全和个人自由的权力就将沦为恣意侵害公民合法权益的手段，上文所提到的部分案例就生动地说明了这个问题。因此，无论是从理论分析还是从实践案例都可以看出，我国这种由侦查机关自行判断、自行审查、自行实施的人身检查权行使模式难以保障人身检查权的规范行使。

（三）对被检查人的权利保障不足

打击犯罪和保障人权是刑事诉讼不可偏废的两个目标，能否在二者之间有效保持平衡是衡量一国刑事诉讼立法是否具有科学性、合理性的关键所在，而人身检查作为“测试刑事诉讼法作为应用宪法的最佳试金石之一”,[③] 能否在人身检查制度立法中加强权利保障也正是衡量一国刑事诉讼制度的关键所在。通过对上述主要法治国家的考察可知，其人身检查立法的另一个重要特点就是普遍注重对被检查者的权利保障，尽管各国对于被检查人权利保障机制的表现形式有所差异，但总体来看，基本都是通过赋予和强化被检查者的知悉权、异议权和救济权三个方面的权利构建起本国人身检查制度中的权利保障体系。所谓“知悉权”是指侦查机关实施人身检查之前必须要告知被检查者人身检查的目的以及其可能产生的风险，人身检查原则上需要获得被检查人同意后才能进行，如果侦查机关认为有必要进行强制检查，则必须获得法官授权后依照法定程序才能进行；所谓“异议权”是指被检查人对于人身检查决定不同意的，有权就此专门提起异议程序；所谓“救济权”是指被检查人能够对侵害自己权利的非法人身检查行为提起申诉并获得补偿的权利。尽管各国诉讼传统不同，侦查程序构造也存在差异，但通过细节性规定来落

---

① ［美］E. 博登海默著：《法理学——法律哲学与法律方法》，邓正来译，中国政法大学出版社2004年版，第373页。

② 宋冰著：《程序、正义与现代化》，中国政法大学出版社1998年版，第23页。

③ 参见林钰雄著：《干预处分与刑事证据》，台湾元照出版公司2008年版，第5～6页。

实这几项权利，却是各国在其人身检查立法中呈现的共同特征。例如，英国在《警察与刑事证据法》（1984）中要求进行采样检查的警官明确告知人身检查的目的，在取得被检查人“适当同意”之后才能进行采样检查；美国司法部门认为一般的搜查令状审查程序不足以保障被检查人的合法权利，因此通过判例形式确定了接受侵犯性人身检查者的事前听审程序，而且在听审之后，进行侵犯性人身检查行为之前，被告还有就法院之见解提起上诉的机会；① 德国则规定被追诉人被实施人身检查时仅有忍受的义务，但并无积极配合的义务，被追诉人在接受检查身体时无须回答任何问题，② 而法官在作出人身检查决定前必须先听取被追诉人的意见（紧急情形除外），被告则可以对法官人身检查的决定提出抗告等。应当说正是通过这一系列具体规定，各国在人身检查制度中构筑起了一道坚实的权利保障屏障。

反观我国人身检查立法，现行刑事诉讼法只是在人身检查具体行为方式上规定了对妇女权利的保护，而除此之外，全无权利保障性条款，被检查者既无知悉权，又无异议权，也缺乏救济途径，有的只是“配合办案”的义务。立法上权利保障规定的缺失加之侦查人员权利保障观念的淡薄，使得侦查人员为了达成破获犯罪之目的时，往往会忽略对相对人权益的保护，而这又极易引发滥用检查或不顾检查人隐私权和名誉权的情况发生。这种侵犯人权的人身检查行为在我国实践中已屡有发生，从上述案例的介绍中即可略见一斑，而对于侵权行为，被检查人除了“忍耐”外，几乎别无选择。客观而言，重打击犯罪、轻权利保障的现象并非只是体现在人身检查措施的立法和实践中，这是存在于我国现行侦查程序中的共同问题，正如孙长永教授在评价我国侦查程序现状时指出，“在只有侦查机关与犯罪嫌疑人双方组合的侦查程序中，一个无罪的自由民只要被侦查机关认定为犯罪嫌疑人，便完全成为侦查权力的客体，除了基于本能的挣扎呼救和微弱的律师帮助之外，很难获得侦查机关以外的有效救济。只有当真凶被抓获或者原来认定为已经死亡的被害人‘生还’时，才能得到彻底平反。至于有罪的犯罪嫌疑人，则无论侦查机关如何对待（只要不被打死、打残），根本不会引起外界的注意……”③

造成我国这种现象的原因是多方面的，但主要是与我国过度强调刑事法

---

① United States v. Crowder, 543 F. 2d 312, at 318 (D. C. Cir. 1976).

② ［德］克劳思·罗科信著：《刑事诉讼法》（第24版），吴丽琪译，法律出版社2003年版，第361页。

③ 孙长永主编：《侦查程序与人权保障：中国侦查程序的改革和完善》，中国法制出版社2009年版，第9页。

的"犯罪控制功能"、侦查机关的"专政"职能有关。在刑事法律领域，我们的国家学说、法学理论在很长一个时期内都以"专政"、"镇压"概念为核心展开。从历史来看，1949年中华人民共和国成立至十一届三中全会以前，由于现实的需要及"文革"期间的错误政策等历史的原因，我国各项工作的指导思想都是"以阶级斗争为纲"，这使得我们在相当长的历史时期内，都强调侦查机关（公安机关）的专政作用，一直将其定位为革命的"刀把子"；十一届三中全会以后，我们在其他工作方面有所转变甚至有很大的转变，但对于侦查机关职能的理解上，仍然是"过度强调公安机关是专政机关，是打击违法犯罪的机关，忽视对公民合法权益的保护和对社会的服务"。① 这种历史原因造成我国侦查工作往往"重打击"而"轻保护"，甚至简单地将打击犯罪等同于保护人民，忽视了对公民权益的保护。在这种背景之下，刑讯逼供、暴力取证、超期羁押等侦查程序的痼疾在我国都久治难愈，"侵权不明显"的人身检查措施之中的权利保障问题便难以引起重视。

二、对我国人身检查制度的基本评价

从整体上看，现行人身检查制度立法过于简单，缺乏细节性规定，侦查机关在实施人身检查措施时具有较大的自由裁量权且缺乏制约。客观而言，这种"高度集中式"的权力行使模式便于侦查人员根据需要运用人身检查措施获得查明案件事实的线索，及时收集、固定证据，从而有利于提高侦查效率、打击犯罪，因此如果以实现犯罪控制的目的为标准来看，这种立法模式无疑是我国人身检查制度的优势。但是，若以法治国家标准和现代人权保障标准进行评价的话，我国现行人身检查制度所存在的缺陷也是不容回避的：

其一，以法治原则为标准来看，我国人身检查制度与主要法治国家存在较大差距。将我国人身检查制度与上述主要法治国家进行比较之后，不难发现，无论从立法还是司法上来讲，我国的人身检查制度都属于法治水平较低的状态。简单举例，程序法定是法治国家的基本要求之一，而这又必然要求公权力机关在刑事诉讼活动中的各项行为都有明确的法律依据，且能严格依照法律规定程序实施权力，这使得当前法治化水平较高国家的刑事诉讼立法都普遍呈现出一种"精密化"走向。上述主要法治国家在人身检查的立法中就体现了这种理念，几乎都是通过一系列细节性规定构筑了本国的人身检查

---

① 公安部加强和改革公安工作调研小组编著：《第20次全国公安会议专题研究报告》，中国人民公安大学出版社2003年版，第111页。

制度体系，以求对这一刑事诉讼措施运行的各个环节都有所覆盖。相比来看，我国立法却极为粗疏、简单，从授权到启动，从实施到救济，几乎人身检查的各个环节在我国立法中都难以找到明确、具体的规定，而立法供给不足又必然导致了侦查机关擅用、滥用人身检查权的案件在我国屡有发生。公民的权利一旦被非法人身检查行为所侵害，也难以寻找到有效、适当的途径进行救济，这与其他国家立法的全面具体状况显然有所差异。毋庸讳言，对于体制转型时期的中国，各项现代制度的建立都需要有一个摸索和完善的过程，不能说国外的制度一定优于我国，但是若将立法的精密与执法的审慎作为衡量一国法治化水平的重要标杆，我国无疑与其他国家还有很大差距。随着我国法治建设进程的深入以及人权保障的观念的加强，人身检查制度在立法和司法方面暴露出来的问题也将会越来越明显，有些问题甚至会成为主要矛盾。例如，“撒网采验 DNA”问题等，这些问题早晚都得解决，否则必然会带来许多意想不到的社会问题。

其二，以人权保障理念为标准来看，我国人身检查制度也难以符合现代人权保障的要求。如上所述，由于特殊的政治哲学和诉讼理念，我国过于强调侦查机关打击犯罪的职能，人权保障理念在我国刑事法律领域并未得到应有的重视。而上述法治水平较高的国家则普遍对国家权力的行使保持高度警惕，力求在犯罪控制与人权保障之间保持平衡，因此其人身检查制度设计更倾向于关注对侦查人员的控制，通过国家权力之间的相互制约来保护公民权利。即使是在极其特殊的紧急情况下，当对嫌疑人的人权保障必须让位于公共利益或其他更上位价值时，侦查人员的行为也受到事前、事中和事后等多重限制，使其不至于轻易为害。而我国人身检查制度最大的问题就在于侦查机关的权力过于强大，而对公民合法权利的保障又明显不足，有些立法上的缺陷甚至不符合最基本的有关保护被追诉者基本权利的价值规范，人身检查的运行在打击犯罪与人权保护之间严重失衡。

总之，从我国人身检查制度的立法和实践情况来看，尽管人身检查措施对于我国刑事案侦查工作起到了不可忽略的重要作用，但由于立法粗疏、制度设计缺位，我国人身检查实践出现了一种片面强调犯罪控制的趋势，人权保障被弱化甚至虚置，这与当代法治国家的要求相距甚远。如果我国人身检查制度不能及时得到改革和完善，必然会对我国刑事程序法治化目标的实现造成障碍。正如我国学者所指出，法律具有“机体体系性”，[①] 上述问题的解决显然不仅仅是人身检查制度本身就能够解决得了的，它需要一系列制度的整体联动和推进才能够完全实现预期目标，其难度不言而喻。然而，也正是从这个方面来看，对人身检查制度的完善可能成为破解我国刑事诉讼改革困境的“阿戈琉斯之踵”，其对我国刑事诉讼制度体系的整体改良具有不可忽略的重要意义。

① 法律的“机体体系性”是指每一项具体制度的运作不仅离不开它所处的法律体系中其他制度的配合，而且需要法律体系之外各种社会条件的支撑。参见左卫民著：《在权力话语与权力技术之间：中国司法的新思考》，法律出版社2002年版，第105页。

第四章　我国人身检查制度的完善

通过上述考察可知，我国人身检查立法明显滞后于实践需要，法律供给的不足在客观上导致人身检查权在实践运行之中产生了较多问题。而实践之中所暴露出来的一系列问题表明我国现行人身检查制度既不利于有效打击犯罪、也不利于人权保障，进而阻碍了我国侦查程序法治化进程的整体推进，因此有必要对其进行改革和完善。

第一节　完善我国人身检查制度的必要性与可行性

针对我国人身检查制度存在的诸多缺陷，有必要对其进行改革，而为了取得比较理想的改革效果，充分论证其必要性和可行性无疑又是重要前提。因此，在提出我国人身检查制度的完善思路之前，笔者欲对完善这一制度的必要性和可行性进行论证。

一、完善我国人身检查制度的必要性

（一）立法精密化的必然趋势

随着科学技术的发展，人身检查在刑事诉讼中发挥的作用也越来越大，因此强化人身检查制度的人权保障机能，实现人身检查在控制犯罪与保障人权之间的平衡对于实现刑事诉讼综合效益的最大化具有非常重要的意义。从笔者掌握的资料来看，除了上文所考察的主要国家之外，目前在最高立法层面由司法改革委员会向立法机构提交的关于完善人身检查制度的正式报告文

件的就有澳大利亚、[①] 加拿大、[②] 新西兰[③]和印度[④]等国以及我国香港和台湾地区，且其中部分已经在其立法之中予以体现，这充分反映了人身检查立法在其他国家和地区的重视情况。应当说，对人身检查这一刑事诉讼中“细微”的制度之重视态度，也反映了各个国家和地区立法逐渐走向精密化的趋势。反观我国，人身检查立法单薄，不仅条文偏少，在内容上也过于粗疏，高度抽象、概括，且缺乏司法解释和补充规定，实践部门不得不通过部门规定或地方规定的形式进行补充，这种立法混乱状况在客观上造成人身检查的实施缺乏统一性、规范性。客观而言，这种立法粗疏、概括且与实践脱节的问题是我国目前许多法律制度中都存在的共同性问题，因此在把握人身检查制度立法走向时应当把其放入我国立法发展的历史背景下来分析。

众所周知，改革开放前的中国，由于在探索社会主义建设的道路上出现了曲折，走了一些弯路，不仅经济和社会事业受到阻碍，法制建设也受到连累，特别是经历了“文化大革命”，新中国的法制建设几乎处于完全停滞状态。党的十一届三中全会后，中国百废待兴，尤其需要加强法制来保障经济改革的顺利进行和人民群众的基本权利，从而最大限度地解放生产力，于是我们提出健全社会主义法制的目标，使中国进入了前所未有的快速立法时代。但由于经济社会发展现状和立法水平的限制，当时立法的基本目标和重要任务是先解决“有法可依”的问题，即先从“无”到“有”，难以顾及“有”的程度和质量，因此我们在立法中采取的是“宜粗不宜细”、“易疏不易密”的标准，并采取了“先暂行再正式”、“先零售后整售”以及“成熟一个制定一个”的立法策略。具体就刑事诉讼法的立法情况来看，1996 年我国刑事诉讼法进行了一次较大的修改，将 1979 年的刑事诉讼法的条文从 164 条增加到了 225 条，且不说法律条文规定是否准确和科学，但从法条数量的增加上，应当说是一个明显进步，毕竟如果没有足够的法条作为支撑，司法结构设计及司法运行程序的精密是无从谈起的。但实际上，区区 225 个条文还并不能满足刑事司法精密化的要求。日本刑事诉讼法共有 506 条，德国刑事诉讼法

---

① Australian Law Reform Commission (LRC Australia), *Criminal Investigation* (Report No 2, interim, 1975).

② Law Reform Commission of Canada (LRC Canada) Criminal Law, *Report on Obtaining Forensic Evidence: Investigative Procedures in Respect of the Person* (Report 25, 1985).

③ New Zealand Criminal Law Reform Committee ("CLR New Zealand"), *Bodily Examination and Samples as a Means of Identification* (1979).

④ Law Commission of India, *Thirty - Seventh Report on the Code of Criminal Procedure*, 1898 *and Forty - First Report: The Code of Criminal Procedure*, 1898 (1969).

有477条，而法国的刑事诉讼法达到803条。难以想象，立法技术明显高于我国的法治发达国家仍需要四五百个条文来规定刑事诉讼法，在我国仅需225个条文就可以涵盖方方面面。因此，与那些法治较为发达的国家相比，我国的刑事诉讼法整体上显得“单薄”。素有“宪法之测震仪”之称的刑事诉讼法若如此的简单、粗略，显然不能满足司法实践的需要。这也在客观上造成了司法解释大行其道，最高人民法院、最高人民检察院、公安部甚至地方部门纷纷就本部门在刑事司法程序中可能遇到的问题作出司法解释或“指导意见”。据不完全统计，这种于刑事诉讼相关的司法解释或“指导意见”多达1500多条，这使得我国刑事诉讼法本身被虚置，司法解释和“指导意见”成为了规范刑事诉讼实践的“动态的法”。①

应当说，我国现阶段的立法已经基本完成了“有法可依”的历史使命，今后的工作重点，就是让法律体系更加科学合理和健全完善，法律内部与法律之间更加衔接合理和协调一致，也即从“立法时代”进入了“修法时代”。② 在这种时代背景下，我国理论界和实务界也一直在积极为刑事诉讼法再修改进行准备，连续数届诉讼法（刑事诉讼法）年会都是围绕“刑事诉讼法再修改”相关问题展开，仅目前已经出版的具有代表性的刑事诉讼法再修改学者建议稿就有三部之多。③ 从我国关于刑事诉讼法再修改的内容看，以三部建议稿为例，尽管其各有特色，但共同之处是都强调了实现侦查程序立法的精密化是推动我国刑事诉讼法发展的最核心环节所在。

侦查程序在各个国家追诉犯罪的体系中的重要地位无需赘言，正如有学者所指出，“对诉讼结果起决定作用的实质性证据都是靠侦查程序收集的……公开审理早已不是刑事诉讼程序真正的判断中枢了，它无非指望着花了费用走个过场对侦查程序中产生的结果再加渲染而已……侦查程序是刑事诉讼的核心和顶点阶段”。④ 这种情况在我国表现更为突出，缺乏对抗的“被

---

① 参见徐静村、杨建广：《动态的法：关于刑事诉讼法解释的评析》，载《现代法学》2000年第1期，第15页。

② 鲁生：《从立法时代跨入“修法时代”的第一步》，载《检察日报》2009年8月31日第6版。

③ 这三部建议稿为，陈光中主编：《中华人民共和国刑事诉讼法再修改专家建议稿与论证》，中国法制出版社2006年版；徐静村主编：《中国刑事诉讼法（第二修正案）学者拟制稿及立法理由》，法律出版社2005年版；陈卫东主编：《模范刑事诉讼法典》，中国人民大学出版社2005年版。

④ 程军伟：《论平衡原则与侦查程序》，载《法律科学》2008年第9期，第111页。

告人说话式审判”① 庭审程序显然难以发挥实质意义上的真相发现功能，在一定程度上可以说，在我国真正决定犯罪嫌疑人命运的程序不是审判，而是侦查。而侦查程序法治化的实现，离不开各个具体侦查行为的法治化，人身检查作为一项对公民权利影响较大的侦查行为，对其进行完善无疑是我国侦查法治化建设中关键的一环。通过对国外主要法治国家关于人身检查制度立法的考察不难看出，我国目前的人身检查制度无论是在立法规定还是在司法实践中都存在较大差距，甚至可以说是尚处在一种“无法可依”的状态，更妄言符合侦查程序法治化的基本要求，这也正是上述三部修正案无一例外地强调了对侦查机关人身检查（强制采样）行为进行规范的原因所在。随着我国立法技术水平的提高，刑事诉讼法立法发展的方向毫无疑问是向精密化方向发展，在这种立法趋势下，对人身检查这一对公民权利影响较大的刑事诉讼措施进行完善具有不言而喻的重要性。

（二）社会稳定与人性尊严的双重需求

如果说打击犯罪与保障人权是刑事诉讼法的两个直接目标，那么维护社会稳定和捍卫人性尊严就是这部法律的最终价值依归所在。从实质上讲，社会稳定与人性尊严是一个辩证统一的整体。人性尊严的本质要求国家公权力应该把人作为一种目的对待，而不是当做一种手段，公民是一切国家权力的本源，国家公权力行使的目的是为了本国公民的权利、利益和幸福，对于人性尊严的维护是国家的一项最基本的义务。人性尊严的理念不仅严禁国家从事损及人的尊严的行为，如对于人格的侮辱、刑讯逼供等，同时要求在程序上也必须保障人的主体性地位。而从社会稳定的角度讲，社会又必须要有一定的手段打击和控制犯罪，为公民生活提供安全、稳定的社会环境，这是公民能够获得人性尊严的前提条件，从这个意义上讲，国家公权力在刑事司法领域的行使具有天然的正当性，正如英国前上诉法院法官丹宁勋爵被广为引用的一句话中所指出，“人身自由必定与社会安全是相辅相成的……每个社会均须有保护本身不受犯罪分子危害的手段……只要这种权力运用适当，这些手段都是自由的保卫者”。② 由于以维护社会稳定为目的的公权力行使必然要使部分公民的权利受到减损，因此如何在维护社会稳定的手段行使与人性尊严的保护间保持平衡成为现代法律的根本任务，这种特点在刑事法律领域

① 李昌盛：《缺乏对抗的“被告人说话式”审判——对我国“控辩式”刑事审判的实证考察》，载《现代法学》2008 年第 6 期，第 167 页。

② ［英］丹宁著：《法律的正当程序》，李克强、杨百揆、刘庸安译，法律出版社 1999 年版，第 58 页。

体现得更为明显。

刑事程序法与刑事实体法共同发挥着社会控制的功能。这一功能的发挥反映在刑事实体法与刑事程序法之间的关系上，而两者的关系又主要体现在价值选择的倾向性上，刑事程序法一方面为刑事实体法规则的实现提供可操作性的方法，就此而言，其具有工具价值，保证了刑事实体法对安全与秩序价值追求的实现。另一方面，刑事程序法本身也有自身的本位价值，即公正与平等。两种价值并非能够完全平衡，在不同的历史背景下，各国对程序法之价值认识也有所不同。

社会学家福山在总结西方国家20世纪下半叶受科技进步、经济发展所推动的社会变革时，将社会转型期的社会失序表现为三个方面：一是犯罪率上升；二是离婚率升高和私生子增多；三是人们对组织机构及其制度的信任和信心下降。“犯罪与社会混乱的加剧，作为社会凝聚力源泉的家庭与亲属关系的衰落，以及信任的不断下降，构成了大分裂的特点。”① 应当说，这种社会转型期犯罪率的上升作为第一现象的分析模式在一定程度上是符合我国当前实际的，根据公安部办公厅统计处提供的数据显示：2000年全国公安机关立案的刑事案件3637307件，2001年全国公安机关立案的刑事案件4457579件……至2006年，这一数字已上升为4653265件。② 在这种历史背景下，刑事程序法的工具价值得以突出，往往表现出以安全和秩序为中心的倾向，从而在维护社会稳定与保障人性尊严之间失衡，这也是我国刑事司法实践“重打击”、“轻保护”，侵犯人权现象屡有发生的根本原因所在。

由于这种价值失衡现象在刑事侦查环节体现最为突出，因此我国学者在谈论我国刑事侦查程序改革时，不由自主地过度强调了人权保障的目标，而忽视了打击犯罪的现实需要，这也使得相关法律讨论屡屡搁浅，只要是理论界和实务界共同参与的涉及刑事诉讼法再修改的各种会议之主调就是争论，以至于我国有学者批评这种现象为“身份决定利益、屁股决定脑袋”。③笔者认为，出现这种僵局的最重要原因还是现阶段所提出的理论建议普遍缺乏对完善侦查程序两个层面的意义所进行的双向论证，过于强调人权保障方面的

---

① ［美］弗兰西斯·福山著：《大分裂：人类本性与社会秩序的重建》，刘榜离、王胜利译，社会科学出版社2002年版，第67页。

② 该数据来自于公安部办公厅统计处在《公安研究》相应年度所发布的《全国公安机关刑事案件分类统计结果》。

③ 易石山：《2007年刑事诉讼法年会观感之一：部门争权台面化?》，http://www.dffy.com/faxuejieti/ss/,2010－03－03。

必要性，而对其打击犯罪方面的意义却论证不足。实际上，无论是从有效打击犯罪以维护社会稳定的角度出发，还是从保障人权以维护人性尊严的角度出发，对现阶段侦查程序的完善都具有刻不容缓的必要性，人身检查制度的完善即是如此。

第一，从维护社会稳定的角度看，通过完善人身检查制度，可以更有效地打击犯罪。通过对实践状况的考察不难看出，我国目前人身检查制度立法粗疏所带来的问题是双向的：不仅容易侵犯人权，而且也对及时、有效地打击犯罪造成了障碍。完善人身检查制度的立法，通过程序规范侦查机关权力的行使，从表面上看似乎是束缚了侦查人员的手脚，不利于打击犯罪，其实这是一种偏见。正如国外学者所指出，“如果我们不把正当程序放在高抽象的理论范畴下讨论，而是让它接受实证的考验，那么得出的结论应当是正当程序利于犯罪控制”。[①] 具体而言，在立法上完善人身检查制度，其对打击犯罪的积极意义主要表现在以下几个方面：

首先，有利于侦查人员消除顾虑，大胆使用。就权力的本质而言，“无授权则无权力”，如果法律没有明确授予，则不能行使，这是基本法理。随着我国法治化建设进程的加快，这种观念必然会逐步深入人心，在这种情况下，实施任何法律没有明确授权的行为，对行为人来讲都存在着一种“越权”、“滥权”的风险，这种情况在刑事侦查这种国家公权力与公民私权利对抗程度最强的领域表现尤甚，因此就不难理解目前为何有些侦查人员宁肯弃之不用人身检查这种比较有效的侦查措施，也不愿承担越权的风险了。因此，通过完善法律，对侦查机关人身检查权的具体方面，如强制采样、检查留置等明确规定，实际上是在法律层面的一种授权，使侦查人员在实施相关措施时可以消除顾虑，在法律规定授权范围内大胆使用，从而有利于打击犯罪。

其次，通过对具体制度的设计，可以提升打击犯罪的效率。通过对具体程序的细化，在增强侦查人员责任感的同时，无疑也会大幅度提高使用效率。如上所述，人身检查措施的实施往往需要多个部门配合，通过程序规定来细化责任、明确流程，无疑能够降低配合成本、提升工作效率。以对犯罪嫌疑人 DNA 采样的流程为例，其首先是由一线侦查人员（外勤）首先控制涉案犯罪嫌疑人，而后再由技术人员（法医）抽取嫌疑人的血液，再由 DNA 实验员（化验员）作出鉴定结论，最后再由 DNA 实验室将鉴定结论反馈给一

---

① Henry Mares, “Balancing Public Interest and a Fair Trial in Police Informer Privilege: A Critical Australian Perspective”, 4 *International Journal of Evidence and Proof* 22 (2002).

线侦查人员，虽然上述环节同属于侦查机关内部，但是由于涉及多个部门，因此彼此间的衔接和配合就非常重要。而我国目前由于立法缺乏硬性规定，造成衔接不利、配合不畅的情况较为突出，如上文所述，从身体采样到DNA样本结论的作出这段时间过长而影响了案件调查的顺利推进这种情况。若能细化程序规定，如通过立法实施人身检查人员的权限、职责以及实施人身检查期限作出明确规定，则可以有效解决现存问题，从而提高打击犯罪的效率。

最后，有利于引起对人身检查措施的重视，加大硬件配套方面的投入。长期以来，人身检查措施在我国司法实践中没有得到重视，相关技术和装备投入不足的问题固然与我国侦查硬件设施发展的整体水平有关，但不可否认的是，主要是由于立法规定的粗疏和简单，使其不可避免地成为了诸多侦查措施中的“边缘”措施，从而未得到应有重视的重要原因。所以，通过在立法中制定较为详尽的规范，不仅是一种先进理念的彰显，更突显了立法部门对这个问题的重视，这种情况势必会促进侦查实务部门对此的硬件投入，从而更加有效地发挥人身检查措施在刑事侦查中的作用。

第二，完善人身检查制度能够有效保障人权。维护人性尊严是人权保障的本质内涵，而加强人权保障目前不仅是国际社会发展的大潮流，也是我国当前社会政治生活中的首要任务。从国际范围来看，维护人性尊严，加大并完善人权保障已成为共识，保障人权已经成为国际法意义上的国家义务，一些主要的国际人权宣言和条约中都有保护公民基本权利不受侵犯的内容，如1948年联合国制定的《世界人权宣言》以及1966年制定的《经济、社会及文化权利国际公约》、《公民权利和政治权利国际公约》两个条约都对人权保障作出了明确规定，其中《公民权利和政治权利国际公约》本身对司法制度还提出了硬性要求，要求成员国承担“立即实施”的义务。我国已经批准加入了《经济、社会及文化权利国际公约》、《公民权利和政治权利国际公约》两个条约，作为一个负责任的大国，履行条约规定的义务责无旁贷。而刑事司法作为一面反映国家人权保障状况的镜子，势必要求我国在刑事法律的制定中贯彻人权保障的理念，对存在侵权可能性的行为必须在法律层面明确规定和限制。纵观当前世界各国刑事司法改革的进路，尽管具体侧重点有所不同，但对于切实加强刑事诉讼中人权保障这一问题却是一致的，正如陈光中教授在评价21世纪域外刑事诉讼改革的整体状况时指出，“虽然改革不像上世纪60年代的正当程序革命时期那样剧烈，但是各国和各地区都在致力于推进司法民主化，使公民有更多的机会参加到刑事诉讼中去，确立或完善刑事诉讼参与机制，加大人权保障的力度，特别是加强对犯罪嫌疑人和被告人的人权保障”。[①]

从国内情况来看，我国对人权保障问题也是越来越重视。1997年，在党的第十五次全国代表大会上明确将“尊重和保障人权”作为共产党执政的基本目标纳入党的行动纲领；2002年召开的中国共产党第十六次全国代表大会和2007召开的中国共产党第十七次全国代表大会也都在主题报告中明确将“尊重和保障人权”确立为新世纪新阶段党和国家发展的重要目标。从宪法层面来看，2004年我国宪法修改时，将“国家尊重和保障人权”正式写进我国宪法，这标志着将“人权”由一个政治概念提升为法律概念，将尊重和保障人权的主体由党和政府提升为“国家”，从而使尊重和保障人权由党和政府的意志上升为人民和国家的意志；由党和政府执政的政治理念和价值上升为国家建设和发展的政治理念和价值；由党和政府文件的政策性规定上升为国家根本大法的一项原则。2009年4月，在我国首次发布的《国家人权行动计划（2009~2010）》白皮书更是宣言式地对我国人权保障作出了明确的规划。但是，正如不少学者所指出，我国法律对公民权利的规定（“纸上的权利”）与发达国家相比，并无很大差别，但在权利的实现方面却存在较大差异，其最重要的原因就在于权利的实现缺乏相应的程序保障。因此，如果没有具体的法律制度的支撑，特别是没有相应的程序性法律制度支撑，将其具体落实在细节之处，那么人权保障将成为一个空泛的概念。从政治意义上讲，近年来少数西方国家推行所谓的“人权外交”，以人权状况为由对我国的内政横加干涉。具体从我国在刑事司法实践中出现的问题来看，如果不通过修正刑事诉讼法加以纠正或改变，那么它们就很可能继续成为少数国家攻击我国人权状况的“借口”或“凭证”。

任何事物的推进都必须落实于细节，刑事程序法治建设的整体推进往往需要通过具体制度的完善来进行，从这个角度来看，人身检查制度也是我国人权保障系统建设过程中不可忽视的一个环节。由于人身检查措施的实施涉及对公民诸如人身权、自由权、健康权等诸多基本权利的侵犯，因此，它也被称为“测试刑事诉讼法作为应用宪法的最佳试金石之一”，[②] 我国人身检查制度在立法和实践中存在的诸多问题已经显露出来，面对这种情况，如果不及时从立法上进行规范，任其处于放任行使状态，保障人权将无从谈起。

---

① 陈光中：《21世纪域外刑事诉讼立法之鸟瞰》，载陈光中主编：《21世纪域外刑事诉讼立法最新发展》，中国政法大学出版社2004年版，代序言2。

② 参见林钰雄著：《干预处分与刑事证据》，台湾元照出版公司2008年版，第5~6页。

综上所述，笔者认为，对我国人身检查制度进行及时完善具有现实必要性。

二、完善我国人身检查制度的可行性

上文对我国应当尽快完善人身检查制度的必要性进行了分析，但是在现阶段完善这一制度是否具有可行性？也即，是否具有制度改良的现实土壤？这是良好的初衷能否实现从应然向实然转化的关键所在。笔者认为，我国现阶段对人身检查制度进行完善具有可行性，其主要表现在以下四个方面：

其一，公民权利意识逐渐彰显，为人身检查制度的完善提供了社会基础。

任何法律制度都是一定时代的产物，它是由社会塑造的，而公众的权利意识是法律制度的社会基础，正如美国学者德沃金所指出，“法律帝国并非由疆界、权力或程序界定，而是由态度界定”。[①] 在一个公民权利意识普遍薄弱的社会里，公权力的行使往往具有较大的随意性，而在一个以“权利话语”[②] 为中心的时代里，公民权利意识的强化则会成为防止公权力滥用的一道坚实屏障。因此可以说，随着当代中国从传统社会向现代社会转型，中国公民的权利意识也正随着社会主义市场经济的发展和完善而逐步现代化。

在中国传统社会中，由于政治、经济体制的单一性，生产、分配、消费等各个环节都处在高度集中管理之中，所有权利都是共享的或者是由行政命令分派指定，因此中国公民既缺乏足够的权利热情，也没有充分的权利意识。改革开放之后，随着社会的转型、体制的改革、普法教育的持续进行以及“依法治国”执政纲领的广泛宣传，作为公民意识核心的权利意识在我国公民心中逐渐觉醒，人们对自身的权利越来越关注，公民的权利意识迅速提升，即使是在法律观念和权利意识比较淡漠的农村地区，也发生了深刻的变化，村民们普遍而积极地参与各项村民自治活动，对于国家机关侵犯自己权利的行为也敢于诉诸法律。20 世纪 90 年代中后期，即有学者专门就此进行了实证调查，当问及“社会生活中以下事情（孝敬父母、报恩、尊重权利和自由、广交朋友、其他）哪一项最重要”时，选择“尊重权利和自由”的公民

① ［美］德沃金著：《法律帝国》，李常青译，中国大百科全书出版社 1996 年版，第 367 页。

② “权利话语”自 20 世纪 80 年代在对抗“阶级斗争话语”中形成并逐渐流行，很快就成为中国法学界的主流话语，这种倾向在客观上也强化了民众的权利意识。参见桑本谦著：《理论法学的迷雾：以轰动案例为素材》，法律出版社 2008 年版，第 10 页。

人数占58.59%，这一选择比例远远高出其他选项。①

尤其是近年来，随着信息技术的飞速发展，网络已经成为强化公民社会意识、促进公平与正义、推动社会进步的重要力量，任何事件一旦被置入网络，其影响力被迅速放大，如重庆“最牛钉子户”引发热烈的物权法讨论；“山西黑砖窑”、“河南开胸验肺”事件让人们反思劳动者基本人权的保护；“华南虎”事件引发的对政府公信力的考量；而“黄静案”、“许霆案”、“躲猫猫”事件、“邓玉娇案”、“杭州飙车案”等普通刑事案件也引发普通民众极大的关注和持续追问。通过对这些案件的追踪观察，笔者发现我国公民对这些案件的讨论逐步从结果评判走向了程序关注（如对于有没有“黑幕”、有没有保障涉案人权利等问题的追问）的转化，这说明我国公民权利意识的表达方式逐渐理性。在这种时代背景下，很难想象侦查机关可以对公民任意进行人身检查而不受质疑。以民众对湖北鄂州发生的那起“民警导演强奸案”② 网络评论为例即可看出这种趋势：由于该案是侦查机关在采集了附近几个村庄2000多名成年男性的血液样本进行DNA比对后才抓获真凶，因此网民除了对当地公安机关的“导演”行为纷纷加以批判外，对于侦查机关大规模采血的检查方式的反对意见也压倒性地占据了多数。上述情况表明，中国人的权利意识已经觉醒并得到彰显，公民对公权力行使方式开始进行理性的判断和评价。人身检查制度本质上是一项限制、规范公权力行使的法律制度，公民权利意识的觉醒不仅使得对现行制度的改革具有必要性，也为制度的改革提供了坚实的社会基础。

其二，相关理论研究不断深入，为人身检查制度的完善提供了理论支撑。

随着我国对刑事诉讼理论研究的逐步深入，研究逐渐呈现细化、分类化的趋势。就对侦查领域的研究来看，除了对于侦查权力运行原理进行了系统研究并取得丰硕成果之外，对于讯问、搜查、扣押、监听、诱惑侦查、令状制度等侦查中的具体问题，我国学者也进行了比较深入细致的研究。具体就人身检查制度而言，我国理论界最初鲜有关注，而随着人身检查在实践中暴露问题的不断增多，我国理论界对其研究已开始逐步深入，从人身检查的性质、基本原则到人身检查的基本程序，从国外人身检查制度的借鉴到对国内人身检查实践的反思，都有学者进行了专门研究。特别是最近几年的刑事诉

① 董璠舆：《中国人权利意识的基本结构及提高——以北京为中心的调查》，载《社会科学战线》1996年第6期，第36页。

② 成功：《鄂州众民警导演强奸案续：拿到DNA证据也抓错人》，http://news.qq.com/a/20040730/000288，2010-03-03。

讼法再修改专家建议稿中，基本上都对人身检查提出了立法建议，并达到了较高水平。① 这些理论探讨和立法研究为人身检查制度的改革提供了理论储备和立法参考，也为我国人身检查制度的完善提供了理论支撑。

其三，实践部门的积极探索，为人身检查制度的完善提供了实践基础。

如上文所述，人身检查措施目前在我国司法实践中被广泛运用，为了弥补现行刑事诉讼法规定粗略的缺陷，指导侦查一线部门人身检查权的规范行使，公安部和各地的公安部门也在积极探索相关方案，以使这项措施更有利于刑事诉讼目的的实现。例如，2008 年 1 月 1 日开始施行的《公安机关指纹信息工作规定》对指纹的提取进行了规定；《辽宁省 DNA 鉴定检材提取、保存和送检规范》、《福建省公安机关刑事案件现场勘验检查规范》、《河北省公安机关刑事案件现场勘验检查规定》等都对公安机关人身检查措施的实施制定了较为明确的规范要求。这些探索性规定尽管不尽全面，但都是根据实践需要而制定形成，应当说针对性比较强，具有较强的实践指导意义，因此能够为我国在刑事诉讼法层面完善人身检查制度提供有益的参考。从这个意义上讲，现有探索经验与制度规定为我国人身检查制度的完善奠定了实践基础。

其四，我国刑事诉讼法再修改已经启动，为人身检查制度的完善提供了立法契机。

近年来，我国理论界和实务界一直在围绕我国刑事诉讼法再修改进行积极的论证和准备工作，而刑事诉讼法再修改议题也进入了全国人大的议事日程当中，我国刑事诉讼法再修改工作正在展开。本次刑事诉讼法再修改针对的是包括侦查、起诉、审判等在内的整个刑事诉讼程序，人身检查制度改革的问题并不仅仅是一个独立的小问题，其意义必须放入刑事诉讼程序整体框架下的侦查程序改革中来衡量。只有通过对人身检查这类具体制度进行分别改革，才能推进整个刑事诉讼法的改良。其意义也正如黑格尔所言，“整个立法和它的各种特别规定不应孤立地、抽象地来看，而应把它们看做在一个整体中依赖的环节……整个立法和它的各种特别规定才获得它们的真正意义和它们的正当理由”。②

---

① 参见陈光中主编：《中华人民共和国刑事诉讼法再修改专家建议稿与论证》，中国法制出版社 2006 年版，第 427 ~ 430 页；徐静村主编：《中国刑事诉讼法（第二修正案）学者拟制稿及立法理由》，法律出版社 2005 年版，第 135 ~ 137 页；陈卫东主编：《模范刑事诉讼法典》，中国人民大学出版社 2005 年版，第 330 ~ 336 页。

② ［德］黑格尔著：《法哲学原理》，范扬、张企泰译，商务印书馆 1982 年版，第 5 页。

三、完善我国人身检查制度的障碍及其破解

“无论是从西方移植还是本土继承，关键都在于实际的运作”,[①] 作为一国基本法律的刑事诉讼法要达到良好的实际运作效果，其前提就在于立法的基本思路务实、可行，着眼于实践需要，而非是简单地标榜某种理念。完善人身制度之必要性及可行性在前文中已作分析，但作为一项法律制度的改革，仅有变革的激情是远远不够的，在研究本国制度的改革时，必须既要看到现行制度中存在的问题，又必须要正视现阶段我国的社会观念、法律意识、司法资源等诸多本土性因素。法治国家的人身检查制度虽然较为完善，但并不都能适应于我国的司法实践，贸然嫁接则可能导致“南橘北枳”的后果。正如左卫民教授所指出，我国对未来的刑事诉讼制度改革应当采用“问题导向”，着力解决现实中的普遍性问题，而不应以实现理想价值、达到特定标准作为基准。[②] 也正因此，确定完善我国人身检查制度的基本思路之前，有必要对其可能遇到的障碍因素进行论证。

从整体上讲，无论是变革或推行一项制度，只要是对习以为常的现状或“习惯”进行改变，不可避免地都会受到多重现实因素的制约，而最大的障碍莫过于观念上的障碍。但是，笔者也相信通过制度推进的方式是可以逐渐改变观念的。由于观念层面的障碍是我国刑事诉讼法完善所面临的问题，因此我国理论界对此讨论比较多，也形成了较为优秀的研究成果,[③] 因此笔者在此不再赘述。仅就人身检查制度的完善而言，笔者认为，现阶段主要有以下两重障碍：

（一）体制层面的障碍

1. 障碍的表现及形成原因

“立法者的法理学既要从国家治理的技术角度来思考法律，又要从形成良好政治秩序或社会生活方式的角度来思考法律。正是在这一广阔的背景上，

---

① 黄宗智著：《经验与理论：中国社会、经济与法律的实践历史研究》，中国人民大学出版社2007年版，第393页。

② 左卫民：《中国刑事诉讼模式的本土构建》，载《法学研究》2009年第2期。

③ 例如，王新清、李蓉在《技术推进与诉讼观念变革》一文中即对制约中国刑事诉讼法制度发展的诉讼观念进行了精辟分析。根据作者的观点，我国传统的诉讼观念表现为“诉讼目的上的一元观”、“诉讼的价值目标上的实质正义观”、“权力关系上的权力至上观和司法权附属观”、“诉讼公正的保障机制上柔性程序观”等，这些观念对于我国现代刑事诉讼制度的建立构成了现实障碍，而解决上述障碍的唯一途径只能是“制度先行于观念，以技术推进的方式”影响诉讼观念。参见王新清、李蓉：《技术推进与诉讼观念变革》，载《中国刑事法杂志》2005年第1期，第107页。

我们要思考的不是仿佛自给自足的法律秩序，而是法律秩序作为其有效部分的政治秩序。”① 完善我国侦查程序，必然要考虑其与现行政治体制的协调性问题。笔者认为，现阶段完善我国人身检查制度仍面临体制层面的障碍，而这种障碍主要体现在人身检查权审批机制的设置上。从域外法治国家或地区考察情况可知，设置批准许可程序是防止人身检查措施被滥用的一个关键环节，除了合意模式之外，根据批准主体的不同，人身检查的审批模式可分为行政审查模式和司法审查模式（如美国、德国、日本和我国台湾地区）两种。这两种批准模式各有利弊，但从防止侦查程序滥用的角度出发，显然是由处于中立地位的法官进行审查后进行批准的方式优于侦查机关内部批准的方式。因此，完善我国人身检查制度的一个比较理想的途径即在于建立起对侦查机关人身检查行为的司法审查机制。

而这个问题不仅仅适用于人身检查制度的完善，而且也存在于其他强制侦查行为改革之中，因此可以将其放入我国侦查程序法治化的整体背景之中来进行分析。实现侦查程序法治化、消除侦查程序之积弊是一个系统的工程，它需要通过“以法限权”、“以权制权”、“公平救济”② 诸环节整体联动才能达到理想的效果，而其破题之笔无疑应当落在权力制约机制的构建上，也即通过建立强制侦查行为的司法审查机制，由中立法官制约侦查机关的权力行使。正如我国学者所指出，“在我国建立对强制侦查的司法审查制度，具有不容置疑的必要性，这不仅仅是出于解决我国强制侦查措施在运用过程中所存在的实际问题的对策考虑，更重要的是基于调整侦查权与审判权之间的相互关系、建立健全宪法权利的程序保障机制的战略需要”。③

但是，客观而言，目前在我国建立强制侦查行为的司法审查机制仍面临较多障碍，对此我国许多学者从不同角度进行过论证，而笔者认为，在众多因素之中，对我国现阶段建立强制侦查行为司法审查机制产生实质性制约的因素又可归结为三个：

第一，在现有制度框架内推进改革的难度较大。由于建立司法审查机制

---

① 强世功著：《立法者的法理学》，生活·读书·新知三联书店 2007 年版，第 24 页。

② “以法限权”是指通过成文的、明确的法律对强制侦查的种类、适用条件、批准权限、执行程序、期限等作出尽可能具体的规定，充分体现比例原则和法定原则，以便对强制侦查的权力划定适当的界限，最大限度地减少侦查机关不合理的自由裁量权；“以权制权”包括两个方面的内容：一是“以权力制衡权力”，二是“以权利制约权力”；“公平救济”是指对因强制侦查致使合法权利受到侵害的相对人提供适当的司法救济。参见孙长永：《强制侦查的法律控制与司法审查》，载《现代法学》2005 年第 5 期，第 75 ~ 76 页。

③ 孙长永：《强制侦查的法律控制与司法审查》，载《现代法学》2005 年第 5 期，第 76 页。

的前提在于对我国公、检、法三机关在刑事诉讼中的权力格局进行重塑，以“审判中心主义”为指导，对我国诉讼结构进行调整，即从“配合型”体制转变为“制衡型”体制、“流水作业型”诉讼结构转变为“一家审查型”诉讼结构。这种改革在一个以“侦查中心主义”为传统的诉讼结构中，在一个被“打击犯罪”、“维护稳定”、“维护安定团结”、“为市场经济保驾护航”等因素整合起来的“政法机关”体制设置内进行，将其称之为“伤筋动骨”抑或“工程浩大”并不为过，其难度不言而喻。

第二，法院不具备承担司法审查的基础条件。首先，从宪法层面来看，根据现行宪法规定，法院被定位为审判机关，在宪法未被修改的前提下，法院缺乏介入侦查阶段缺乏合宪性；其次，从法院自身情况来看，我国目前的司法改革不仅涉及侦查机关和公诉机关，审判机关本身正在进行如火如荼的改革，诸如要不要审判委员会、人财物能不能脱离地方、能不能实现直管等许多重大基础问题都尚在争论之中，在其本身运行机制未明确理顺之前，草率将强制侦查行为的审查权赋予法院可能带来负面效果。

第三，现行“错案追究”和“国家赔偿”机制的存在制约法官行使审查权的积极性。为了加强案件审判人员的责任心，我国建立了错案追究制度，但是由于对“错案”范围界定不明确，出现了实践中扩大理解的情况。根据最高人民法院于1998年颁布的《人民法院审判人员违法审判责任追究办法(试行)》第2条规定：“人民法院审判人员在审判、执行工作中，故意违反与审判工作有关的法律、法规，或者因过失违反与审判工作有关的法律、法规造成严重后果的，应当承担违法审判责任。”从该规定的本义不难看出，只有法官主观上存在过错，而且在客观上确实存在违法行为时，才能追究法官的责任。然而在实践中，这种抽象性较强的主客观相统一的原则容易遭到曲解，不论主观上是否违法，只要案件处理有错误，法官就会受到追究。[①]由于错案范围的人为扩大，使得本来为了增强法官责任心、提高法官业务素质的错案追究制却演变成悬在法官头上的“达摩克利斯之剑”，导致法官群体普遍产生“做事越多，犯错误的可能性越大”的感觉，从而不愿、不敢去承担过多职能。而在刑事诉讼中建立强制侦查行为的司法审查机制后，法院将既肩负着案件的裁判权，也掌控着刑事强制侦查行为（强制措施）的决定权。这里就可能存在一个矛盾——如果法院最终对被告人宣告无罪的话，那么在此之前对该被告人所作出的实施强制侦查行为或者采取强制措施的决定

① 参见杨建国：《“错案追究制”需要重新定位》，http://www.legalinfo.gov.cn，2010-03-03。

将会被认为是一个错误的决定，而作出这个错误决定的法官就可能在现行错案标准之下被追究失职的责任。

此外，在出现错案、甚至疑案的情况之后，不仅相关的决定主体可能承担法律责任，按照我国国家赔偿法的规定，作为执法部门的整体也应当承担赔偿责任。我国2010年新修订实施的《国家赔偿法》第17条规定："行使侦查、检察、审判职权的机关以及看守所、监狱管理机关及其工作人员在行使职权时有下列侵犯人身权情形之一的，受害人有取得赔偿的权利：（一）违反刑事诉讼法的规定对公民采取拘留措施的，或者依照刑事诉讼法规定的条件和程序对公民采取拘留措施，但是拘留时间超过刑事诉讼法规定的时限，其后决定撤销案件、不起诉或者判决宣告无罪终止追究刑事责任的；（二）对公民采取逮捕措施后，决定撤销案件、不起诉或者判决宣告无罪终止追究刑事责任的……"显然，赔偿的主体不可能是刑事强制措施的执行主体，而是决定主体。在这种国家赔偿制度下，不论由谁来决定强制措施的实施，都将面临着这样的风险，这也是法院不愿意接受刑事强制措施决定权的重要原因之一。因此，即便是体制转型成功，在现有错案追究制度、国家赔偿制度不变的前提之下，就是将强制侦查的决定权交给法院，我国的法院仍然不会愿意接受该权力。

除了上述障碍之外，在我国建立强制侦查行为的司法审查机制，还面临着"外部环境不理想"、"配套制度不完善"、"民意基础不具备"① 等诸多障碍，这使得在我国建立强制侦查行为司法审查制的难度非常大。然而，如果不能建立起由中立机关授权、审查的机制，旨在对侦查权控制的任何设计都难以有效发挥作用，最多只能成为一种价值理念层面的宣示，而不具有实际操作意义。因此，能否在我国建立起强制侦查行为的司法审查机制是完善人身检查制度的关键所在，也是面临的最大障碍，这个问题如果不解决，其他制度设计将难以发挥应有效果。

2. 破解思路

笔者认为，针对这种困境，可以采用分阶段推进的方式来对我国人身检查权的审批机制进行改良。如上文所述，建立人身检查权行使的司法审查机制是控制侦查机关人身检查权使用的一种最为理想的人身检查权启动模式，但是受现实条件所限，在相当长的一段时期内，这一机制在我国建立的难度比较大。不过也应当看到，目前我国政府高度重视司法体制改革工作，胡锦

---

① 参见高峰著：《刑事侦查中的令状制度研究》，中国法制出版社2008年版，第238～242页。

涛同志明确提出将“深化司法体制改革，优化司法职权配置”① 作为相当长的一个时期内的工作重点，随着司法改革的深入以及理论论证的成熟，② 从远期来看，我国建立起强制侦查行为的司法审查机制并非不具有可能性。

但是考虑到诸多现实障碍因素，我们也必须理性地认识到，短期内在我国建立起全面的强制侦查行为司法审查制度的可行性基础还不具备。因此，笔者认为，我国强制侦查行为审查机制的建立应当采取一种分阶段逐步推进的方式进行。其基本思路是：从近期看，由于我国检察机关在现行权力配置模式下承担着侦查制约的职能，因此在现阶段可将强制侦查行为的决定权交给检察机关，实质化检察机关对公安机关侦查权的制约。③ 但是，检察机关毕竟同时承担控诉职能，甚至也自行侦查大量案件，故其本身对侦查结果和侦查效率高度依赖，本质上也很难做到对侦查行为的有效监督。因此，侦查领域分权、限权的最终方向必然是司法授权，在时机成熟、条件具备之后将强制侦查行为的批准权、强制措施的决定权、违法救济的裁判权全部交由法院来承担，建立起全面、实质的强制侦查司法审查机制是我们必须确立的长远目标。这种逐步推进、设置一个检察机关授权的过渡阶段的思路可能略显保守，但也不失为解决问题的一种可行性进路。例如，在我国台湾地区，在侦查授权制度上就经历了侦查机关本身授权—检察授权—司法授权三个阶段。

此外，由于人身检查种类较多，其强度和对公民权利的干预度存在较大差异，因此并非所有的人身检查措施的采用都需要由司法机关进行审查。具体来讲，应首先在法律层面对人身检查措施进行分类后，将权利干预度较大、涉及面广的检查措施交由司法机关进行审查、决定，而对公民权利干预度较低的措施则由侦查机关自行采取即可，笔者在下文将对此详述。

---

① 胡锦涛：《高举中国特色社会主义伟大旗帜 为夺取全面建设小康社会新胜利而奋斗——在中国共产党第十七次全国代表大会上的报告》，http://news.xinhuanet.com/newscenter/2007-10/24/content_6938568.htm，2010-03-03。

② 近年来，我国理论界关于在侦查程序中建立司法审查机制的研究日益深入。例如，高峰博士就在其博士论文《刑事侦查中的令状制度研究》一文中对我国建立强制侦查行为的司法审查制、实施侦查令状制度的障碍以及可行性因素进行了系统细致的分析，应当说对构建适合我国国情的司法审查机制具有较强的理论指导意义。参见高峰：《侦查程序中的令状制度研究》，西南政法大学2007年博士学位论文，第103~111页。

③ 笔者曾经在基层检察机关的侦查监督部门挂职工作过1年时间，根据笔者在挂职工作期间了解的情况，我国目前各级检察机关中行使侦查监督的部门与行使批捕的部门合并，目前能够有效行使侦查监督权的唯一途径是通过作出不予批捕的决定来制约侦查机关，而对强制侦查行为的实施以及侦查过程中发生的诸如刑讯逼供、暴力取证等违法现象却因缺乏有效制约途径以及保障制约效果落实的手段匮乏而难以行使。

（二）实践层面的障碍

1．障碍的表现及形成原因

笔者在对我国人身检查制度的现状进行评析时指出，我国现行人身检查制度有其存在的积极意义，其表现在侦查机关“高度集中式”的权力行使模式便于侦查人员根据需要随时运用人身检查措施获得查明案件事实的线索，及时收集、固定证据，从而有利于提高侦查效率、打击犯罪。从我国目前情况来看，侦查水平整体较低，侦查机关往往是通过强化权力行使的方式来弥补侦查能力的缺陷，而细化规定人身检查程序、明确侦查权行使的界限在客观上会对侦查机关人身检查权的行使形成一定制约。笔者在调研中深深感受到在我国完善侦查程序之不易：一方面，公众期望刑事司法机关能够高效率地侦破案件，当侦查机关在这个方面表现得不甚出色时，公众将对其表现出强烈的不满；另一方面，公众对侦查机关权力滥用带来的危害也有深刻体察，他们希望将公共权力限制在一定范围内，使其不致膨胀到对公民合法权益形成威胁。如何对这两个方面进行统筹考虑、平衡兼顾，成为目前巨大而难以把握的难题。从某种意义上讲，侦查水平的现状是决定侦查程序之设计能否具有现实基础的最关键环节所在，而现阶段较低的侦查能力水平显然对侦查程序法治化构成了障碍。

我国现阶段正处于特定的历史转型期，刑事犯罪处于高发势头的状况在相当一个时期内难以根本改变，而与之形成鲜明反差的却是侦查能力的低水平运行，因此破案率仍然处于较低数字。从下表可以看出我国公安机关近年来破获刑事案件的情况：

我国 2000～2006 年刑事案件分类统计表①

年度	刑事案件立案数（件）	破案数（件）	破案率（%）
2000	3637307	1644094	45.2
2001	4457579	1910635	42.9
2002	4336712	1925090	44.4
2003	4393893	1842699	41.9

① 2007 年和 2008 年虽无准确统计数据公布，但 2009 年的相关统计数据显示：2009 年 1 月至 10 月，全国公安机关共立各类刑事犯罪案件 444.3 万起，比 2008 年同期上升 14.8%，由此可知我国刑事案件仍处于高发状态。参见《社会蓝皮书：2009 年我国刑事犯罪案件仍处高发期》，http://news.sina.com.cn/c/2009-12-21/110519304801.shtml，2010-03-03。

续表

年度	刑事案件立案数（件）	破案数（件）	破案率（%）
2004	4718122	2004141	42.5
2005	4648401	2097369	45.12
2006	4653265	2212625	47.54

注：以上数据是笔者根据公安部办公厅统计处在《公安研究》2001 年第 7 期、2002 年第 6 期、2003 年第 8 期、2004 年第 6 期、2005 年第 6 期、2006 年第 7 期、2007 年第 5 期发布的《全国公安机关刑事案件分类统计结果》整理得出。

由上述统计数据可知，我国自 2000 年以来年均刑事案件总量在 450 万件左右，破案数在 200 万件左右，此外，排除官方报道中的误差以及实践之中的“犯罪黑数”等因素，笔者推测我国实际破案率可能不足 30%。而从侦查工作的一般规律来看，如果发案数仍然居高不下或仍有增长，则侦查机关的破案率、破案数也必须同步保持稳定或有所增长，才能确保社会治安的稳定。

而与犯罪率居高不下、破案率较低形成对比的是：当前我国大多数地区都存在着对侦查工作的人、财、物投入的严重不足。我国现有的侦查能力水平实际上是靠国家对侦查权的过度投入来维持的，特别是碰到大案、要案时，“政府、公众和舆论会向警方施加极大的压力，警方就会在压力逼迫之下，置法律于不顾，转而通过侵犯犯罪嫌疑人合法权益的一些方法提高侦查效率，而这种侵权行为通常会在一定程度上得到政府、公众和舆论的默许甚至暗示与纵容”。[①] 就民众而言，受传统观念影响，我国公民普遍具有“良民心态”，总是习惯于“主动配合”执法机关的工作，当成为人身检查对象时，大多数人头脑中首先想到的是“积极合作、尽快洗清自己的嫌疑”，而对侵犯自己的行为往往表现出一种忽视或者容忍的态度，这在客观上助长了侦查机关使用侦查措施的随意性。

制定较为健全的侦查程序必然会对侦查权进行一定程度的限制，而这在客观上会给侦查机关的工作造成一定影响，有学者已经表示出了忧虑，“在其他相关条件不变的情况下，刑事诉讼中的人权保障水平和刑事案件的破案成本成正比，与刑事案件的破案率成反比。随着下一部刑事诉讼法典中一系

---

① 郝宏奎：《侦查讯问改革与发展构想》，载樊崇义主编：《刑事审前程序的改革与展望》，中国人民公安大学出版社 2005 年版，第 271 页。

列新诉讼制度和证据规则的确立和实施，在人权保障得到强化的同时，必然带来破案成本的上升和破案率的下降”。[①] 因此，在其他条件没有得到实质改善的情况下，推进侦查程序法治化建设将面临重重制约，[②] 在诸如超期羁押、刑讯逼供等“严重问题”都未得到根治的情况下，人身检查这种在许多人看来是“小题大做”的问题之解决难度可想而知。

2. 破解思路

笔者认为，破解上述障碍的基本思路在于正确认识侦查程序法治化与侦查能力的关系问题。考察侦查史不难看出，近代侦查学得以诞生的背景有二：一为西方产业革命和科学技术迅猛发展，科学知识和技术成果被广泛运用于侦查实践；二为资产阶级革命取得胜利，建立起了新型的刑事诉讼制度和法治原则。[③] 科技与法治犹如车之两轮，共同推动着侦查现代化的步伐。而科技的发展仅为侦查能力的提升提供了一种物质前提，推动侦查机关将其大量运用于侦查领域则主要依赖于法治。18 世纪至 19 世纪，资产阶级在批判封建法制的基础上，建立起了新型的刑事诉讼制度：否定有罪推定、确立无罪推定；否定口供至上、废除刑讯制度；确定由控方承担举证责任、建立刑事辩护制度等。这些巨大变化，极大地刺激了侦查机关对于物证的需求，从而促使其将大量科学技术运用于侦查领域。第二次世界大战后，各国先后实施刑事司法改革，侦查法治化建设不断推进，侦查机关为适应新的司法制度，更加自觉地将一些最新科技成果引入侦查工作，使侦查能力进一步提升。

从实践情况来看，法治的每一次进步在给侦查机关带来困难和压力的同时，都毫无例外地起到了推动侦查能力提升的积极作用。例如，1996 年我国刑事诉讼法修订时，调整管辖范围、允许律师介入侦查、取消收容审查、改革庭审方式等改革都给侦查机关带来了压力，但是正是这种压力推动了全国公安机关于 1997 年起全面实施侦查工作改革，从而给侦查能力的提升提供了契机。这次改革中，刑事侦查工作的信息化、科技含量显著提高；侦查工作从原先较多地依靠人海战术、粗放经营，逐步向更多地依靠计算机、依靠信

---

① 郝宏奎：《侦查学的发展、困惑与反思》，载郝宏奎主编：《侦查学论坛》（第 3 卷），中国人民公安大学出版社 2004 年版，第 5 页。

② 参见毛立新：《侦查行为法治化的制约因素及其克服》，载《北京人民警察学院学报》2008 年第 7 期，第 48 ~ 52 页。

③ 任惠华著：《中国侦查史》，中国检察出版社 2004 年版，第 204 ~ 206 页。

息、依靠科学技术的方向转变,[①] 正如前文所引用的侦查一线人员的感受,“随着越来越多的技术手段被引入,过去的‘勘查访问、摸底排队、突击审讯’老三板斧现在已经被‘现场采证、指纹识别、DNA破案’新三板斧所取代”。

此外,从理论上讲,破案率与发案率的高低主要受政治、经济、文化、科技以及社会心理等多种因素的影响,与刑事诉讼中侦查机关权力配置之间并没有必然的因果关系。从其他国家或地区的情况来看,侦查程序法治化程度较高国家或地区之犯罪率并不比侦查权行使任意度较大国家的犯罪率高,前者的破案率也并不比后者低就是明证。例如,日本在第二次世界大战后,从所谓的犯罪控制模式转向正当程序模式,其犯罪率不仅没有升高,反而大幅度降低。[②] 我国台湾地区在1997年和2001年先后将羁押权、搜查权由检察院收归法院后,社会最初也普遍担忧其束缚侦查机关、削弱打击犯罪的力度,但是根据其运行后的情况来看,其社会治安状况并未得到恶化,其对侦查机关的工作也起到了相当程度的积极意义,正如我国台湾地区一位检察官介绍:“面对这种强制处分权的变革,检察官之侦查当然会受到冲击,尤其在检察人力不足的情况下,更加严重,然而危机就是转机,转机就是契机,藉由审慎行使强制处分权,再搭配着妥当运用侦查辅助人员,精致的侦查就应运而生。”[③]

因此可以说,侦查程序法治化作为一种制度性力量,往往是拉动侦查能力提升的原动力。人身检查作为我国侦查行为的一种,对其完善不仅有利于保障人权,而且也有利于打击犯罪,其意义完全可以放在我国侦查程序法治化对侦查能力提升这个整体框架内来进行衡量。

以上所分析的只是我国目前完善人身检查制度所可能面临的主要障碍,如果从更为广泛的范围来看,要制定完善的人身检查法律制度并保障其能有效的实施,还需要更多的制度予以配套,如执行人身检查过程中对违法损害的国家赔偿问题的解决、身体样本证据能力审查规则的建立等,这些问题并非是人身检查制度本身所能解决的,往往需要整体联动性地修改和完善才能

---

① 张新枫:《坚持正确方向,不断发展创新,继续推进和深化刑侦改革》,载《中国刑事警察》2006年第2期,第36页。

② 陈永生著:《侦查程序原理论》,中国人民公安大学出版社2003年版,第268页。

③ 林邦梁:《台湾刑事诉讼中之强制处分》,载陈光中、陈泽宪主编:《比较与借鉴:从各国经验看中国刑事诉讼法改革路径——比较刑事诉讼国际研讨会论文集》,中国政法大学出版社2007年版,第356页。

解决。但是，上述障碍因素并不能成为阻止完善人身检查制度的理由，分析这些障碍之目的在于使我们设计人身检查制度时能够综合权衡各方面因素，以求使人身检查制度的立法更理性、更全面，也使其法律规则制定后更具可行性。

第二节　完善我国人身检查制度的总体构想

一、立法步骤

考虑到我国现阶段的实际情况，笔者认为，可采用一种分阶段推进、远期目标与近期目标相结合，由易到难的方式对人身检查制度进行改革。从长期来看，规范侦查机关人身检查权行使的最佳途径是对权力配置模式进行改革，即将人身检查权的决定机构与实施机构实质分离，将人身检查程序启动的审批权以及对违法人身检查的救济权交由中立的司法机关来行使。但如上所述，我国现阶段实行这种权力配置模式不具有可行性，也难以在人身检查这个局部领域内率先尝试，因此为了不对现有侦查体制造成太大的冲击，使所提之建议具有实效性和稳定性，可采用分阶段推进的立法思路。现阶段的改革目标是尽量在现行体制框架内对我国人身检查制度进行完善，着力解决一些突出性问题，以规范人身检查权行使的程序为重心，将人身检查对被检查人权利的侵害限定在最小限度内。等各方面条件成熟，我国具备建立强制侦查行为司法审查模式的基础后，再以此为契机，围绕人身检查权力配置模式的改革对我国人身检查制度进行系统改造。

尽管如此，在我国人身检查制度的现阶段建构中，也应当体现国际共通性原则的要求。通过上文考察可以看出，法律保留原则、比例原则和司法审查原则这三项原则作为法治国家在限制侦查权使用时所体现的共同原则，对我国侦查程序之设计亦存在较强的借鉴价值，我国在刑事诉讼立法中对权力进行配置时，也应当对这三项原则进行体现，人身检查制度的完善同样如此。就法律保留原则而言，我国应在法律层面赋予侦查机关机关进行人身检查权力的同时，对实施的具体程序在法律中进行明确规定。例如，对实施人身检查的目的、主体、对象、被检查人权利、应遵循之操作规则等一系列问题在法律中都应当明确进行规定；就比例原则而言，由于人身检查措施比较多样，在法律层面应当突出实施检查的手段与犯罪的严重性、实施的必要性之关联，选择最小侵害方式进行；就司法审查原则而言，如上文所述，我国目前尚不具备完全建立由法官对侦查机关人身检查行为进行审查的条件，但其所蕴含的权利分散制约的理念，我国在进行人身检查制度设计时也同样应当有所体现。

二、立法模式

通过上文考察可知，人身检查的立法模式主要有三种："搜查模式"、"附属模式"和"独立模式"。我国应采用哪一种立法模式呢？笔者认为在回答这个问题之前，有必要对这三部模式下的立法情况进行简单回顾。

在"搜查模式"下，人身检查被视为搜查行为，适用实体要件和程序要求同搜查，这种模式以美国为代表。根据美国宪法第四修正案的规定，"人民有人身、住宅、文件和财产不受无理搜查和扣押的权利"，根据该条规定，搜查的范围包括对人身体的搜查，而对人体的搜查又可细分为体表搜查（strip body search）和身体腔穴检查（body cavity search）。[①] 美国联邦法院在1966年Schmerber案的判决中正式将抽血等人身检查行为界定为搜查的一种。"勘验、鉴定二分模式"立法模式将人身检查分散于刑事诉讼法的"勘验"和"鉴定"中予以规定，这种模式以日本和我国台湾地区为代表。在日本，勘验和检查程序中都规定有对人身体的检查，但是检查的方式以及实施的手段存在较大差异，因此法律将其分为勘验的人身检查和鉴定的人身检查进行分别规定。二者的使用均采令状原则，但是前者是采用许可票性质的勘验令状，而后者则需要获得命令票性质的鉴定令状，两者约束力有所不同。和日本立法体例相似，我国台湾地区旧"刑事诉讼法"以及2003年颁布修订的新"刑事诉讼法"都将人身检查分别规定于勘验和鉴定的章节中。"独立模式"则是在刑事诉讼法中设专章对人身检查进行规定，这种模式以德国为代表，德国刑事诉讼法将人身检查与拘提、逮捕、羁押、搜查、扣押等传统形态的侦查行为进行了并列规定，并且以被检查者为对象划分了对被告人（含犯罪嫌疑人）和被告人以外的第三人的人身检查，而后在分类基础上，根据实施强度、对象的不同设置了不同的实体要件和程序要件。

我国现行刑事诉讼法对与人身检查的规定应划归为"独立模式"，即在专门章节对人身检查具体作出规定。笔者认为，在下一步对我国人身检查制度的改革中，应当继续实行这种立法模式，在此前提下对其再进行充实完善。

---

① William J. Simonitsch, "Visual Body Cavity Searches Incident to Arrest: Validity under the Fourth Amendment", 54 *U. Miami L. Rev.* 665(2000).

其理由在于：就“搜查模式”而言，在我国搜查具有特定含义，其与人身检查在立法上一直被视为并列的侦查行为。如果将人身检查纳入搜查，易带来不必要的混淆，而且难以分别对其实施要件进行控制。就“附属模式”而言，勘验虽然与人身检查目前在我国刑事诉讼法中是在一起进行规定，但两者在实施对象上存在较大区别，勘验的对象是现场和尸体，而人身检查的对象是活体，因此二者又分别有“死体勘验”和“活体检查”之称。由于实施对象的不同，二者在实施条件、适用程序上应当加以明确区别；鉴定则一直是放在我国刑事诉讼法总则“证据”一章中加以规定的，人身检查作为一种侦查过程中的调查行为，将其放入鉴定亦不妥当。而“独立模式”则比较符合我国的立法传统，既能保持立法习惯的延续性、突出人身检查作为独立侦查行为的特征，又可以通过专章对其集中规定，而便于理解和操作。因此，笔者认为，我国在对人身检查制度进行完善时仍应在立法中突出人身检查作为独立形态之侦查行为的特征，在刑事诉讼法中将其与勘验分开，在侦查程序中专设“人身检查”一章对其进行规定，在此框架内对人身检查的条文进一步充实，以对人身检查制度进行系统规定。①

此外，从立法技术角度讲，在完善我国人身检查制度时也必须充分考虑所设计制度的现实基础，提出的立法设想应当具有可操作性。立法若过于概括、抽象，难以起到规范人身检查权、保障被检查人合法权利的目的；若过于烦琐、复杂，会给执法工作带来较大困难，以致难逃弃之不用之命运。因此，在完善人身检查制度时，应当采用一种明确具体与保持适度弹性相结合的立法方式进行：对于实施人身检查的权限、启动条件、实施对象具体程序等问题应当在法律中尽量明确具体，以防止权力被滥用；而对于一些技术性问题。例如，在对公民基本权利影响程度相同的前提下，采取何种方式、何时进行检查等技术性问题则应当考虑到侦查的便宜性和及时性的要求，赋予

---

① 从我国目前比较有代表性的三部“刑事诉讼法再修改”的学者建议稿对人身检查的规定情况看，基本上都可以划归为“独立模式”，但也存在不同：徐静村教授和陈卫东教授分别主编的“建议稿”延续了现行刑事诉讼法关于人身检查的规定模式，设专节对人身检查进行了规定；而陈光中教授所主编的“建议稿”则在对人身检查制度作出规定的同时，又专门就强制采样单独作出了规定。两种立法方式各有侧重性，但笔者比较倾向于前一种立法方式。其理由在于：强制采样与人身检查应为种属关系（理由在前文第一章已经有所分析），将其放入人身检查制度框架内予以规定更能体现强制采样作为人身检查行为的本质属性，便于理解和操作。参见陈光中主编：《中华人民共和国刑事诉讼法再修改专家建议稿与论证》，中国法制出版社 2006 年版，第 427 ~ 430 页；徐静村主编：《中国刑事诉讼法（第二修正案）学者拟制稿及立法理由》，法律出版社 2005 年版，第 135 ~ 137 页；陈卫东主编：《模范刑事诉讼法典》，中国人民大学出版社 2005 年版，第 330 ~ 336 页。

侦查机关一定的裁量权，以有利于侦查工作的顺利开展。

第三节 完善我国人身检查制度的具体思路

由上可知，我国人身检查制度的改革是一个系统工程，不仅需要制度上的重构，更有赖于观念上的更新；不仅体现在人身检查具体程序的完善，也需要配套制度的相应改革。由于观念的更新是一个渐进、逐步的过程，而配套制度的改革和完善也超越了本书研究的范围，因而笔者在本书主要就人身检查制度本身的完善提出若干设想，以期抛砖引玉，对我国人身检查制度的完善有所帮助。

就现阶段而言，笔者认为可从下几个方面对我国人身检查制度进行完善：

一、确立人身检查的分类制度

如上所述，由于人身检查方法施众多，其实施强度及对公民基本权利的影响程度存在较大不同，因此有必要对其进行分类，以设置不同的启动门槛。基于此目的，许多法治国家或地区在设计人身检查制度时，都依据不同标准对人身检查进行了分类，通过这种分类可以明确不同的检查手段对人权造成的不同侵害，而后再据此对各种不同的检查手段进行司法控制。从保障人权和追诉犯罪的平衡性考虑，可以对侵权性较小的手段设置较小限制，以有利于打击犯罪。相反，对侵权性较大的手段应严格限制，以防实践中侵权事实严重化和扩大化。例如，德国根据实施人身检查的方式不同将人身检查分为一般性检查和加重类型的人身检查、英国根据通过人身检查获取身体样本的性质将其分为非私密性检查和私密性检查，而后根据其对公民权利影响程度的不同设置了不同的启动条件和程序要求等。

笔者认为，我国在完善人身检查制度时，应当引入这种分类机制，在此基础上对不同类型的人身检查的启动条件、程序要求作出不同规定。具体来讲，在进行分类时要掌握两个标准：第一，分类要有实质性，分类之目的在于区别启动门槛的差异，以及对公民基本权利影响程度不同；第二，分类不易过细，过细则会给实践操作带来困难。法律制定之目的在于明确，但是如果过细和过于烦琐，就会带来理解和操作中的困难，给实践操作带来障碍。因此，我国在设计人身检查措施的分类机制上是要尽量做到简单、明确，但需要体现出不同人身检查措施间的实质差异。

从我国目前为数不多的关于人身检查的研究成果来看，除了提出将强制采样行为单独予以规定的观点之外，在强调对人身检查制度整体性完善的思路中，基本也都提出了将人身检查措施根据不同标准进行分类，在此基础上设置不同的程序进行规范的立法建议。概括来看，主要有这两种分类方式：一种是根据人身检查对公民身体完整权、健康权、隐私权等宪法权利侵害程度的差异将人身检查分为“一般人身检查”和“重大人身检查”两类；[①] 另一种是根据人身检查的检查部位、实施手段的不同将其分为“体表检查”和“侵入体内检查”。[②] 笔者认为，上述分类的标准和方式尽管不一样，但其体现的理念是共同的，即都希望借鉴国外先进经验，对不同性质的人身检查措施设定不同的启动门槛，以从整体上规范这一措施的合法行使，从而更有效的保护被检查人的合法权利。但是，笔者认为，上述第一种观点根据人身检查对公民权利影响程度不同，将其分为“一般人身检查”和“重大人身检查”的分类方式尽管具有理论探讨上的价值，但是缺乏实践基础，其原因在于：“一般”或“重大”是一个相对主观的判断标准，而判断主体的不同往往会得出不同结论，如果在立法中设置一个这样的标准，难以起到规范人身检查措施的立法目的，被检查人权利保障也难以实质化。后一种将人身检查分为“体表检查”和“侵入体内检查”的分类方式尽管也难以涵盖人身检查措施的各种类型，但是其相对直观地体现了不同人身检查措施对于被检查人权利影响程度的不同，便于在实践中理解和应用，具有可操作性，美国和德国实际上也是根据这种分类方式来设计人身检查的实施程序的。因此，笔者倾向于后一种分类方式，即在我国人身检查制度的立法中将人身检查的种类划分为“体表检查”与“侵入式检查”两种，这样分类之目的在于既对人身检查侵权程度进行了区别，又避免了过于复杂烦琐、难以操作的缺陷。具体而言，“体表检查”主要是指对体表特征的查看以及对指纹、毛发、指甲等身体物理痕迹、外部身体组织的提取，这种检查措施的特点在于对公民权利影响相对轻微，实施难度也比较小；“侵入式检查”则是指需要借助医疗手段进入被检查者身体内部进行的人身检查措施。例如，抽血、抽取脊髓液、

---

① 瓮怡洁：《刑事身体检查制度之探讨》，载《人民检察》2004 年第 6 期，第 9 页；王彬：《冲突与平衡：人身检查与人权保障的双重分析》，载《法治研究》2009 年第 6 期，第 3 页。

② 所谓“体表检查”是指对身体的表面或在身体的自然状态下的凹窝及开口进行检查，如体表查验、采取指纹、脚印、毛发等身体样本的措施等；“侵入式检查”则是指需要借助医疗工具进入被检查者体内进行检查，如以物理力穿透身体皮肤表面之抽血行为、以插入胃镜方式查看体内胃容物等，这种检查措施的特点在于对公民身体的完整性和健康权造成了一定程度的影响。参见杨雄：《刑事身体检查制度的法理分析》，载《中国刑事法杂志》2005 年第 2 期，第 79 页；吴纪奎：《侵入身体检查研究》，载《四川警察学院学报》2008 年第 6 期，第 70 页。

体内探查以及尚难预测的实验性医学检查手段等，这种人身检查措施对公民权利影响相对较大，通常会造成明显的生理痛楚以及潜在健康风险，因此必须慎重使用。上述分类之目的在于为人身检查的具体实施程序提供一个前提，以区别不同人身检查措施的启动门槛。当然，引入这种分类方式也只是笔者的一个初步设想，其科学与否尚待进一步论证。

二、界定人身检查的实施对象

目前，我国人身检查的对象仅限于犯罪嫌疑人和被害人，范围过于狭窄，因此应当将人身检查的对象扩大。具体来讲，可以将我国人身检查的对象分为被追诉人（犯罪嫌疑人、被告人）、被害人和第三人三类，对于被追诉人和被害人实施人身检查不难理解，而对第三人实施人身检查之必要性何在呢？从实践中来看，除了对与案件相关的被追诉人和被害人实施检查外，在许多案件中还需要对第三人进行检查。例如，在重点嫌疑对象逃匿后，为及时进行人身识别鉴定，可对与其有血缘关系的人抽取血液以进行 DNA 鉴定以确定血缘关系；在强奸案中为确定生父而对胎儿进行的抽血检查等，这些案例在我国司法实践中都发生过，但是现行立法的空白显然使这种检查无合法性基础。

因此，我国在完善人身检查制度时，应将检查对象设定为被追诉人（犯罪嫌疑人、被告人）、被害人和第三人。在此基础上，对这三类对象设置不同的标准：就被追诉人而言，原则上可以对其实施法律所允许的各种检查措施，当其不配合的情况下，可以在符合法定程序的要求下实施强制检查；就被害人而言，原则上不得对其“侵入式检查”（可设置被害人自愿的例外情形），如果被害人不配合检查，不得强制进行检查，但应当告知其不配合检查所可能导致的不利诉讼后果；就第三人而言，与被害人相同，如果无犯罪嫌疑，其并没有忍受侦查行为所带来的不利影响之义务，因此原则上不得对其进行“侵入式检查”（法律可以设置例外情形进行调节，如规定在无其他有效手段时，为确定血缘关系可对第三人进行痛苦较小的抽血检测等），如果第三人不配合，不得对其进行强制检查。此外，对于第三人的范围应当严格限制，即必须有证据证明其与所侦查之案件有实质上的关联性才能进行，禁止“撒网采验 DNA”。

如上所述，笔者对侦查实践中所存在的“撒网采验 DNA”问题一直持否定态度，其原因在前文已经有所解释。随着法制建设的进一步发展以及人权保障意识的提高，这种“扰民”成本高昂且成功概率低的侦查行为在实践中遇到的阻力肯定会越来越大，与其如此，不如弃之不用。笔者认为，我国侦查机关应当致力于提高其他方面的侦查能力，停止使用这种侦查方式，这是改变我国侦查机关的社会形象、加强人权保障的必然要求。而从立法层面来看，我国不应当对这种明显不妥的侦查行为持回避态度，不但不能授予侦查机关这项权力，而且还应明文禁止，以有效保障人权，并且督促侦查机关提升侦查能力，这是我国侦查程序法治化中的应有之义。

三、限定人身检查的启动条件

所谓启动条件，是指何种情形下可以启动人身检查程序，实施人身检查行为。考察其他国家和地区的立法情况可知，对于单纯的体表检查（非侵入身体式检查），国外在立法上并未对其适用条件进行过多要求，原则上只要侦查机关认为在有必要的情况下都可以启动这种侦查措施，而“侵入式检查”由于对公民人身权、隐私权的影响程度比其他侦查行为都更为严重，因此对其适用的具体要求相对比较明确，设置条件也较高。笔者认为，这种立法理念值得我国参考，即对于侵权性较小的“体表检查”，现阶段我国立法也不应作过多限制，原则上只要侦查机关认为有必要都可以实施，赋予侦查机关对这种检查措施的自由裁量权，以满足打击犯罪的需要；对于侵权性较大的侵入身体性检查，则需要在立法上对其实施条件进行明确规定，以有效保障人权。笔者认为，在我国立法中可以将其分开加以规定。

（一）体表检查的启动条件

出于侦查及时性以及打击犯罪的考虑，笔者认为，目前不宜在我国立法中对体表检查作出过多限制，可以采取一种概括授权的方式，只要侦查机关有证据证明实施该检查对于案件事实有关、有必要采用，在遵循基本实施要求（保护被检查人隐私、同性检查）下，经过批准程序后，即可使用这种措施。

（二）“侵入式检查”的启动条件

由于侵入身体性检查对公民基本权利影响较大，因此应明确必须在满足下列条件的要求之后，才能启动该种人身检查措施：

1. 目的性条件

“侵入式检查”的实施必须有利于案件事实的发现，如果“侵入式检查”无法获得相应的证据或者获得的证据不能证明案件事实，那么这种检查便不具有任何意义：因此要想启动“侵入式检查”，其申请者必须阐明以下几个方面的事实：

（1）被检查者体内存有某种特定的证据

为了释明“侵入式检查”可以获得某种特定的证据，申请者可以采用各种证据，这些证据既可以来自于侦查人员个人的观察，也可以来自于他人提供给申请者的传闻。但是无论采用何种形式的证据来证明“侵入式检查”可以获得特定的证据，上述证据必须满足一定条件的约束。从国外立法情况来看，证明实施此类人身检查的证据需要具备以下条件：第一，证据的提供者具有可信性；第二，证据提供者的信息来源具有可靠性；第三，证据本身具有新近性。① 在这三个条件中，前两个条件比较容易理解，而所谓“新近性”则是指申请者提供的证据必须具有新鲜性，该证据必须能够证明要搜查的证据仍存在于体内，倘若证明某特定证据存在于某人体内的证据不具有新鲜性，通过“侵入式检查”可能因为该特定证据早已排出体外而使人身检查一无所获。我国在立法中也应当对上述证据要求进行体现。

（2）该证据与案件的待证事实之间具有相关性

如上所述，“侵入式检查”的目的在于通过搜查获得的证据证明案件事实，因此“侵入式检查”获得的该特定证据只有对于案件的待证事实具有证明价值时，“侵入式检查”才具有合目的性，否则其毫无必要。因此，实施人身检查时，必须有证据证明采用该措施对于案件事实的厘清具有实质上的相关性。所谓“相关性”，是指具有证据证明存在该待证事实。例如，在对强奸案犯罪嫌疑人进行人身检查时，首先必须有证据证明有犯罪行为发生，且有证据证明该犯罪嫌疑人与案件有关，否则不能启用人身检查措施。判断犯罪嫌疑人案件事实有关的标准，笔者认为，应当规定为“重大嫌疑”，而发动人身检查的目的则在于确认、提高或排除初始嫌疑。反之，如果并不存在任何初始嫌疑，而是以发动人身检查作为探求初始嫌疑的手段则属于非法，前科并不能成为成立初始嫌疑的唯一理由。此外，根据“相关性”的要求，通过人身检查措施获得的证据资料只能在证明本案待证事实时使用，禁止移作其他用途。例如，禁止将提取到的强奸案件犯罪嫌疑人的血液样本以及由此得出的 DNA 分析结论用做民事案件中判断亲子关系的依据等。

2．必要性条件

通过上述考察可知，主要法治国家在其人身检查制度的设计中都体现了比例原则的要求，而根据该项原则的要求，公权力行使时应当选择对公民权利侵害最小的手段，由于“侵入式检查”对公民基本权利影响较大，因此在

---

① 参见吴纪奎：《侵入身体检查研究》，载《四川警察学院学报》2008 年第 6 期，第 70 页。

立法中应对其实施之必要性作出规定。这种“必要性”客观上要求运用“侵入式检查”所实现的公共利益与侵犯公民个人隐私权益之间保持适当的比例，即要在个人自由与犯罪追诉之间权衡，避免手段和所追求的目标不成比例。

对必要性的判断需要结合多方面因素进行综合考量，如需将可能判处的刑罚、案件的性质、犯罪行为的严重性、犯罪嫌疑的大小以及人身检查措施的有效性等诸因素结合起来进行判断。具体来看，主要体现在以下几个方面：

（1）检查所欲获取之证据对于证明案件待证事实必不可少

必要性要求“侵入式检查”所获证据不仅对于案件的待证事实具有证明价值，而且该证据必须对于证明案件的待证事实必不可少。所谓“必不可少”主要指以下两种情况：第一，通过“侵入式检查”获得的证据其本身的性质决定了该证据对于证明案件待证事实具有不可或缺性；第二，由于其他证据的灭失从而使得“侵入式检查”获得的证据是现存的能够获得的证明待证事实的必不可少的证据。

（2）检查措施的必要性

为了获得体内所存在之用以证明案件待证事实的必要证据并不意味着必须侵入身体才能获得该证据，如果通过其他方式可以获得该证据，那么采用侵入身体的方式获得该证据便不具正当性。此外，即使为了获得证明案件待证事实而必须侵入身体，但是“侵入式检查”仍可以采用不同的侵入身体的方式获得该证据。不同的侵入身体的方式其对于被检查人的利益影响是不一样的，必要性要求只有不能选择其他同样有效且对基本权限制更少的方法时，该特定的侵入身体方式才可视为必要的。

3. 适当性条件

“侵入式检查”即使具有合目的性和必要性，但仍需受到适当性的审查。适当性审查之目的在于权衡“侵入式检查”所维护的利益是否大于或者至少等于其造成的损害，[①] 具体来讲，一般需要结合以下两个因素进行判断：

（1）检查方式对被检查人健康的威胁程度

为了正确客观的判断特定的“侵入式检查”对于被检查人个人安全或健康的影响程度，我们应该从以下两个方面进行：一是该“侵入式检查”是否属于常规性行为。一般来讲，诸如抽血、强制采尿等常规性的侵入性检查对

---

① 在美国，在审查“侵入式检查”是否具有适当性时所需考虑因素的问题上，最具代表性的判例为 Winston v. Lee, 470 U.S. 753(1985)。

个人安全或健康的影响甚小，而诸如通过手术方式进行的人身检查则对于个人安全或健康的影响甚大。二是“侵入式检查”的医疗危险性。如上所述，常规性的“侵入式检查”对于个人安全或健康的影响甚小，其几乎不存在医疗危险的问题。而非常规性的侵入手段本身存在危险性，且检查后身体能否完全恢复也存在着相当的不确定性。因此，审查应否启动“侵入式检查”时，应当就非常规性检查手段的医疗危险性进行评估，并且考虑到检查的专业性，在作出决定之前有必要听取相关专家的意见。

（2）被检查人所涉嫌犯罪的性质

如上所述，“侵入式检查”原则上只能针对犯罪嫌疑人或被告人实施。一般来讲，被检查人的犯罪嫌疑程度越大，通过“侵入式检查”获得相应证据的可能性就越大，因此犯罪嫌疑人对于“侵入式检查”的忍受义务就越重。从域外情况来看，许多国家和地区都在立法中对于“侵入式检查”罪行情况作出了规定，如英国、奥地利、斯洛文尼亚采集任何可能触犯“列为登录之犯罪案件”的犯罪嫌疑人及被逮捕者；德国、芬兰、丹麦、瑞士、匈牙利、法国则规定仅能对涉嫌严重罪行或性犯罪案的犯罪嫌疑人及被逮捕者（一般而言，基本上都必须属于1年以上之有期徒刑）实施；我国台湾地区“DNA采样条例”第5条也规定强制采样只能对性侵害加害人、性犯罪、重大暴力犯罪案件之被告或犯罪嫌疑人进行。① 那么在我国立法时，该如何确定适用罪行的性质呢？规定得过于狭窄，难以有效发挥人身检查措施在侦破犯罪中的强大功能，不利于打击犯罪；规定过宽，又容易导致这项措施启动过于随意，不利于保障人权。笔者认为，目前由于技术含量较高的人身检查措施在我国目前尚处于起步阶段，哪种犯罪必须使用、哪种犯罪不必使用尚在摸索之中，因此现阶段立法中不宜对适用“侵入式检查”的犯罪种类在立法中进行列举式明确规定，相对可行的是采取一种概括式规定方式，即对犯罪性质作出规定。笔者认为，目前可将适用“侵入式检查”的案件界定为“可能判处有期徒刑以上刑罚的故意犯罪案件”，之所以这样规定，主要是因为“有期徒刑”是我国刑法设定的五种主刑的中间格，是轻刑犯与重刑犯的分界线，以此为界比较好操作，② 也符合大多数国家或地区的立法例。根据这个要求，对于可能判处有期徒刑以下刑罚的轻微刑事案件或者过失犯罪，

① 唐淑美：《刑事DNA数据库之扩增与隐私权之探讨》，载《东海大学法学研究》2005年第12期，第106～107页。

② 我国现行刑事诉讼法在设置逮捕的条件时，即将犯罪性质设置为“有期徒刑以上刑罚”，因此设置这种标准能够便于侦查适应和作出准确判断。

由于其社会危害性较轻，因此没必要实施侵入身体性检查措施。当然，这样的规定方式，从总体上看，似乎范围仍然过宽，但是必须考虑到我国目前侦查机关仍受诸多因素制约，侦查能力在短期内大幅度提高的可预期性不强，检查设备也不可能在短时间内有较大完善，规定较宽范围则有利于应对目前相对严峻的犯罪形势。

四、明确人身检查的审批机制

如上所述，人身检查作为一项对公民权利影响较大的侦查行为，其使用必须经过实施人员以外的其他机关（人员）审查批准之后才能实施，这是在大多数国家通用的一个共同原则。审查批准虽然只是一个程序性的条件，但其在整个人身检查制度的设计中却居于核心地位，它不仅关系到人身检查权配置及制约模式是否合理的问题，也是是否承认侵犯了被检查人主体性的表现，标志着人身检查立法是否科学和民主。构建我国人身检查的审批程序，主要涉及以下几个方面：

（一）人身检查的申请

申请人身检查的机关也即有权实施人身检查措施的侦查机关，而根据我国刑事诉讼法的规定，侦查机关包括公安机关、国家安全机关、检察机关、军队保卫部门和狱内侦查部门。尽管从实践中看，大多数人身检查措施都是由公安机关实施，但笔者认为，在立法层面上没必要进行特别限定，上述有侦查权的机关在侦查案件时，办案人员认为需要使用人身检查时，都可以进行申请使用。

申请人身检查应当采用书面方式，即填写统一格式的《人身检查申请书》，该申请书包括以下内容：（1）被检查人的姓名、身份证号码，以明确身份；（2）被检查人所涉案件事实及可能罪名，以判断是否具有实施之必要；（3）人身检查的目的、手段、实施该行为的人员及处所，以判断是否符合比例原则；（4）如果所实施的人身检查措施可能对被检查人身体健康造成严重侵害，如要采用类似“抽取脊髓”或以全身麻醉开刀取出子弹等对被检查人健康影响比较大的检查方式时，还应当附上专业医疗机构对被检查人身体健康状况的检查报告书。

（二）人身检查的审批机关

目前，我国理论界对于完善我国人身检查制度时设定一个审查批准程序已达成共识，但在由谁来进行审查这个问题上却存在差异。从整体来看，主要有两种代表性观点：一种观点提出，“构建侵入性身体检查的司法审查制度。在非侵入性身体检查实施过程中，可以准许检警机关直接实施，事后向中立司法机关汇报，而对于侵入性身体检查手段，原则上都必须事先取得司法机关的批准，方可实施。在延误就可能影响侦查结果时，检察院也有权批准”。[①] 另一种观点则提出，“我国由于司法体制之原因，不可能实行国外由法官签发令状之制度。但对直接侵害被检查人权益之行为由侦查人员决定，不仅在法理上存在问题，而且难以杜绝实践中滥用检查行为之发生，必须有第三者加以控制。现行可行之法一是在侦查机关建立内部审批制度；二是有检察机关许可……对一般性检查措施，可以由侦查机关自行决定，而对可能侵犯被检查人身体的措施，应当实行外部控制，由检察机关许可”。[②] 应当说，两种观点都有道理，都提出了将一般检查（非侵入身体性检查）与特殊性检查（侵入身体性检查）设置不同的程序，都倾向于将对公民基本权利侵害较小的“体表检查”（一般检查）的审查交由侦查机关自行实施，而将公民基本权利影响较大的侵入身体性检查的审查权交由侦查机关以外的其他机关实施，都体现了打击犯罪与保障人权的平衡。两者的差异主要体现在一个前提问题上，即强制侦查行为司法审查机制能否在我国建立？如果能建立，将公民权利影响较大的“侵入身体性检查”交由法院审查决定毫无疑问；反之，由法院进行审查则不具有可行性。笔者认为，后一种观点具有现实可行性，其理由笔者在上文已作分析，我国在短期内建立起强制侦查行为司法审查机制的可能性不大，应当采取一种过渡方式，即实现侦查机关自行决定——检察机关审查决定——法院审查决定这种路径来解决这个问题。

笔者认为，我国现阶段对人身检查制度进行完善时，“体表检查”经由侦查机关的办案人员提出检查申请后，报请本机关一定级别以上的警官（如县级以上公安机关负责人）批准后，即可采用。对于“侵入式检查”，在我国尚未建立起强制侦查行为司法审查机制时，现阶段可以在检察机关内设专门机构（审查侦查行为合法性及必要性，决定是否批准侦查行为实施的专设部门）对侦查机关（包括检察机关内部的侦查部门）欲采取之“侵入式检查”措施是否满足启动条件进行审查批准。

---

① 杨雄：《刑事身体检查制度的法理分析》，载《中国刑事法杂志》2005 年第 2 期，第 85 页。

② 袁志：《人身检查程序的法律完善》，载《法学》2004 年第 11 期，第 128 页。

(三) 紧急情形下的例外[①]

为了保障侦查的及时性，应当增设紧急情形的例外进行对人身检查审查批准制度的一种调节，即侦查机关在遇到符合法律规定的紧急情况的条件下，可以先行实施侵入身体性检查，而后再向检察机关（法院）报告。笔者认为，可以参考美国在 Schmerber v. California 案[②]中设定的紧急情形下的实施条件进行设置，即侦查机关只有在同时满足以下 3 个条件时可以自行采用侵入身体性检查：第一，有证据证明存在实施“侵入式检查”的必要性；第二，附随于合法逮捕（拘留）之后且来不及申请；第三，实施手段必须适当、合理。

五、规范人身检查的实施程序

对我国人身检查的实施程序进行规范，主要涉及以下两个方面的内容：

(一) 明确实施主体

从域外立法情况来看，“体表检查”和“侵入式检查”的实施主体一般都有所不同。“体表检查”由于对被检查人权利影响较小，且相对简单、易于操作，由一般侦查人员即可完成，因此各国对于此类检查的实施主体并未明确限定。但是对于“侵入式检查”，各国则普遍要求由专业医师来进行。例如，英国《警察与刑事证据法》（1984）就明确规定提取私密性样本只能由注册医生或注册护士执行，且只能在医院、诊所或其他医疗地点进行；[③]日本对于勘验性人身检查的实施方式未作具体要求，但是认为鉴定性检查由于是伴随着身体损伤的内部检查，因此需要由专业医生依据医疗准则实施；[④]美国法院认为对于轻微、无需依赖医疗手段进行的人身检查，非医生进行的也是合法的，[⑤] 而在抽血等需要依据一般医疗规则进行的人身检查，美国则

---

① 从国外情况来看：除了“紧急情形之例外”外，还有“被检查人同意之例外”，也即若被检查人自愿同意进行人身检查，则视为其对自身权利的放弃，侦查机关在这种情况之下可以无须申请而直接进行人身检查。但从笔者调研情况来看，我国接受人身检查者作出“不同意”表示者少之又少（原因前文已有分析），考虑到这种情况，为了实质性地保障被检查人的合法权利，笔者暂不主张我国设立“同意例外”的规定。

② Schmerber V. California, 384 U. S. 757 (1966).

③ 参见中国政法大学刑事法律研究中心组织编译：《英国刑事诉讼法》（选编），中国政法大学出版社 2001 年版，第 453 页。

④ 参见陈贞卉：《论侵入性检查身体处分》，台北大学 2003 年硕士学位论文，第 68 页。

⑤ United States v. Smith, 470 F. 2d 377, 379 (D. C. Cir. 1972).

要求应当由医生在符合医事规范的医疗环境中进行;[1] 德国对于一般类型的人身检查，无具体要求，但对于抽血以及其他“侵入式检查”措施，则要求只能由医师依照医疗规则进行。根据德国学者的介绍，德国刑事诉讼法中所称的“医师”是指得到医师开业许可或受允许暂时执行医师业务者，牙医师通常并非所称的可以进行抽血或其他侵犯性检查的医师。反之，未取得行医资格的医学院系学生或毕业生、医师助理、护士或看护都不是适格的执行主体，最多只能在被告同意或在医师的领导、监督并以医师自己名义负责的情形下，进行抽血或其他侵犯性检查,[2] 如果涉及特别危险的侵犯性检查，还必须由该领域的专科医师才能实施。[3]

因此，在对我国人身检查进行完善时，也应当对实施主体进行明确规定，即将“侵入式检查”的实施主体限定为具有医师资格的专业人员，由上述人员依照医术准则进行的人身检查能够降低人身检查的风险及被检查人的恐惧感，从而更有效地保障被检查人的合法权利。此外，人身检查的实施主体还需体现“同性原则”的要求，即对被检查人生理隐私部位的检查，原则上只能由同性进行，在特殊情况下可交由异性医务人员进行，但须保密及尊重被检查人的人格尊严和隐私权。

（二）设定强制检查的条件和方式

在没有任何外在压力的情况下，除了被害者以及急于证明自己清白的无辜者外，很少有被检查人心甘情愿地配合人身检查的实施，在绝大多数情况下，人身检查都会遭到被检查人不同程度的抵制。在遭到被检查人抵制的情况下，为了获得必要的体内证据，必须具有一定强制手段保证人身检查措施的实施。

从国外立法情况来看，强制性人身检查原则上只能对被追诉人实施，而不能对其他人员进行，而强制的方式主要分为间接强制和直接强制两种。就间接强制来看，其主要有以下几种方式：一是威胁，即告知被检查人如果其抵制对其实施人身检查，将因此而承担不利于其的推论，这种方式比较常见；二是对于抵制“侵入式检查”实施的被检查人处以罚款或拘留，以督促其接受人身检查，如日本刑事诉讼法即规定对于拒绝接受人身检查的人可依据该

---

① Schmerber v. California,384 U.S. 757(1966).

② 参见林钰雄著：《干预处分与刑事证据》，台湾元照出版公司2008年版，第71页。

③ 参见林钰雄著：《干预处分与刑事证据》，台湾元照出版公司2008年版，第40页。

法第137条、第138条之规定罚款或拘留；[①] 三是对于拒绝接受人身检查的人追究刑事责任，如美国即以藐视法庭罪对其予以处罚。[②] 而直接强制的方式则主要表现为两种形式：第一种是直接停止实施正在进行的人身检查，将被检查人的抵制行为作为证据提交法庭，通过被检查人的抵制行为推定通过人身检查可以获得相应的证据存在，即将被检查人的抵制行为视同于获得了通过人身检查可以得到的相应证据；[③] 第二种是物理强制，如日本就规定当间接强制方式不能奏效时，即可依据《刑事诉讼法》第139条之规定使用直接强制之方式为之，[④] 但这只能是实施物理性强制方式的检查具有正当性，至于采用强制手段本身是否具有正当性，则仍需接受比例原则的考量，尤其要接受必要性及相当性的审查，才能获得正当性。例如，日本警方对一名拒绝接受尿液检查的犯罪嫌疑人实施强制抽尿检查后，日本理论界就对"数名警察将犯罪嫌疑人强押于床上，由医师以导尿管插入其膀胱抽取尿液"的检查方式提出了批评，认为这种强制手段"不人道"。[⑤]

笔者认为，我国在建立人身检查的强制实施方式上，可以采用一种间接强制与直接强制相结合的方式进行。第一，强制检查原则上只能针对被追诉人实施，但是如果被害人配合检查的，也有应当告知其可能因此而得到不利其的诉讼结果；第二，对于拒绝接受检查的被追诉人，原则上应当先告知其可能受到的不利推定，只有当告知无效时，才可对其实施强制性检查；第三，侦查机关前期所获得的人身检查许可令状并不必然证明强制检查的合法性，侦查机关若需采用物理强制的方式进行人身检查，还需就采用的具体手段向

---

① 日本《刑事诉讼法》第137条第1项规定：被告或被告以外之人，无正当理由而拒绝检查身体时，得裁定处十万元以下罚款，并得命其赔偿由于拒绝而产生的费用；第2项：对于前项裁定可提起即时抗告。第138条第1项：无正当理由而拒绝检查身体者，应处十万元以下罚款或拘留；第2项：犯前项之罪，得斟酌并科罚金及拘留。参见《日本刑事诉讼法》，宋英辉译，中国政法大学出版社2000年版，第32页。

② 这种方法虽然可以有效地避免武力的使用，但是其欠缺合理性。其原因在于被抵制检查的原因可能是多方面的，如果仅仅因为被检查人对于"侵入式检查"的抵制行为而推定获得了通过搜查可以搜查到的证据，有导致无辜者被定罪的危险，因此对其是否存在合理性的质疑较多。参见 D. H. Kaye, "Who Needs Special Needs? On the Constitutionality of Collecting DNA and Other Biometric Data from Arrestees", 34 *J. L. MED. & ETHICS* 188 (2006).

③ Richard A. Leo, "Constitutional Limitations On The Taking of Body Evidence ", 78 *Yale L. J.* 1074, 1087 – 1088 (1969).

④ 日本《刑事诉讼法》第139条规定：法院在认为对拒绝检查身体之人处以罚款或科刑仍无效果时，得直接对其实施检查身体。参见［日］土本武司著：《日本刑事诉讼法要义》，董璠舆、宋英辉译，台湾五南图书出版公司1997年版，第160页。

⑤ 陈贞卉著：《论侵入性检查身体处分》，台北大学2003年硕士学位论文，第69～73页。

原审批机关汇报，得到批准之后才能实施，以保证强制手段实施的适当性。

（三）建立人身检查实施过程的“同步记录”机制

所谓“同步记录”是指实施人身检查措施的人员应将实施过程完整记录下来，作为路径材料以证明人身检查实施过程的合法性以及身体样本的来源，该记录应与人身检查结论一起共同随案卷移送，以备查验。“同步记录”应当采用同步录音录像与书面文件记载两种方式共同进行，以实现对检查过程的监督以及保证人身检查结果的正确性。如前文所述，在 DNA 技术高度发展的今天，许多种类的身体样本中都可以提取出 DNA 鉴定的检材，如果不注重对人身检查实施过程的审查，检材来源之真实性难以保障。例如，早晨刷牙漱口后，DNA 检体将可滞留于牙刷上；梳头发后，DNA 检体于发刷上发现；性行为后，配偶身上、卫生纸或床单上可采集到 DNA 检体；不慎流血时或月经来潮时，DNA 检体更可能散布于许多地方。因此，对人身检查实施过程的记录之意义还在于审查其结论来源的合法性。

六、强化人身检查中的权利保障

通过上文考察可知，与国外相对健全的权利保障机制相比，我国在人身检查中对于被检查人的权利保障明显不足。对被检查人权利保障的一个方面是通过法律严格限定侦查机关实施人身检查的必要性及采用方式的适当性（前文已述），另一个途径则是实质化被检查人的相关权利。具体来看，笔者认为，我国现阶段应当通过立法强化被检查者的以下几项权利：第一，“知悉权”。也即在人身检查前，应当告知被检查人实施人身检查的原因、目的以及在人身检查过程中所享有的权利，听取被检查人对实施人身检查措施的意见。第二，“异议权”。被检查人如果认为对其实施人身检查的理由不足或者采取的检查手段不适当时，有权提出异议，人身检查的决定机关应当听取被检查者的意见，并将决定结果及时反馈给被检查者。第三，“律师帮助权”。当然，这项权利的落实也需要具有一个前提，即我国已经建立了律师对于刑事诉讼的全程介入机制，如果这项机制建立，被检查人的律师在侦查机关实施人身检查措施时同步在场，并有权对侦查机关人身检查措施的合法性及适当提出异议及纠正意见。第四，“救济权”。如果被检查人认为检查程序违法，可以向实施检查行为的主体或上一级机关提出复核申请，也可直接提起诉讼，追究有关人员的民事和刑事责任，并有权请求国家赔偿。

七、完善人身检查的配套制度

如上所述，人身检查制度的整体完善需要一系列配套制度的支持才能实现，但是受篇幅及研究内容所限，笔者无法逐一对所涉及的每项制度深入分析。就现阶段而言，笔者认为，我国可对以下三项与其具有密切关系的制度进行完善：

（一）明确人身检查资料的保全与运用规则

第一，应当明确规定人身检查所获取资料的用途，通过人身检查获取的证据资料仅限于在本诉讼程序中调查或证明与犯罪有关的事实使用，不得用于其他用途。第二，应当严格限定接触人身检查资料人员的范围，且规定侦查人员对在收集、使用该样品的过程中知晓的个人隐私负有保密义务，不得泄露被检查人的隐私性信息。第三，对人身检查资料应当及时销毁。诉讼程序终结之后，对没有实施犯罪或国家专门机关认为不构成犯罪的人，侦查机关所采集到的被检查人之身体样本必须立即销毁，如果进行 DNA 分析的，其 DNA 分析数据应该从 DNA 数据库中删除。对于认定有罪的被检查人之身体样本，在生效判决作出之后，应当及时销毁，而其 DNA 信息则可以保留一定期限。[①] 第四，对于人身检查资料的提取、保管、鉴定过程必须要进行客观、明确的记录，以证明提取、保管、鉴定过程的合法性以及证据材料的来源路径，这类记录应当作为所采身体样本鉴定结论的佐证材料随卷移送，以供法庭审查。

（二）限定检查留置的期限

如上所述，实施人身检查往往存在一个限制被检查人人身自由的问题，但是由于技术水平的差异，致使人身检查结论的作出往往具有滞后性，如目前在大多数地区从抽血到 DNA 鉴定结论的作出常常需要数周时间，这种与现行拘传时间相差极大的现状使得侦查机关在对未被采取羁押措施的犯罪嫌疑人实施人身检查时限制人身自由的合法性受到质疑，因此我国完善人身检查制度时必须要解决这个问题。

解决这个问题有两种思路：第一种思路是在我国法律中明确规定人身检

---

① 从国外立法情况来看，对已决犯的 DNA 信息在国家 DNA 数据库设置一定保留期限已是通常做法，我国有学者也提出了对已决犯 DNA 信息的保留期限设定为“罪犯刑满释放之日起 20 年或 30 年”，在到达这个期限之后，若该罪犯没有重新犯罪记录，则应该将其 DNA 信息从数据库中删除，笔者认为，这种观点不失为解决我国 DNA 信息保存的一个思路。参见陈学权：《刑事程序法视野中的法庭科学 DNA 数据库》，载《中国刑事法杂志》2007 年第 6 期，第 59 页。

查的期限限制，即将实施人身检查行为至结论作出的时间期限与拘传期限一致，也即在12个小时之内必须得出人身检查的结论。这种思路的优点在于通过硬性时间约束来敦促侦查机关实施人身检查的人员搞好部门配合、加强硬件投入，提升检查水平，以保证诉讼效率。但是由于人身检查是一个发展性较强的侦查行为，随着科学技术的发展，人身检查措施也必将更加多元化，而实施这类检查究竟需要多长时间目前尚难以预期，设定硬性期限似乎不能适应人身检查措施的发展性特征。第二种思路是参考德国、日本以及我国台湾地区立法中所规定的鉴定留置制度，[①] 在我国设置检查留置制度，以解决对于超过拘传期限、将接受检查的犯罪嫌疑人留置至检查结论作出这一期间内对被检查人人身自由进行限制的合法性问题。但适用这种措施也有几个非常明显的问题：检查留置的期限设置多长为宜？检查留置的期限是否可视作羁押期限？被检查人最终被认定有罪后，鉴定留置的期限是否折抵刑期？被检查人被排除犯罪嫌疑或被认定无罪后，能否对侦查机关的留置行为申请国家赔偿？

尽管如此，笔者还是倾向于通过建立检查留置制度来解决我国人身检查所面临的“期限供给不足”之缺陷，理由在于：第一，如上所述，人身检查措施之发展性特征决定了难以设置一个明确的期限对其进行限制，而且解决不了超过拘传期限限制被告人人身自由的合法性问题；第二，建立检查留置制度是解决我国目前侦查程序普遍存在着的“查证功能与到案期限紧张关系”[②] 的关键一环，以此可以带动我国在侦查期限设置上的改革；第三，其他国家或地区的鉴定留置制度已经发展相对成熟，可供我国借鉴的经验和教训都比较多，[③] 移植成本也比较低。因此，笔者认为，我国可考虑建立起检查留置制度。其初步设想为：对于实施人身检查后需要进行留置的，由侦查

---

① 鉴定留置在日本被称为“鉴定拘禁”，而在德国则被称为“为了观察而移送”，它是指为鉴定被告心神或者身体状态而将被告送入医院或者其他适当处所的一种刑事诉讼措施。但鉴定留置的期限及范围各有不同，就期限而言，德国规定为“不超过6周”，我国台湾地区规定为“通常为7日以下，经侦查机关向法官申请批准后，可延长至2个月”，日本则未对鉴定留置的时间作出明确规定；就鉴定留置的目的来看，为日本和德国鉴定留置目的侧重于检查被告人的精神状况，而我国台湾地区鉴定留置也将被告人的身体检查列入鉴定留置的合法目的。参见万毅、陈大鹏：《论鉴定留置的若干法律问题》，载《中国司法鉴定》2008年第1期，第17页。

② 参见马静华：“侦查到案：查证功能与期限配置”，《中国刑事法杂志》，2009年第5期，第109页。

③ 如在我国台湾地区，理论界和实务界都对鉴定留置制度进行了较多研究。参见林钰雄：《论鉴定留置制度》，载《月旦法学杂志》2004年第10期，第51页。

机关向人身检查措施的审查决定机关另行提出检查留置的申请，审查决定机关应当审查检查留置的必要性，而后作出是否准许的决定；检查留置一般应以1周为限，超过1周仍需留置的，则由侦查机关向审查决定机关申请延长，最长不得超过两个月；检查留置不得在看守所进行，而应在医院或其他适宜场所进行；检查留置视为羁押，若被检查人被认定有罪，留置期限折抵刑期；若被检查人被排除犯罪嫌疑或被认定无罪，则可对侦查机关的检查留置行为申请国家赔偿，以使侦查机关使用这项措施更加谨慎小心，从而防止其被滥用。

（三）建立违法人身检查的程序性制裁机制

除了通过具体程序设置的方式来规范侦查机关人身检查权的行使外，还应当设置对于侦查人员违法检查的制裁机制。从国外考察情况可知，这种制裁机制包括刑事起诉、纪律惩戒、行政诉讼以及程序性制裁几种手段。在上述措施中，制裁效果比较明显的是程序性制裁，这也是近年来我国学界所一直主张推进的制裁措施。笔者在此仅对程序制裁措施的设计进行简单设想。程序性制裁针对的是侦查人员、检察人员和审判人员违反法律程序的行为，并以宣告诉讼行为无效为基本制裁方式。[①] 程序性制裁可以分为三种形式：第一种是终止诉讼，这也是最为严厉的一种制裁方式，其原因在于执法人员的违法行为将导致整个案件被撤销、被告人无罪释放；第二种是上级法院撤销依据侦查人员所违法取得之证据所作之有罪判决；第三种是非法证据排除，即对于违法侦查所获取的证据，应当根据被告人及其辩护人的申请，或由法院依职权决定排除。笔者认为，我国建立程序性制裁机制的关键环节即在于对非法证据排除规则进行完善，以对违法实施人身检查的侦查人员起到吓阻功效。具体来讲，我国可以采用德国及日本的权衡模式，一般情况下由法官综合各种因素决定是否承认非法人身检查所获取证据资料的证据能力，而对于非常严重的违法行为或侵权性质恶劣的人身检查行为所获取之证据资料则应当直接排除。

需要指出的是，程序制裁机制发挥作用的前提还在于我国已经建立起了程序性裁判机制。限于研究范围，笔者对此不再过多阐述，仅想指出我国建立程序性裁判机制所应注意的五个方面：第一，应将裁判的主体明确为法院。对于非法人身检查所获取之证据资料由法院来裁判其无效，而非侦查机关或公诉机关；第二，程序性裁判的启动应以当事人行使诉权启动为主要方式；

---

① 陈瑞华：《程序性制裁制度的法理学分析》，载《中国法学》2009年第5期，第150页。

第三，法院对犯罪嫌疑人、被告人提出的程序性合法性的异议是以开庭审理或听证程序作出不同制裁程度的裁判，而不是由法官进行书面审查；第四，采用“举证责任倒置”原则，即一旦犯罪嫌疑人或被告人提出遭到非法人身检查要求排除相关证据的异议后，侦查机关应就其行为的合法性承担举证责任；第五，救济机制，也即对于法院的裁决，辩护方应当有提出上诉或其他异议的机会。

参考文献

一、中文类参考文献

（一）著作：

［1］［美］E. 博登海默著：《法理学——法律哲学与法律方法》，邓正来译，中国政法大学出版社2004年版。

［2］［德］K. 茨威格特、H. 克茨著：《比较法总论》，潘汉典等译，法律出版社2003年版。

［3］［美］阿丽塔·L. 艾伦、理查德·C. 托克音顿著：《美国隐私法：学说、判例与立法》，冯建姝等编译，中国民主法制出版社2004年版。

［4］［美］爱德华·S. 考文著：《美国宪法的“高级法”背景》，强世功译，生活·读书·新知三联书店1996年版。

［5］［美］爱伦·艾德曼、卡洛琳·肯尼迪著：《隐私的权利》，吴懿婷译，当代世界出版社2003年版。

［6］白建军：《法律实证研究方法》，北京大学出版社2008年版。

［7］卞建林主编：《证据法学》，中国政法大学出版社2002年版。

［8］蔡墩铭著：《刑事证据法论》，台湾五南图书出版公司1997年版。

［9］陈光中、徐静村主编：《刑事诉讼法学》（修订2版），中国政法大学出版社2002年版。

［10］陈光中主编：《21世纪域外刑事诉讼立法最新发展》，中国政法大学出版社2004年版。

［11］陈光中主编：《中德强制措施国际研讨会论文集》，中国人民公安大学出版社2003年版。

［12］陈光中主编：《中华人民共和国刑事诉讼法再修改专家建议稿与论证》，中国法制出版社2006年版。

［13］陈浩然著：《证据学原理》，华东理工大学出版社2002年版。

［14］陈朴生著：《刑事诉讼法实务》，台湾海天印刷有限公司，1999年版。

[15] 陈瑞华著：《刑事诉讼的前沿问题》，中国人民大学出版社 2002 年版。

[16] 陈瑞华著：《刑事诉讼的中国模式》，法律出版社 2008 年版。

[17] 陈卫东主编：《模范刑事诉讼法典》，中国人民大学出版社 2005 年版。

[18] 陈学权著：《科技证据论：以刑事诉讼为视角》，中国政法大学出版社 2007 年版。

[19] 陈永生著：《侦查程序原理论》，中国人民公安大学出版社 2003 年版。

[20] [美] 达玛斯卡著：《司法和国家权力的多种面孔》，郑戈译，中国政法大学出版社 2004 年版。

[21] [英] 戴维·赫尔德著：《民主的模式》，燕继荣等译，中央编译出版社 1998 年版。

[22] [英] 丹宁著：《法律的正当程序》，李克强等译，法律出版社 1999 年版。

[23] [美] 德沃金著：《法律帝国》，李常青译，中国大百科全书出版社 1996 年版。

[24] 樊崇义主编：《证据法学》，法律出版社 2001 年版。

[25] [美] 弗兰西斯·福山著：《大分裂：人类本性与社会秩序的重建》，刘榜离、王胜利译，社会科学出版社 2002 年版。

[26] 高峰著：《刑事侦查中的令状制度研究》，中国法制出版社 2008 年版。

[27] 公安部加强和改革公安工作调研小组编著：《第 20 次全国公安会议专题研究报告》，中国人民公安大学出版社 2003 年版。

[28] 公安部政治部编：《生物物证学》，中国人民公安大学出版社 2008 年版。

[29] [日] 宫泽俊义著，芦部信喜补订：《日本国宪法精解》，董璠舆译，中国民主法制出版社 1990 年版。

[30] 何家弘主编：《刑事审判认证指南》，法律出版社 2002 年版。

[31] [德] 黑格尔著：《法哲学原理》，范扬、张企泰译，商务印书馆 1982 年版。

[32] 黄东熊著：《刑事诉讼法论》，台湾三民书局 1999 年版。

[33] 黄瑞亭主编：《中国近现代法医学发展史》，福建教育出版社 1997

年版。

[34] 黄宗智著：《经验与理论：中国社会、经济与法律的实践历史研究》，中国人民大学出版社 2007 年版。

[35] 季美君著：《专家证据制度研究》，北京大学出版社 2008 年版。

[36] 贾静涛著：《世界法医学与法科学史》（上），科学出版社 2000 年版。

[37] [德] 克劳思·罗科信著：《刑事诉讼法》（第 24 版），吴丽琪译，法律出版社 2003 年版。

[38] [美] 克雷格·布拉德利著：《刑事诉讼革命的失败》，郑旭译，北京大学出版社 2009 年版。

[39] [德] 拉德布鲁赫著：《法学导论》，米健译，中国大百科全书出版社 1997 年版。

[40] 李明著：《监听制度研究——在犯罪控制与人权保障之间》，法律出版社 2008 年版。

[41] [美] 理查德·A. 波斯纳著：《法律的经济分析》，蒋兆康译，中国大百科全书出版社 1997 年版。

[42] [美] 丽莎·扬特著：《法医学——从纤维到指纹》，顾琳等译，上海科学技术文献出版社 2008 年版。

[43] 林达著：《历史深处的忧虑：近距离看美国之一》，生活·读书·新知三联书店 1997 年版。

[44] 林辉煌著：《论证据排除——美国法之理论与实务》，北京大学出版社 2006 年版。

[45] 林钰雄著：《干预处分与刑事证据》，台湾元照出版公司 2008 年版。

[46] 林钰雄著：《刑事法理论与实践》，中国人民大学出版社 2008 年版。

[47] 林钰雄著：《刑事诉讼法》（上），中国人民大学出版社 2005 年版。

[48] 刘持平著：《指纹的奥秘》，群众出版社 2001 年版。

[49] 龙宗智著：《证据法的理念、制度与方法》，法律出版社 2008 年版。

[50] [英] 罗素著：《权力论》，靳建国译，东方出版社 1988 年版。

[51] [英] 马丁·洛克林著：《公法与政治理论》，郑戈译，商务印书馆 2002 年版。

[52] [英] 麦高伟、杰弗里·威尔逊主编：《英国刑事司法程序》，姚永吉等译，法律出版社 2003 年版。

[53] [法] 孟德斯鸠著：《论法的精神》，张雁深译，商务印书馆 1961

年版。

[54] [英] A. J. M. 米尔恩著:《人的权利与人的多样性——人权哲学》,夏勇、张志铭译,中国大百科全书出版社 1995 年版。

[55] 强世功著:《立法者的法理学》,生活·读书·新知三联书店 2007 年版。

[56] 任惠华著:《中国侦查史》,中国检察出版社 2004 年版。

[57] 桑本谦著:《理论法学的迷雾:以轰动案例为素材》,法律出版社 2008 年版。

[58] 宋慈著:《洗冤录校译》,杨奉琨校译,群众出版社 1980 年版。

[59] 世界卫生组织编著:《性暴力受害者法医学监护指南》,李旭译,人民卫生出版社 2006 年版。

[60] [日] 松尾浩也著:《日本刑事诉讼法》(上卷),张凌译,中国人民大学出版社 2005 年版。

[61] [日] 松尾浩也著:《日本刑事诉讼法》(下卷),张凌译,中国人民大学出版社 2005 年版。

[62] 宋冰著:《程序、正义与现代化》,中国政法大学出版社 1998 年版。

[63] 苏力著:《也许正在发生》,法律出版社 2004 年版。

[64] 孙长永著:《侦查程序与人权:比较法考察》,中国方正出版社 2000 年版。

[65] 孙长永著:《探索正当程序——比较刑事诉讼法专论》,中国法制出版社 2005 年版。

[66] 孙长永主编:《侦查程序与人权保障:中国侦查程序的改革和完善》,中国法制出版社 2009 年版。

[67] [日] 田口守一著:《刑事诉讼法》,刘迪等译,法律出版社 2000 年版。

[68] 屠振宇著:《宪法隐私权研究》,法律出版社 2008 年版。

[69] [日] 土本武司著:《日本刑事诉讼法要义》,董璠舆、宋英辉译,台湾五南图书出版公司 1997 年版。

[70] [德] 托马斯·魏根特著,《德国刑事诉讼程序》,岳礼玲、温小洁译,中国政法大学出版社 2004 年版.

[71] 汪建成、刘广三主编:《刑事证据学》,群众出版社 2000 年版。

[72] 王传道著:《侦查学原理》,中国政法大学出版社 2001 年版。

[73] 王云海主编:《宋代司法制度》,河南大学出版社 1992 年版。

[74] 王兆鹏著:《美国刑事诉讼法》，北京大学出版社 2005 年版。

[75] [美] 伍德沃德著:《生物认证》，陈菊明、邓启威等译，清华大学出版社 2004 年版。

[76]《英国成文证据法》，熊志海等编译，中国法制出版社 2007 年版。

[77] 徐静村主编:《中国刑事诉讼法（第二修正案）学者拟制稿及立法理由》，法律出版社 2005 年版。

[78] 徐俊文著:《解密侦查失败》，中国人民公安大学出版社 2009 年版。

[79] 许泽天著:《刑事诉讼法论：证据之搜集调查与使用 II》（增订三版），台湾神州图书出版有限公司 2003 年版。

[80] 闫晓君著:《出土文献与古代司法检验史研究》，中国文物出版社 2005 年版。

[81] 杨立新著:《人身权法论》，人民法院出版社 2002 年版。

[82] 杨宇冠著:《非法证据排除规则研究》，中国人民公安大学出版社 2002 年版。

[83] [德] 约·阿希姆·赫尔曼著:《德国刑事诉讼法典》，李昌珂译，中国政法大学出版社 1995 年版。

[84] [美] 约翰·罗尔斯著:《正义论》，何怀宏等译，中国社会科学出版社 2001 年版。

[85] [美] 约书亚·德雷斯勒、艾伦·C. 迈克尔斯著:《美国刑事诉讼法精解（第一卷：刑事侦查）》，吴宏耀译，北京大学出版社 2009 年版。

[86] 张丽卿著: 《验证刑事诉讼的脉动》，台湾五南图书出版公司，2004 年版。

[87] 甄贞等编译:《法律能还你清白吗：美国刑事司法实证研究》，法律出版社 2006 年版。

[88] 中国政法大学刑事法律研究中心组织编译:《英国刑事诉讼法》（选编），中国政法大学出版社 2001 年版。

[89] 左卫民著:《在权力话语与权力技术之间：中国司法的新思考》，法律出版社 2002 年版。

[90] 朱富美著:《科学鉴定与刑事侦查》，中国民主法制出版社 2006 年版。

（二）论文:

[1] HUGO 伦理委员会:《关于 DNA 取样：控制和获得的声明》，邱仁宗译，载《医学与哲学》1999 年第 8 期。

[2] 陈光中、陈学权:《强制采样与人权保障之冲突与平衡》,载《现代法学》2005 年第 5 期。

[3] 陈瑞华:《程序性制裁制度的法理学分析》,载《中国法学》2009 年第 5 期。

[4] 陈学权:《刑事诉讼中 DNA 证据运用的实证分析》,载《中国刑事法杂志》2009 年第 4 期。

[5] 陈贞卉:《论侵入性检查身体处分》,台北大学 2003 年硕士学位论文。

[6] 程军伟:《论平衡原则与侦查程序》,载《法律科学》2008 第 9 期。

[7] 蔡铭书:《科学证据之研究》,台湾大学 1999 年硕士学位论文。

[8] 方文宗:《强制抽血取证之正当性研究》,载《律师杂志》2003 年第 7 期。

[9] 董璠舆:《中国人权利意识的基本结构及提高——以北京为中心的调查》,载《社会科学战线》1996 年第 6 期。

[10] 杜国明、邓保国:《关于完善人身检查程序的思考》,载《法律与医学杂志》2006 年第 1 期。

[11] 郝宏奎:《侦查学的发展、困惑与反思》,载郝宏奎主编:《侦查学论坛》(第 3 卷),中国人民公安大学出版社 2004 年版。

[12] 郝宏奎:《侦查讯问改革与发展构想》,载樊崇义主编:《刑事审前程序的改革与展望》,中国人民公安大学出版社 2005 年版。

[13] 蒋丽华:《勘验、检查笔录规则研究》,载《中国司法鉴定》2003 年第 1 期;

[14] 李昌盛:《缺乏对抗的"被告人说话式"审判——对我国"控辩式"刑事审判的实证考察》,载《现代法学》2008 年第 6 期。

[15] 李皓、高峰:《比较法视野中的人身检查措施》,载《广西政法管理干部学院学报》2007 年第 2 期。

[16] 李佳玟:《鉴定报告与传闻例外——最高法院近年相关裁判之评释》,载《政大法学评论》2008 年第 4 期。

[17] 李娟:《行政法学控权理论研究》,载罗豪才主编:《行政法论丛》(第 2 卷),法律出版社 1999 年版。

[18] 林邦梁:《台湾刑事诉讼中之强制处分》,载陈光中、陈泽宪主编:《比较与借鉴:从各国经验看中国刑事诉讼法改革路径——比较刑事诉讼国际研讨会论文集》,中国政法大学出版社 2007 年版。

[19] 林健中：《隐私权概念初探——从美国法之观点切入》，载《宪政时代》2003 年第 23 卷第 1 期。

[20] 林钰雄：《论鉴定留置制度》，载《月旦法学杂志》2004 年 10 期。

[21] 林子仪：《基因信息与基因隐私权》，载翁岳生教授祝寿论文集编辑委员汇编：《当代公法新论——翁岳生教授七秩诞辰祝寿论文集》，台湾元照出版有限公司 2002 年版。

[22] 刘大洪：《基因技术与隐私保护》，载《中国法学》2006 年第 2 期。

[23] 刘文：《DNA 鉴定技术及其在刑事侦查中的应用》，载《中国司法鉴定》2007 年第 4 期。

[24] 龙宗智：《证据分类制度及其改革》，载《法学研究》2005 年第 5 期。

[25] 鲁生：《从立法时代跨入"修法时代"的第一步》，载《检察日报》2009 年 8 月 31 日。

[26] 吕萍：《对证据法定形式体例的几点构想》，载《中国刑事法杂志》2002 年第 5 期。

[27] 罗亚平、柳佳：《指纹证据在美国遇到的挑战——多伯特审听》，载《中国人民公安大学学报》2003 年第 3 期。

[28] 马静华：《侦查到案：查证功能与期限配置》，载《中国刑事法杂志》2009 年第 5 期。

[29] 马琳：《凭一滴血破了 5 市"一号公案"》，载《辽沈晚报》2009 年 9 月 2 日。

[30] 裴苍龄：《论证据的种类》，载《法学研究》2003 年第 5 期。

[31] 裴苍龄：《再论证据的种类》，载《中国刑事法杂志》2009 年第 11 期。

[32] 宋远升：《强制身体检查之思索与权衡》，载《中国刑事法杂志》2006 年第 6 期。

[33] 苏丽满：《科学证据中 DNA 型鉴定的证据能力——日本足利案件的探讨》，载《法令月刊》2008 年第 2 期。

[34] 孙长永：《强制侦查的法律控制与司法审查》，载《现代法学》2005 年第 5 期。

[35] 唐淑美：《刑事 DNA 资料库之扩增与隐私权之探讨》，载《东海大学法学研究》2005 年第 12 期。

[36] 万毅、陈大鹏：《论鉴定留置的若干法律问题》，载《中国司法鉴

定》2008 年第 1 期。

[37] 王立华:《鉴定结论、勘验、检查笔录的独立性》,载《中国刑事法杂志》2000 年第 2 期。

[38] 王新清、李蓉:《技术推进与诉讼观念变革》,载《中国刑事法杂志》2005 年第 1 期。

[39] 王志刚:《我国侦查启动程序之反思》,载《广西大学学报》(哲学社会科学版)2009 年第 1 期。

[40] 瓮怡洁:《刑事身体检查制度之探讨》,载《人民检察》2004 年第 6 期。

[41] 瓮怡洁:《国外的身体检查制度》,载《西南政法大学学报》2004 年第 3 期。

[42] 吴纪奎:《侵入身体检查研究》,载《四川警察学院学报》2008 年第 6 期。

[43] 谢秉锜:《论“我国”检查身体之缺失》,载《军法专刊》2001 年第 12 期。

[44] 徐静村、杨建广:《动态的法:关于刑事诉讼法解释的评析》,载《现代法学》2000 年第 1 期。

[45] 徐静村:《论我国刑事诉讼法的再修正》,载《现代法学》2003 年第 6 期。

[46] 许恒达:《科学证据的后设反思——以刑事程序上的 DNA 证据为例》,台湾大学 2002 年硕士学位论文。

[47] 杨开湘:《强制侦查行为视野下的国家权力与公民权利》,载《犯罪研究》2004 年第 6 期。

[48] 杨雄:《刑事身体检查制度的法理分析》,载《中国刑事法杂志》2005 年第 2 期。

[49] 袁志:《人身检查程序的法律完善》,载《法学》2004 年第 11 期。

[50] 左卫民:《中国刑事诉讼模式的本土构建》,载《法学研究》2009 年第 2 期。

二、外文类参考文献

(一)著作:

[1] Charles R. Swanson, Neil C. Chanelin and Leonard Territo, Criminal Investigation,6th ed, The McGraw – Hill Companies. Inc. , 1996.

[2] Clarice Feinman, Women in the Criminal Justice System, 2nded, Greenwood publishing Group . Inc. ,1986.

[3] John Hatchard, Barbara Huber and Richard Vogler, Comparative Criminal Procedure , B. I. C. L. ,1996. [4] Joshua Dressler, Understanding Criminal Procedure, Mattew Bender& Company, 1997.

[4] Kenneth S. Cohen, Expert Witnessing and Scientific Testimony: Surviving in the Courtroom, Talor & Francis Group LLC ,2008.

[5] Martin A. Finkel , Angelo P. Giardino, Medical evaluation of child sexual abuses: practical guide, 2nd ed, Sage Publications,2002.

[6] Murielle Delmas - Marty & J. R. Spencer, European Criminal Procedure, Cambridge University Press, 2002.

[7] Wayne R. Lafave, Search and Seizure: A Treatise on the Fourth Amendment, 4th ed, West Group Publishing,2004.

(二)论文:

[1] Allioon Purl, "An International DNA Database: Balancing Hope, priavacy, and Science error", 24B. C. Intl&Comp. L. Rev. 350(2001).

[2] ACHQ's Rrport to Congress, "Medical Examination and Treatment for Victims of Sexual Assault: Evidence - based Clinical Practice and Provider Training", http://www. ahrq. gov/research/victsexual, 2010 - 03 - 03.

[3] Aaron P. Stevens, Arresting Crime: " Expanding the Scope of DNA Databases in America", 79 Tex. L. Rev. 921 (2001)

[4] Brandon L. Garrett, "Judging Innocence", 108 Colum. L. Rev. 55 (2008).

[5] Carole Mc Cartney, "The DNA Expansion Programme and Criminal Investigation", 46 Brit. J. Criminology. 175(2006).

[6] Charles Gardner Geyh, "The Testimonial Component of The right Against Self - incrimination", 36 Cath. U. L. Rev. 611(1987).

[7] Clare M. Tande, "DNA Typing: A New Investigatory Tool", 1989 Duke L. J. 474 (1989).

[8] Christopher Slobogin, "Estelle v. Smith: The Constitutional Contours of The Forensic Evaluation", 31 Emory L. J. 71(1982).

[9] D. H. Kaye, "Who Needs Special Needs? On the Constitutionality of Collecting DNA and Other Biometric Data from Arrestees", 34 J. L. MED & ETHICS

188 (2006).

[10] Dan L. Burk, "Genetic privacy: Constitutional Considerations in Forensic DNA Testing", Mason U. Civ. Rts. L. J. 1(1994).

[11] Daniel S. Medwed, "Actual Innocents: Considerations in Selecting Cases for a New Innocence Project", 81 Neb. L. Rev. 1097 (2003).

[12] Daniel S. Medwed, "Looking Foreword: Wrongful Convictions and Systemic Reform", 42 Am. Crim. L. Rev. 1117(2005).

[13] Ennyung Theresa, "Innocence After Guilt: Postconviction DNA Relief for Innocents Who Pled Guilty", 55 Syracuse L. Rev160 (2004).

[14] Fred W. Drobner, "DNA Dragnets: Constitutional Aspects of Mass DNA Identification Testing", 28 Cap. U. L. Rev. 479 (2000).

[15] Henry Mares, "Balancing Public Interest and a Fair Trial in Police Informer Privillege: A Critical Australian Perspective", International Journal of Evidence and Proof 22(2002).

[16] Jay A Gitles, "Fourth Amendment – Reasonableness of Surgical Intrusions", 76J. Crim. L. & Criminology. 116(1985).

[17] Jay D. Aronson, Simon A. Cole, "Science And the Death Penalty: DNA, Innocence, And the Debate Over Capital Punishment In the United States", 34 Law &Soc. Inquiry. 603 (2009).

[18] Jean Montoya, "A Theory of Compulsory Process Clause Discovery Rights", 70 Ind. L. J. 845(1995).

[19] Jeanne Marie Armstrong, "State v. Seibel: Wisconsin Police Now Need Only a Reasonable Suspicion to Search a Suspect's blood Incident to an Arrest", 1993 Wis. L. Rev. 523(1993).

[20] Jeffrey S. Grand, "The Blooding of America: Privacy and the DNA Dragnet", 23 Cardozo L. Rev. 2277(2002).

[21] Jill C. Schaefer, "Profiling at the Cellular Level: The Future of the New York State DNA Databanks", 14 ALB. L. J. SCI. & TECH. 559(2004).

[22] Jonathan F. Will, "Comment: DNA as Property: Implications on the Constitutionality of DNA Dragnets", 65 U. Pitt. L. Rev. 129(2003).

[23] Kate Beattie, "S and Marper v UK: Privacy, DNA and Crime Prevention", E. H. R. L. R. 2009, 2, 229 – 238 (2009).

[24] Keith A. Findley, "Learning from our Mistakes: A Criminal Justice

Commission to Study Wrongful Convictions", 38 Cal. W. L. Rev. 333 (2002).

[25] Leigh M. Harlan, "When Privacy Fails: Invoking a Property Paradigm to Mandate the Destruction of DNA Samples", 54 Duke L. J. 179(2004).

[26] Lee Thaggard, "DNA Fingerprinting: Overview of the Impact of the Genetic Witness on the American System of Criminal Justice", 61 Miss. L. J. 423 (1991).

[27] Lisa Schriner Lewis, "The Role Genetic Information Plays in the CrimianL Justice System", 47 Ariz. L. Rev. 519 (2005).

[28] M. R. Franks, "Your Rights if Arrested in England", 32 S. U. L. REV. 205(2005).

[29] Mandell & Richardson, "Surgical Search: Removing a Scar on the Fourth Amendment", 75J. Crim. L. & Criminology 525(1984).

[30] Michael G Rogers, "Bodily Intrusion in Search of Evidence: A Study in Fourth Amendment Decision making", 62 nd, L. J. 1181(1987).

[31] Michael J. Markett, Genctic Diaries, "An Analysis of Privacy Protection in DNA Data Banks", 30 Suffolk U. L. Rev. 185 (1996).

[32] Michael J. Zydney Mannheimer, "Toward a Unified Theory of Testimonial Evidence Under the Fifth and Sixth Amendments", 80 Temp. L. Rev. 1135 (2007).

[33] Michael E. Kleinert, "Improving the Quality of Justice: the Innocence Protection Act of 2004 Ensures Post – conviction DNA Testing, Better legal Representation, and Increased Compensation for the Wrongfully Imprisoned", 44 Brandeis L. J. 491 (2006).

[34] Rebecca Sasser Peteoon, "DNA Databases: When Fear Does too Far", 37Am. Crim. L. Rev. 1210 (2000).

[35] Richard A. Leo, "Constitutional Limitations on the Taking of Body Evidence", 78 Yale L. J. 1074(1969).

[36] Robert H. Aronson, "Should the Privilege against Self – incrimination Apply to Compelled Psychiatric Examinations?", 26 Stan. L. Rev. 55(1973).

[37] Roberto Iraola, "DNA Dragnets: A Constitutional Catch?", 54Drake L. Rev. 15(2005).

[38] Rosemary Elizabeth – Anne Smith, "A Proposal to Prevent Unlawful Bodily Intrusion in The Context of a Grand Jury Subpoena Duces Tecum", 19 U. Day-

ton L. Rev. 633(1994).

[39] Samuel Walker, "Police DNA 'Sweeps' Extremely Unproductive", http://www. unomaha. edu/criminal justice, 2010 -03 -03.

[40] Sandra I. Barbour, "Constitutionality of Stomach Searches," 10 U. S. F. L. Rev. 93, at 99(1975).

[41] Sepideh Esmaili, "Searching For A Needle In a Haystack: The Constitutionality of Police DNA Dragnets", 82 Chi. -Kent L. Rev. 495(2007).

[42] Seth F. Kreimer, "Truth Machines and Consequences: The Light and Dark Sides of Accuracy in Criminal Justice", 60 N. Y. U. Ann. Surv. Am. L. 655 (2005).

[43] Seth F. Kreimer & David Rudovsky, "Double Helix, Double Bind: Factual Innocence and Postconviction DNA Testing", 151 U. Pa. L. Rev. 547 (2002).

[44] Sophia S. Chang, "Protecting the Innocent: Postconviction DNA Exoneration", 36 Hastings Const. L. Q. 285 (2009).

[45] Susan M. Easton, "Bodily Samples and the Privilege Against Self - Incrimination", Crim. L. R. 1991, JAN, 18 -29 (1991).

[46] Tolley & Hull, "Court Ordered Surgery to Retrieve Evidence in Georgia in Light of the United States Supreme Court Decision in Winston v. Lee", 37 MERCERL. REV. 1005 (1986).

[47] Tracey Maclin, "Is Obtaining an Arrestee's DNA a Valid Special Needs Search under the Fourth Amendment? What Should (and will) the Supreme Court Do?", 34 J. L. Med. & Ethics 165(2006).

[48] Laura A. Matejik, "DNA Sampling: Privacy and Police Investigation in a Suspect Society", 61 Ark. L. Rev. 53(2008).

[49] William J. Simonitsch, "Visual Body Cavity Searches Incident to Arrest: Validity under the Fourth Amendment", 54 U. Miami L. Rev. 665(2000).

[50] Yamil Farid Yunes, "Dictation Method: Do Dictated Handwriting Examples Provide For Testimonial Evidence Protected by The Fifth Amendment?", 34 Am. J. Crim. L. 433(2007).

(三)其他:

[1] Ake v. Oklahoma, 470 U. S. 68 (1985).

[2] Andresen v. Maryland, 427 U. S. 463 (1976).

[3] Boyd v. United States, 116 U.S. 616 (1886).

[4] Breithaupt v. Abram, 352 U.S. 432(1957).

[5] California v. Ciraolo, 476 U.S. 207 (1996).

[6] Chimel v. California, 395 U.S.752 (1969).

[7] Davis v. Mississippi, 384 U.S. 757(1966).

[8] Ewing v. State, 160 Ind. App. 138, 310 N.E.2d 571(1974).

[9] Ferguson v. City of Charleston, 532 U.S. 67 (2001).

[10] Florida v. Jimeno, 500 U.S. 248 (1991).

[11] Florida v. Riley, 488 U.S. 445 (1989).

[12] Griffin v. Wisconsin, 483 U.S. 868 (1987).

[13] Indianapolis v. Edmond, 531 U.S. 32 (2000).

[14] Johnson v. United States, 333 US 10 (1948).

[15] Katz v. United States, 389 U.S. 347 (1967).

[16] Kyllo v. United States, 533 U.S. 27 (2001).

[17] Matto v. Wolverhampton Crown Court, [1987] R.T.R. 337 DC.

[18] Oliver v. United States, 466 U.S. 170 (1984).

[19] People v. Marshall, 69 Mich. App. 288, 300, 244 N.W.2d 451 (1976).

[20] People v. Thompson, 820P.2d 1160(1991).

[21] Rochin v. California,342 U.S.165(1952).

[22] S and Marper v UK, ECHR.1581 (2008).

[23] Schemerber v. California,384 U. S. 757 (1966).

[24] Skinner v. Railway Labor Executives's Association, 489 U. S. 602 (1989).

[25] State v. Clark,65 Haw. 488, 654 P.2d 355(1982).

[26] Talor v. United States, 286 U.S.1(1932).

[27] Terry v. Ohio,392 U.S.1(1968).

[28] United States v. Montoya De Hernandez, 473 U.S. 531(1985).

[29] United States v. Owens,475 F.2d 759(1971).

[30] Winston v. Lee, 470 U.S. 753(1985).

后　记

本书是在我的博士论文《刑事人身检查制度研究》的基础上修改而成。选择该选题作为博士毕业论文，并非偶然。自攻读硕士研究生始，我就没有停止思考一个问题：我国刑事诉讼体制改革的突破点在哪里，难点又在哪里？这个问题使我困惑很久。伴随着阅读面的扩大和实践观察的深入，我越来越感觉到优化刑事司法职权配置这一问题在这一体系中的重要性，而其中，侦查程序之完善又居于最核心一环。自产生此感悟后，我的研究视野就一直未离开过侦查程序。攻读博士学位以后，我从一开始就将侦查程序确定为自己的研究方向，但在最终确定选题之前，我仍经历了一个煎熬和纠结的过程。

博士论文的选题有一个最基本要求，那就是必须具有创新性，而刑事诉讼法专业作为一个相对成熟的学科，近年来已经出现了一大批优秀的研究成果，其内容几乎覆盖了刑事诉讼领域的各个方面。就侦查程序而言，更是有许多学界前辈提出了令我无限敬佩的真知灼见，面对这种情况，我深感选择创新和突破点之不易。此外，我也深知，要想对侦查程序进行具有一定深度的研究，必须进行大量的实践调研，否则得出的结论极易陷入偏颇，而对于从校门至校门的我而言，实践调研无疑又成为摆在面前的一个难题。面对这种情况，我非常迷茫和矛盾，尝试着跳出侦查领域，去寻找一个新的研究领域，但要么是兴趣难立，要么是自感无力驾驭，总之不断被一一否定。就在我为选题方向未定而寝食难安时，导师徐静村教授的鼓励使我拨云见日。徐老师告诉我说，博士论文之写作是一个系统和漫长的工作，而兴趣无疑是支撑作者能够坚持研究、写作的最重要原动力所在，因此要尊重自己的研究兴趣，不要轻易否定。此外，徐老师又告诉我说，研究的成熟固然使得在这一领域寻求创新和突破显得不容易，但是更要看到，前人坚实的肩膀也会助人看得更远！徐老师的鼓励使我坚定了选择侦查领域作为自己博士论文的选题方向的想法。方向确定以后，又面临选择一个合适的切入点的问题。受学养、积累所限，我一直缺乏“大词法学”、“宏观叙事”的研究气魄，而习惯于以一种“片面的深刻”去寻找研究问题的视角。我也深知，在现阶段，宏观、整体地推动我国侦查程序改革的难度很大，而通过以点带面、以解决小问题为突破口推动整个侦查程序完善的思考路径也不失为一种相对务实的研究思路。而笔者所一直持续关注的人身检查这个问题尽管“小”，但是正如笔者在前言中所指出那样，它其实是非常重要的一种侦查措施，基于此，以此“小”制度为切入口，聚焦、辐射整个侦查程序乃至刑事诉讼程序的核心理论问题成为了我最终确定选题的基本思路所在，导师徐静村教授支持并鼓励了我的选题。感谢龙宗智教授、孙长永教授、高一飞教授、李昌林教授在开题答辩会上对我这个“细微又过于技术性”之选题的宽容，他们同意了我的选题并分别给我指出了这一问题研究的困难所在，并耐心地给我提供了解决问题的思路。诸位老师的鼓励和指引使我拥有了把这一选题写好的信心和勇气！没有他们的鼓励和指导，我不知我还能否在博士论文写作屡遭瓶颈时仍敢仰望星空，也不知我会多走多少弯路。

一旦开始写作，才深知理想与现实的距离永远不是只有那么一点点，写作之苦远超出我的想象。选题之优点恰恰又成为最大的难点，由于题目较小、既有研究成果较少，查找、整理、吸收资料耗费了我大量的时间和精力，而资料拓荒与理论脱贫的艰辛更是远远超过了自己的预期……论文写作的困境让我数度陷入绝望，数不清多少次伴随着远处歌乐山晨练者的长啸声关上电脑、结束一天的写作，也数不清有多少个细雨蒙蒙的下午，站在阳台上遥望烟雾中的歌乐山而生“看山不是山”的怅然与困惑。但所幸，师友、亲人无私的指导、关爱和“疗伤”以及自己近乎于愚钝的坚守使我最终坚定地走了下来，顺利完成了博士论文的写作和答辩。回望来路，深感幸运，亦充满感恩之情！

路遥在《人生》中曾引用了作家柳青的一段话：“人生的道路虽然漫长，但紧要处常常只有几步，特别是当人年轻的时候。”初读此语时，刚至中学，彼时远不能理解背后之深意，但仍是将其工整地抄写在了笔记本的首页，作为自省警言。而今，重品此语于而立之年，感慨顿生，虽仍非厚重，但却已真实。如果说将高考作为人生的重要一步，那么我无疑是在这一步踉跄了一把，而这一踉跄使我低沉了数年，也多了许多难以言说的心路历程。而幸运的是，我走对了人生重要的另外一步，那就是选择攻读西南政法大学研究生这条路。无论何时，我都会坚定地相信，这一步我走得非常正确！在这所远离浮躁的校园里，我获益良多：在这里，我走近了博学睿智而又德高亲和的师长；在这里，我遇到了聪明勤奋而又真诚朴实的同学；在这里，我拥有了弥足珍贵的友情；在这里，我收获了相伴终生的爱情……一切语言，都不足以承载我对这所学校的感情。如今，已成校友，但母校将永远是我的心灵家园!

"大学之大非大厦之大，而在于大师之大"，对一个地方的留恋也非景色，而在于那里的人。在西南政法大学，我幸运地遇到了大师，也遇到了生命中的诸多贵人。

承蒙徐静村教授不弃，自2004年始，我有幸忝列先生门下，硕士、博士，六年已过，正是先生的春风化雨，悉心调教，培养了我的学术兴趣，将我一步一步引领进了法学殿堂的大门。先生高尚的人品和深厚的学养令人高山仰止，除了在学业上对弟子悉心指导，在如何为人上，先生也以自己一言一行给弟子以润物无声的提升。先生曾在《为教》一诗中写道："不计辛劳一砚寒，种花容易树人难；身教应比言教重，人品宜先学品传。"这可以说是先生为师多年来的感悟和恪守的基本准则，跟随先生学习，所获不仅是学业的精进，更是勤勉、谦虚、宽厚的人生态度。先生对于众弟子的爱又是那么厚重和绵长，除了学业，在工作、生活诸问题上，先生总是不厌其烦地帮助弟子解决一个又一个难题，以至于有位师兄说，先生对我们的爱近乎"溺爱"。这种"溺爱"一如慈父之宽容与理解，无论你身在何方，你总能感觉到先生温暖的目光在不远处注视着你，而这种注视会一直激励你前行、前行……师母冯继洁老师慈母般的关爱令人终生难忘：忘不了学业上遇到困境时的安慰与鼓励；忘不了生活上无微不至的嘘寒问暖；更忘不了学习压力最大的那个寒冷的冬夜，师母亲自下厨为我煮上的那碗热腾腾的醪糟汤圆……恩师师母予我之恩情，弟子无以为报，唯有在此祝愿两位老人家身体健康、笑口常开!

孙长永教授不仅对我有授业之恩，在生活、工作上也给予了我诸多无私的帮助和关心。孙老师曾经说过一句话，"学生要求见老师是学生的一种权利"，无论多忙，孙老师一直坚持着这项为师准则，只要学生请求见他，无论是博士生、硕士生、本科生，只要有时间，他都不会拒绝，即使当时没时间，他也会耐心地和同学另约时间。当有同学问及孙老师这样做的理由时，孙老师的回答简单而真诚："学生要求见老师那说明学生碰到了需要求助老师解决的问题，而这本来就是老师的职责。"孙老师的话令众多同学印象深刻，更成为许多毕业从教同学的为师准则，以至于许多同学毕业多年后谈起孙老师这句话仍感慨不已。在攻读博士学位以及写作本书期间，孙老师耐心而毫无保留地给予了我诸多指导和帮助，使我获益良多。借此之际，真诚地向孙老师道一声"谢谢"!

中国政法大学樊崇义教授一直以来对我的学习和工作给予了诸多帮助和

关心，在我对学业和前途迷茫之际，樊老师也给予了我温暖的鼓励和指导，而当我的博士论文修改完成后，樊老师又欣然将其纳入文库推荐出版，这一切都能让我深感幸运也充满感激！樊老师这种对晚辈学子不遗余力的关怀、扶持和甘作铺路石的博大胸怀令人敬仰！在此，志刚向樊老师致以最崇高的敬意和最诚挚的感谢！

重庆大学陈忠林教授是我博士后工作期间的合作导师，能够跟随陈老师学习、工作，实为人生一大幸事。先生睿智而思辨的思想，常常能引领学生进入沉思，而沉思后则是顿悟……每每和先生交流，我都深感自己知识的浅薄，但先生总是耐心和毫无保留地给予了我帮助和指引。包容“异质思维”、鼓励学生与自己争论、以“常识、常理、常情”指导学生学习和应用法律，是先生授徒的最独特之处，跟随先生学习，收获不仅是学术的精进，更是思想的升华！不仅在学习和工作上，陈老师和师母徐代庆老师在生活上也给予了我诸多无私地帮助和关心，从而使我能够迅速地融入和适应了新的环境。借此之际，真诚地向两位老师表示感谢！

四川大学龙宗智教授，北京大学陈瑞华教授，西南政法大学高一飞教授、李昌林教授、徐洁教授、潘金贵教授、施鹏鹏教授，重庆大学肖洪副教授，西南政法大学颜飞博士，河南省财经政法大学陈鹏飞博士，不仅在本书的写作、答辩、修改中提供了诸多指导和建议，并且在学习、工作和生活上也给予了我诸多帮助与关心。在此深深鞠躬，感谢各位师友无私的指导和帮助！

重庆大学法学院的其他诸位领导和同事也给予了我诸多帮助和关心，借此之际，真诚地向各位领导、师友表示感谢！

感谢我的诸位老师、长辈、同学、亲友长期以来对我的帮助和关心！限于篇幅，请恕志刚无法在此一一叙明，但请相信，无论何时，对您们的感情都是我心中最柔软的部分，此情必若陈酒，历久弥香！

感谢爱妻渝渝和岳父岳母一直来对我无怨无悔的理解、支持和照顾！正是有了他们的爱，重庆这座城才让我真正有了家的感觉，我才能够潜心在自己的天空翱翔！

感谢我的母亲和姐姐、姐夫多年来对我无私而坚定的爱和支持！离开家人的支持，我不知自己能否走上这条路，能否坚持走到今天！父亲王均胜先生与我们已是天人两隔，但离去不等于终结，思念亦不会停止，父爱永远是我心中的一盏明灯！我会永远珍藏这份思念和爱于心间，认真工作、好好生活，告慰父亲在天之灵！

请原谅我在这本书中承载了太多的感情，但一切的一切，都是真诚而灼热的！

行文之最后，我仍想说几句并非多余和客套的话：尽管竭尽全力，我仍深知本书仍有诸多遗憾之处，敬请批评指正！但可以向各位读者保证的是，我真的是尽了自己最大的努力去认真完成的！回首本书的写作、修改过程，或痛苦，或失落，或欣喜，自己确实是全身心地投入其中，无时无刻不在为之牵挂，无时无刻不在为之悲喜。这部著作的产生过程也正是自己成长的一个过程，它注定将在我的生命中烙下不可磨灭的印迹。前方的路依然很长，对于学术的探索必然仍是一个曲折、坎坷与精彩并存的征途，祈愿以本书为开端，开启新的奋斗历程！无论何时，我都会时刻鞭策自己，努力前行！

曾经在一本书中读到过一句话，深以为然，在此予以引用，作为本文之结束语——

匆匆与生活讲和，岂非负了少年？

是为记。

王志刚

2011 年 6 月于重庆

诉讼法学文库书目

Ⅰ 刑事证据法原理与适用
Ⅱ 刑事诉讼法实施问题与对策研究
Ⅲ 刑事程序的法哲学原理
Ⅳ 视听资料研究综述与评价
Ⅴ 刑事司法体制原理
Ⅵ 刑事证人证言论
Ⅶ 刑事一审程序理论与实务
Ⅷ 非法证据排除规则研究
Ⅸ 美国的外国法院判决承认与执行制度研究
Ⅹ 我国未成年人刑事案件诉讼程序研究
Ⅺ 侦查程序原理论
Ⅻ 侦查讯问程序正当性研究
XIII 死刑案件程序问题研究
XIV 刑事上诉程序研究
XV 程序正义与刑事证据法
XVI 司法改革原理研究
XVII 刑事诉讼行为基础理论研究
XVIII 无罪辩护
XIX 刑事诉讼中的禁止双重危险规则论
XX 刑事证据可采性研究
XXI 刑事诉讼模式的演进
XXII 正当程序文献资料选编
XXIII 刑事程序法功能研究
XXIV 论行政诉讼审查标准
XXV 清末刑事司法改革研究
XXVI 民事诉讼标的论
XXVII 现代公诉制度研究
XXVIII 民事司法现代化的探索
XXIX CEPA 框架下的经贸争端解决机制与程序
XXX 证据能力论
XXXI 刑事诉讼主体论
XXXII 刑事程序性裁判研究
XXXIII 案件事实认定论
XXXIV 正当法律程序研究
XXXV 强制执行立法的探索与构建
XXXVI 行政行为的可诉性研究
XXXVII 清末民初刑诉法典化研究
XXXVIII 底限正义论
XXXIX 行政诉讼类型研究
XXXX 公诉权原论

诉讼法学文库 2006

1 刑事正当程序原理
2 自白制度研究
3 警察作证制度研究
4 司法公正的理念与制度研究
5 人本精神与刑事程序
6 刑事诉讼平衡论
7 刑事诉讼关系的社会学分析
8 刑事证明责任分配研究
9 刑事司法权力的配置与运行研究
10 行政诉讼原告论

诉讼法学文库 2007

1 刑事诉讼交叉询问之研究
2 检警关系论
3 鉴定结论论
4 检察职能研究
5 美国死刑程序研究
6 行政诉讼问题研究与制度改革
7 刑事司法民主论
8 被追诉人的宪法权利
9 刑事裁判权研究

诉讼法学文库 2008

1 论证据与事实
2 法院调解制度研究
3 弱势群体的法律救助
4 刑事赔偿制度研究
5 秘密侦查比较研究
6 非法证据排除规则：话语解魅与制度构筑
7 民事当事人证明权保障
8 现代社会中的诉讼功能
9 诉讼认识、证明与真实
10 中国刑事审前程序制度构建

诉讼法学文库 2009

1 检察官证明责任研究
2 刑事诉讼生态化研究
3 对质权制度研究
4 无效刑事诉讼行为研究
5 刑事诉讼中的财产权保障
6 论对抗式刑事审判
7 案件事实认定方法
8 中国区际刑事司法协助研究

诉讼法学文库 2010

1 侦查程序诉讼化研究
2 媒体与司法关系研究
3 刑事诉讼中的公正审判权
4 证明标准研究
5 刑事诉讼客体论
6 审查判断证据
7 民事判决既判力主观范围研究
8 刑事诉讼程序的人性分析
9 检察监督与公诉职能关系论
10 中国检察制度改革与探索
11 证明力判定论
12 侦查学基础理论研究

诉讼法学文库 2011

1 减刑假释程序研究
2 论刑事证据排除
3 刑事被害人作证制度研究
4 渎职罪定罪事实暨证据研究
5 民事既判力扩张问题研究
6 刑事人身检查制度研究
7 刑事法官的证据调查权研究
8 刑事诉权研究
9 民事诉讼证据收集与制度构建